존 맥스웰

사람을 움직이는 말의 힘

The 16 Undeniable Laws of Communication

존 맥스웰

사람을 움직이는 말의 힘

존 맥스웰 지음 | **양진성** 옮김

ORNADO
토 네 이 도

이 책을 존 베레켄에게 바친다.

지난 25년간 존은 카를라와 함께

내가 라틴 아메리카에서 일하는 데 큰 도움을 주었다.

그는 리더 중의 리더이자 훌륭한 연사이며

팀 빌더, 비전 전달자이며 놀라운 친구다.

존과 카를라, 수지는 나의 소명을 상상 이상의 영역으로,

국경 너머로까지 확장시킬 수 있도록 해주었다.

이들에게 말로 다할 수 없는

고마운 마음을 전하고 싶다.

누구나 전하고 싶은 메시지가 있다

당신이 말하고 싶은 것은 무엇인가? 그 메시지를 제대로 전달할 수 있는가? 사람들과 충분히 소통하며 그들을 이해시키고 원하는 목표를 이뤄낼 수 있는가?

누구에게나 전하고 싶은 메시지가 있기 마련이다. 그것은 일회성인 것일 수도, 평생에 걸쳐 전달해야 하는 것일 수도 있다. 아마 당신은 사원들에게 회사의 비전을 전달하거나, 아이 학교의 학부모 회의에서 발언하거나, 대학교 친구들 앞에서 조별 과제를 발표하거나, 회사에서 중요한 프레젠테이션을 해야 할 때, 그 모든 순간 성공적이고 멋지게 말하고 싶을 것이다. 혹은 제품을 소개하거나, 공직에 출마하거나, 설교를 하는 등의 말하는 직업을 갖게 될 수도 있다. 하다못해 그냥 작은 모임 안에서 사람들과 마음을 터놓고 이야기하고 싶을 때도 있다.

뭐가 됐든 다른 이들과 나누고 싶은 메시지가 있다면 제대로 잘 전달하고 싶을 것이다. 최대한 소통이 잘되기를 바랄 것이다. 지금 그렇게 하고 있는가?

〈하버드 비즈니스 리뷰〉에 따르면 "전문가들의 승진과 승격에 가장 중요한 기준은 효과적으로 커뮤니케이션을 할 줄 아는 능력이다." 커뮤니케이션 능력은 일상에서도 중요하다. 커뮤니케이션은 타인에게 영향력을 행사하는 하나의 방식이기 때문에 관계의 발전과 유지에도 중요하다. 또 사회적 활동의 핵심이다. 리서치 분석가 겸 커뮤니케이션 전문가인 헤일리 호손Hayley Hawthorne은 말한다. "커뮤니케이션은 사람들 사이를 연결하는 조직이다. 그것은 우리를 한데 묶어주고 이해를 공유하고 제안에 동조하고 실행하게 만들 잠재력을 갖고 있다. 한마디로 커뮤니케이션은 변화의 도구다."

하지만 많은 이들은 대중 연설─두 명 이상의 사람들에게 메시지를 전달하는 것이라고 정의해보자─을 두려워한다. 대중 연설에 익숙한 스탠드업 코미디언 제리 사인펠트Jerry Seinfeld는 말한다. "보통 사람들은 대중 앞에서 발언하는 것을 가장 두려워한다는 연구 결과를 본 적이 있다. 놀라웠다. 두 번째 두려움의 대상은 죽음이었다. 죽음이 두 번째라고? 장례식에서 추도 연설을 하느니 차라리 관 속에 드러눕는 편이 낫다는 것 아닌가!"

그래서야 되겠는가?

여러 사람 앞에서 말하기를 두려워하는 이유는 대부분 형편없는 꼴을 보이고 싶지 않아서, 버벅거리거나 실수할까 봐 걱정되어서일 것이다. 나는 그 마음을 너무나 잘 안다. 그래서 2011년에 말하는 법을 가르치고 훈련하는 단체인 '맥스웰 리더십 팀'을 설립했다. 훈련을 받으러 온 사람들은 제일 먼저 테이블에 모여 앉아 다른 훈련생들에게 5분 스피치를 해야 한다. 누구나 자기 차례가 되면 잘 해내고 싶어 한다. 훈련생들은 전달하고자 하는 메시지를 갖고 있는 데다가 효과적으로 커뮤니케이션하는 방법을 배우고 싶어서 잔뜩 열의에 차 있는 상태다. 하지만 처음부터 자신이 가진 능력만큼 잘 해내는 사람은 없다. 그래서 훈련이 필요하다.

커뮤니케이션에 있어서만큼은 그 누구도 처음부터 잘하지 못한다. 나는 이와 관련된 직업을 갖게 된 이후 1만 3천 번이 넘는 강연을 했고 지금은 최고로 손꼽힌다고 할 수 있다. 하지만 나의 첫 연설은 끔찍하기 그지없었다. (이 책 뒷부분에서 관련 내용을 읽을 수 있다.) 왜 잘 해내지 못했을까? 누구도 처음부터 잘할 수는 없기 때문이다. 다른 것과 마찬가지로 말을 잘하는 것도 '학습 곡선(어떤 작업을 처음 수행할 때는 시간이 오래 걸리지만 반복할수록 숙달되어 작업 효과가 높아지는 학습 효과를 수학적 모델로 나타낸 것-옮긴이)'을 따른다. 하지만 확실한 원칙을 가지고 성장해나가다 보면 빠르게 향상되는 게 느껴질 것이다. 스피치를 거듭할수록 매번 조금씩 나아지는 것을 보게 된다. 헤일리 호손은 말한다. "커뮤니케이션 기술은 하루아침에 마스터할 수 없다. 그 기술을 발전시키는 일은 긴 시간이 필요한 여정과 같다." 하

지만 이건 분명하다. 그 여정은 한 발 한 발 내디딜 가치가 충분하다
는 것!

　이 책은 사람들 앞에서 말을 해야 하는 모든 이에게 도움을 주기
위해 쓴 것이다. 나는 그동안 리더십과 팀워크, 개인의 성장 분야에
서 사람들에게 도움을 주려고 여러 법칙과 관련된 도서들을 출간해
왔다. 이번에는 말하고, 메시지를 전달하고, 소통하는 방법에 대해
도움을 주고 싶다. 이전의 리더십, 팀워크, 성장에 관한 기본 법칙들
은 이 분야에도 똑같이 적용된다.

1. **모든 법칙은 학습할 수 있다.** 다른 법칙보다 이해와 적용이 훨
   씬 쉽거나 어려운 것이 분명히 있긴 하지만, 공통적으로 모든
   법칙은 학습을 통해 얻을 수 있다.

2. **모든 법칙은 독자적이다.** 각각의 법칙은 다른 법칙을 완성하는
   데 도움이 되지만, 반드시 한 가지 법칙을 다 배우고 나서 다
   른 법칙으로 넘어가야 할 필요는 없다.

3. **모든 법칙은 각기 어떤 결과를 만들어낸다.** 법칙들을 적용하면
   메시지를 최대한 효과적으로 전달할 수 있게 됨으로써 영향
   력을 행사할 수 있게 될 것이다. 반대로 법칙을 지키지 않거나
   무시하면 효력을 발휘할 수 없다.

4. **모든 법칙은 시대를 초월한다.** 어리든, 나이가 들었든, 경험이
   있든 없든, 이 법칙들은 똑같이 적용된다.

5. **모든 법칙은 좋은 커뮤니케이션의 토대가 된다.** 이 법칙들을 학

습하고 나면 반드시 당신의 삶에 활용하고 적용해보라. 스스로 달라진 커뮤니케이션 능력을 깨닫게 될 것이다.

억만장자 사업가이자 자선가인 워런 버핏Warren Buffett은 말했다. "지금 당장 당신의 가치를 최소 50퍼센트 높일 수 있는 가장 쉬운 방법은 커뮤니케이션 기술 —쓰기와 말하기— 을 갈고닦는 것이다." 그는 또 말했다. "커뮤니케이션 능력이 없다면 마음에 드는 여성에게 어둠 속에서 윙크하는 것과 같다. 아무 결과도 내지 못한다. 세상에서 가장 훌륭한 지식을 가졌더라도 전달이 안 된다. 전달이 곧 커뮤니케이션이다."

사업을 하거나, 수업을 하거나, 상품을 판매하거나, 설교를 하거나, 직원을 교육하거나, 팀을 코치하거나, 학위를 얻거나, 비영리 단체를 운영하거나, 어느 모임에서든 발언을 해야 한다면 커뮤니케이션 기술을 배우는 게 도움이 될 것이다. 이 책에 담긴 말하기의 법칙들을 배우고 적용해서 메시지를 전달하는 데 최대한 활용하라. 그러면 당신이 하는 모든 일에 성공이 따라올 것이다.

차례

제2장 무엇을 말하는가?

제3장 어떻게 말하는가?

제1장

누가 말하는가?

01 / 신뢰의 법칙

가장 효과적인 메시지는 당신이 살아온 삶이다

1963년 3월 워싱턴에서 있었던 마틴 루터 킹^{Martin} Luther King Jr.의 연설을 만약 인종차별주의자인 조지 월러스^{George Wallace} 주지사가 했다면 어떻게 됐을까? 1863년 게티스버그 연설을 에이브러햄 링컨^{Abraham Lincoln}이 아닌 남부 연합군 의장 제퍼슨 데이비스^{Jefferson Davis}가 했다면? 산상수훈(예수가 산 위에서 군중들에게 했던 설교)을 예수가 아닌 유다가 했다면? 혹은 빌라도가 했다면?

연설을 듣는 사람들이 어떻게 반응했을까? 폭동을 일으키지는 않았을까? 연사를 공격하지 않았을까? 그냥 자리를 떠나버렸을까? 적어도 메시지 전달은 완전히 실패로 돌아갔을 것이다. 그들의 말은 바로 잊혀졌을 것이다. 왜일까? 메시지 속의 숭고하고, 영감을 주고,

기억에 새겨져 평생 영향력을 행사할 단어들이 그것을 말하는 이와 조화를 이루지 못하기 때문이다. 그런 부조화가 있으면 커뮤니케이션은 실패한다. 당신이 전달할 수 있는 가장 효과적인 메시지는 바로 당신이 살아온 삶이기 때문이다. 그밖의 것은 그저 공허한 단어에 지나지 않는다. 그게 바로 '신뢰의 법칙'이다.

> **"진실성이 성공을 보장하지는 않는다.**
> **하지만 진실성의 결여는 실패를 보장한다."**
> – 제이미 컨 리마Jamie Kern Lima

첫 번째 법칙이 된 이유

첫 번째 법칙이라고 해서 다른 법칙보다 대단히 중요한 것은 아니다. 그런데도 신뢰를 커뮤니케이션의 첫 번째 법칙으로 언급한 데에는 그럴 만한 이유가 있다. 커뮤니케이션에 있어 이 법칙을 배우고 실천하지 않으면 다른 법칙들도 그다지 도움이 되지 않기 때문이다. 당신이 누구인지가 당신이 하는 모든 말에 신뢰를 더해 준다. 내 친구이자 IT 코스메틱스의 창업자인 제이미 컨 리마Jamie Kern Lima는 그녀의 저서 《빌리브 잇》에서 말한다. "진실성이 성공을 보장하지는 않는다. 하지만 진실성의 결여는 실패를 보장한다." 당신이 만약 지금껏 살아온 삶과 전혀 다른 말을 한다면, 다시 말해 진실성이 결여되어 있다면, 당신의 커뮤니케이션은 결코 성공할 수 없을 것이다.

'소통의 법칙(7장)'에서는 소통하는 데 있어 청중이 거의 전부임을 강조한다. 청중에게 초점을 맞춰야 한다. 그렇다 해도 소통이 청중에서부터 시작되는 것은 아니다. 자기 자신에서부터 시작되어야 한다. 누구나 의사소통을 잘하고 싶어 한다. 자기 자신과 맺는 관계는 타인과 맺는 관계를 규정한다. 자신을 있는 그대로 받아들이지 못하면, 자신이 불편하게 느껴진다면, 자신의 강점과 약점을 알지 못하면, 스스로 진실하지 못하면, 타인에게 당신의 생각을 말하고 소통하려는 시도는 실패로 돌아갈 것이다. 자신을 알고, 좋아하고, 편안하게 느끼고 나서야, 스스로 진실하게 행동하고 나서야 타인을 알 수 있고, 좋아할 수 있고, 편안하게 느낄 수 있고, 진실할 수 있다.

신뢰가 가는 연사의 자질

스스로의 진실한 모습을 알고 타인에게 보여줄 수 있으려면, 다시 말해 신뢰할 수 있는 커뮤니케이션을 하려면, 다음의 다섯 가지 요소가 필요하다.

1. 투명하라
소통은 정보만 공유하기 위한 것이 아니다. 자기 자신 —진실한 자신

− 을 공유하는 일이다. 사람들과 소통하려면 그만큼 자신을 솔직하게 내보이는 게 가장 중요하다. 브레네 브라운Brené Brown은 그의 저서《불완전함의 선물》에서 이렇게 말한다. "진실성은 우리가 매일 해야 하는 선택의 집합이다. 자신을 드러내고 진실하게 행동하기 위한 선택, 정직해지는 선택, 자신의 진짜 모습을 내보이기로 하는 선택이다."

진실하고 투명하게 행동한다는 건 위험하게 느껴질 수도 있다. 사람들이 진짜 당신의 모습을 좋아하지 않을 수도 있으니까. 하지만 사람들은 거짓된 모습도 좋아하지 않을 것이다. 거짓으로 꾸민 당신의 모습을 좋아했더라도 그게 진짜가 아님을 알게 되면 그것 역시 좋아하지 않을 것이다. 그럴 바에야 진짜 모습을 보여주고 사람들이 좋아하는지 싫어하는지를 보는 편이 낫지 않을까? 나라면 그럴 것이다.

**사람들은 완벽한 연사가 아니라
진실한 연사를 원한다.**

자신을 드러내고 말에 진실을 담는 연사는 매력적이다. 자신의 성공뿐 아니라 실패까지도 함께 나누기 때문이다. 그들은 솔직하고 직접적이면서도 타인에게 공감한다. 투명해지는 데는 용기가 필요하고 사람들은 그런 면을 높이 산다. 그런 연사가 청중을 존중하기까지 한다면 더욱 그럴 것이다.

노벨문학상 수상자인 존 스타인벡John Steinbeck은 말했다. "글은 곧 그 사람이다. 상냥한 사람은 상냥한 글을, 못된 사람은 못된 글을, 현명한 사람은 현명한 글을 쓴다." 진실한 사람의 글과 말은 그 사람의 진실한 모습을 반영한다. 나에 대해 알고 싶다면 내가 쓴 책을 읽고 내가 한 강연을 들어보면 된다. 나도 20대 초반에는 진짜 내가 아닌 이미지나 모습을 보여주려고 할 때도 있었다. 하지만 이제는 그러지 않는다. 그 이후로는 불완전한 내 모습 이상의 것을 보이려고 노력해본 적이 없다. 이러한 결심은 30대 초반에 책을 집필하기 시작할 때 잠시 흔들리기도 했다. 편집자는 책 판매에 지장을 줄 수 있다며 몇 가지 내용을 고치자고 했다. 나는 리더들을 위한 책을 쓰고 싶었다. 그런데 편집자는 그러면 독자층이 많이 축소된다고 우려했다. 또 나는 목록 작성이나 숫자 활용을 선호해서 책을 집필할 때 많이 활용하곤 했다. 하지만 편집자는 독자들은 그런 것을 좋아하지 않는다며 목록이나 숫자를 사용하지 말라고 충고했다.

나는 내 스타일을 바꿀 것인지에 대해 심각하게 고민했다. 하지만 결국에는 원래의 내 방식을 유지하기로 했다. 나의 소명은 리더들을 돕는 것이다. 내가 가진 재능은 리더십을 가르치는 것이다. 나는 목록과 개요, 숫자를 통해 그런 일을 해낸다. 나는 내 책이 더 적은 사람들에게 의미가 있더라도 써야 한다고 생각하는 방식대로 쓰기로 했다. 결국, 편집자들이 예상했던 것보다는 더 많은 사람들이 나의 메시지와 스타일을 마음에 들어 했다. 그리고 그 후로 40년도 더 지난 지금, 나는 여전히 내 스타일대로 내가 좋아하는 것들을 쓰며 산다.

2. 일관성 있게 행동하라

마크 배터슨Mark Batterson은 말한다. "충분히 길게, 충분히 열심히, 충분히 현명하게 하기만 한다면 거의 누구나 거의 모든 것을 이룰 수 있다." 그가 정말로 하려는 말은 일관성에 관한 것이다. 어떤 사람이 오늘 할 일을 예측할 수 있는 가장 좋은 방법은 그가 어제 한 일을 보는 것이다. 일관성이 보여주는 견고한 패턴은 신뢰감을 준다. 당신이 반복해서 하는 일이 곧 당신이다.

> 말을 뱉기는 쉽지만
> 그 말대로 살기는 어렵다.

처음 만나는 청중이라면 당신이 일관적인 사람인지 아닌지 아직 모를 수밖에 없다. 그래서 대개는 당신이 하는 말을 있는 그대로 받아들인다. 그렇게 당신의 말은 무게를 가진다. 아직 사람들이 당신의 행동에 대한 정보를 갖고 있지 않기 때문이다. 하지만 시간이 지나면서 그 말의 무게감은 줄어들고 행동의 무게감이 커질 것이다. 말을 내뱉기는 쉽다. 하지만 매일 그 말대로 살아가기는 매우 어렵다. 훌륭한 충고를 해주고 좋은 본보기를 보이지 않으면 청중은 혼란스러워한다. 당신의 메시지는 전달되지 않는다. 그러니 좋은 커뮤니케이션을 하고 싶다면 행동에 있어서도 일관성을 보여라.

나는 50년이 넘는 세월 동안 사람들에게 가치를 더하려고 노력해왔다. 이것이 내가 책을 쓰고 강연하고 다른 사람들과의 관계를 형성하는 동기가 된다. 나는 매일 사람들에게 헌신할 기회를 찾는다. 누군가의 삶이 나아지는 데 일조했다면 그날이 바로 나에게 좋은 날이다. 무대에 올라 "제 이름은 존입니다. 저는 여러분의 친구입니다"라고 말할 때, 나의 이력을 알고 있는 사람들은 내가 그들을 돕고 싶어 한다는 것을 잘 안다. 하지만 이러한 신뢰를 쌓기까지는 시간이 필요하다. 좋은 일은 차곡차곡 쌓인 뒤에야 드러난다. 일관성은 수많은 것들의 복합체. 신뢰도 마찬가지로 시간이 필요하다. 하지만 반드시 쌓은 만큼 되돌아온다.

> **좋은 일은 차곡차곡 쌓인 뒤에야 드러난다.**
> **신뢰도 마찬가지로 시간이 필요하다.**

3. 훌륭한 본보기가 되어라

연설문을 작성할 때 스스로 경험한 적도, 본 적도 없지만 내용이 괜찮고 흥미로운 이야기 소재를 찾은 적이 있는가? 그렇다면 그건 다른 누군가의 충고 같은 것이지 당신의 것이 아니다. 그걸 당신의 강연에서 활용해본 적이 있는가? 나는 리더 겸 연사로서 일을 시작했을 때 그런 경험이 있다. 하지만 그건 나와 맞지 않았다. 그런 일을 몇 번 경험하고 나서는 전적으로 내것이 아닌 내용은 절대로 가르치지 않겠다고 결심했다.

그런 선택은 내 강연에 더 큰 확신을 심어주었다. 몇 년 후, 나는 그 결정에서 한 걸음 더 나아가 내가 실천하지 않는 일 또한 절대 가르치지 말자고 다짐했다. 이러한 선택은 내 말에 대한 확신에 신뢰까지 더해 주었다. 나 스스로 내가 가르치는 내용의 본보기가 되기로 한 것이기 때문이다. 제임스 쿠즈James Kouzes와 배리 포스너Barry Posner가 말한 대로 "본보기가 되지 못하면 팀을 이끌 수 없다. 사람은 보이는 대로 믿게 되어 있다. 청중은 당신이 정하고 공언한 가치에 따라 살아가는 당신의 모습을 볼 수 있어야 한다."

4천 명이 넘는 맥스웰 리더십 공인팀의 코치들에게 효과적으로 말하는 법을 가르친 로디 갈브레스Roddy Galbraith는, 새내기 연사들에게 스피치 소재 선택에 관해 다음과 같은 조언을 들려준다.

1. 배운 대로 실천하는 삶을 살아라. 그래야 청중도 당신처럼 할 수 있다.
2. 성공담을 나누면 청중의 존경심을 얻고, 실패담을 나누면 사랑을 얻는다.
3. 스피치 내용은 당신이 직접 체험한 일 중에서 선택하라.

위의 충고들은 새내기 연사들이 사람들로부터 필요한 신뢰를 얻는 데 도움이 될 것이다.

이에 관련된 마하트마 간디Mahatma Gandhi의 일화가 있다. 한 여자가 어린 아들을 위대한 지도자 간디에게 데려갔다.

여자가 말했다.

"마하트마 님, 제 아들에게 단것은 그만 좀 먹으라고 말해주십시오."

간디가 말했다.

"사흘 후에 다시 오십시오."

사흘 후, 여자는 아들을 데리고 다시 간디를 찾아갔다. 그러자 간디가 그녀의 아들에게 말했다.

"단것은 그만 먹거라."

여자는 의아해서 간디에게 물었다.

"그런데 왜 사흘 후에 다시 오라고 한 것입니까? 그냥 처음에 왔을 때 말해주실 수 있지 않았습니까?"

간디가 대답했다.

"그때는 그 말을 할 수 없었습니다. 사흘 전에는 저도 단것을 먹고 있었으니까요."

이 이야기는 스스로 본보기가 될 때 그 사람의 말을 더욱 신뢰할 수 있음을 잘 보여준다. 누군가 좋은 충고를 해주었는데 정작 그 사람은 나쁜 본보기를 보인다면 혼란이 생긴다. 그 때문에 랄프 왈도 에머슨Ralph Waldo Emerson은 이런 말을 했다. "당신의 존재는 천둥과 같아서 당신이 아무리 그것과 다른 말을 해도 귀에 들어오지 않는다." 연사의 말과 행동이 일치하지 않으면 듣는 이에게 혼란을 심어줄 뿐 아니라 제대로 소통하지도 못한다.

4. 역량을 갖춰라

내가 가장 즐기는 취미는 골프다. 내 골프 경력의 하이라이트는 페블 비치에서 열린 AT&T 프로-아마추어 합동 토너먼트였다. 프로 골퍼와 짝을 이뤄 코스를 도는 경험은 정말이지 끝내줬다. 내 동생은 많은 사람 앞에서 골프를 치는 데 긴장되지 않느냐고 물었다. 나는 이렇게 대답했다. "전혀. 저 중에 내가 골프 치는 걸 보려고 온 사람은 한 명도 없을 테니까." 나의 골프 실력은 내 친구 론 시몬스와 골프를 칠 때 있었던 일로 간략히 설명할 수 있다. 그때 나는 평소와 비슷하게 80대 중반쯤의 스코어로 치고 있었다. 그때 내가 길고 아름다운 궤적의 드라이브를 쳤다. 나는 론을 보며 물었다. "왜 매번 이런 샷을 치지 못할까?"

그는 바로 대답했다. "네 실력이 그 정도니까." 너무 맞는 말이라 우리는 둘 다 웃음을 터뜨렸다.

내게 골프에 관한 주제로 강연을 해달라는 사람은 아무도 없다. 왜일까? 그건 내가 그 분야에 능통하지 않기 때문이다. 마찬가지로 음악 감상이나 기술, 고고학 분야를 주제로 강연하거나 글을 써달라는 요청도 들어오지 않는다. 나는 그런 분야에서 신뢰를 주지 못한다. 내가 강연이나 글쓰기 요청을 받는 분야는 리더십과 개인의 성장에 관한 분야다.

연사의 말의 '무게'는 그간 그가 수행해온 것에 따라 정해진다. 당신은 어느 분야를 성공적으로 수행했는가? 다른 사람들에게 전달할 만한 어떤 기술을 습득하고 활용했는가? 자신이 갖지 못한 것을 줄 수는 없다. 가르치고 싶은 분야가 있는데 아직 충분한 능력을 갖추지 못했다면 그 분야를 갈고닦고 배워라. 자신이 하는 일을 훌륭하게 해내고 나서 충분히 흘러넘칠 때 가르쳐라. 능통한 사람에게만 타인의 삶에 대해 발언할 권리가 주어진다.

> **당신의 존재는 천둥과 같아서**
> **당신이 아무리 그것과 다른 말을 해도 귀에 들어오지 않는다.**
> – 랄프 왈도 에머슨

5. 신뢰를 쌓아라

앞서 좋은 본보기가 되라는 이야기를 할 때 마하트마 간디를 언급했다. 그 외에도 간디에 관한 수많은 이야기는 그가 연사로서 얼마나 믿음이 가는 사람이었는지를 잘 보여준다. 간디의 진실성은 여러 이야기에서 증명되었다. 20세기 전환기에 남아프리카에서 일어난 일이다. 간디는 1893년 젊은 시절에 그곳으로 이주해 선박 운송 회사 총수의 변호사로 일했다. 간디는 일이 끝나고 나서도 그곳에 남아 인종차별과 학대에 시달리던 인도인들의 권리를 위해 싸웠다. 1904년, 요하네스버그 인도인 거주지에서 폐렴 흑사병이 발생했다. 간디는 동포를 돕기 위해 나섰고 지원자들을 모집했으며 환자를 돌보기 위해 임시변통으로 창고를 개조해 병원으로 꾸렸다. 사람들이 간디를 깊이 신뢰한다는 사실이 증명된 것은 그때였다. 간디는 자서전에서 이렇게 썼다.

인도인 거주지를 비우고 거주민을 요하네스버그에서 13마일 떨어진 벌판으로 옮겨 3주 동안 천막생활을 하게 하자는 결정이 내려졌다. 그러고 나서 기존 거주지를 불태우려는 것이었다… 사람들은 잔뜩 겁에 질렸지만, 내가 그들 곁에 머무는 것이 그나마 위로가 되는 듯했다. 대부분 가난했던 그들은 얼마 안 되는 재산을 땅속에 묻어두고 있었다. 이제는 땅을 파내야 했다. 그들에게는 은행도 없었고 아는 곳도 없었다. 그래서 나는 그들의 은행이 되기로 했다. 돈이 내 사무실로 끝없이 쏟아져 들어왔다… 내가 기억하기로 거의 6만 파운드가 맡겨졌다… 주민들은 기차를 타고 요하네스버그 근처 클립스프룻 농장까지 이동했다… 주민들이 대피한 바로 다음 날, 거주지는 불태워졌다.

거주민들의 재산은 간디의 수중으로 들어갔다. 그들이 간디를 신뢰했기 때문이다. 간디는 그들의 신뢰가 필요한 순간보다 훨씬 오래전부터 신뢰를 쌓아왔다. 그래서 사람들을 돕고, 기꺼이 거주지를 옮기게 하고, 폐렴 흑사병으로 더 많은 죽음이 발생하는 것을 막을 수 있었다.

신뢰는 사람이 가질 수 있는 가장 큰 자산이다. 신뢰를 쌓으면 사람들은 당신이 선한 동기가 있고 진심으로 자신을 도우려 한다는 사실을 알게 된다. 사람들은 느낌으로 안다. 신뢰는 리더와 연사에게 효율성을 더해 준다. 사람들은 신뢰 때문에 그 사람 말에 귀 기울이고 그의 말을 믿고 협력한다. 신뢰 없이는 아무것도 이룰 수 없다.

왜 당신은 사람들 앞에 서서 말하고자 하는가? 당신의 동기는 무엇인가? 발언대에 선 이유가 진심으로 청중을 위해서, 그들이 목표를 추진하는 데 도움을 주고 싶어서인가? 아니면 자신을 위해서인가? 커리어의 발전을 위해? 비즈니스 광고를 위해? 책을 내고 싶어서? 유명해지고 싶어서? 그런 동기가 잘못되었다고 할 수는 없지만 그런 것으로는 청중에게 신뢰를 심어줄 수 없다. 다른 사람들에게 이익을 주기 위한 연설을 우선으로 해야 한다. 이 부분이 어렵게 느껴진다면 '소통의 법칙(7장)'과 '가치 더하기의 법칙(15장)'이 도움이 될 것이다.

사람들이 당신의 말에 귀 기울이는 이유

당신이 발언자로서 신뢰를 얻기 위해 노력할 때 타인에 대한 영향력은 더 커지고 일도 예측 가능한 방식으로 진행될 것이다. 나의 저서 《존 맥스웰의 리더십 수업》에서 나는 리더들이 영향력을 얻는 방식을 단계별로 설명했다. 내 오랜 친구이자 맥스웰 리더십 센터 전무이사인 댄 릴랜드Dan Reiland는 그 책의 내용을 강연에 적합한 콘텐츠로 수정했다. 나는 거기에 내 방식대로 몇 가지를 수정하고 추가해 공유하려고 한다. 다음의 커뮤니케이션을 위한 5단계를 읽으면서 메시지를 전하고 싶은 다양한 그룹의 사람들과 당신이 가진 신뢰에 대해 생각해보고 그들과의 관계에서 당신의 위치는 어디쯤인지 파악해보기 바란다.

1. 요구 단계: 사람들이 귀 기울이게 만든다

나는 스물두 살 때 남부 인디애나주의 한 작은 시골 교회의 목사가되었다. 일을 시작할 때는 설교 경험이 전혀 없었다. 새파랗게 어린나이였고 아직 아무와도 아무 관계도 맺지 못했을 때였다. 하지만예배에 참석한 신도들은 내 설교에 귀를 기울였다. 왜일까? 내가 목사라는 지위에 있었기 때문이다. 지위에 의존해 사람들이 자신의 말에 귀 기울이게 하는 것은 가장 낮은 단계의 커뮤니케이션이라는 사실을 깨닫기까지는 그리 오랜 시간이 필요치 않았다. 그 단계에서시작하는 것 자체는 전혀 잘못이 아니다. 대부분은 거기에서부터 시작한다. 하지만 훌륭한 연사가 되고 싶다면 그 단계에 머무르면 안된다. 나는 그 사실을 인정하게 되면서 한 가지 중요한 결심을 했다.더 나은 설교를 하기 위해 노력하기로 한 것이다. 내가 가진 지위보다 더 크고 더 나은 연사가 되겠다는 결심이었다.

그래야만 하기 때문에 누군가의 말에 귀 기울였던 경험은 누구나 있을 것이다. 회사에서 잘리지 않으려고 상사의 말에 귀 기울이고,수업에서 좋은 점수를 받으려고 선생님이나 교수님의 말씀에 귀 기울인다. 혹은 완수해야 하는 일의 특성상 정부 관리의 손을 거쳐야 했던 경험도 있을 것이다. 이때 당신이 그들의 말에 귀를 기울인 것은그 사람의 지위 때문이었고, 달리 선택의 여지가 없었기 때문이다.

훌륭한 연사가 되고 싶다면 지위나 직무 때문에 사람들의 주의를 끄는 효과는 오래가지 않는다는 사실을 깨달아야 한다. 사람들이 계속 당신의 말에 귀 기울이길 바란다면 스스로 기준을 높이고 말하기 기술을 갈고닦아야 한다. 그래야 다음 단계로 올라설 수 있다.

2. 관계 단계: 사람들은 당신을 좋아하기 때문에 당신 말에 귀 기울인다

첫 교회에 목사로 부임한 지 몇 달 만에 나는 신도들과 더 나은 관계를 맺을 수 있었다. 나는 그들을 좋아했고, 그들은 나를 좋아했다. 그들이 '내 말을 들어야 한다'에서 '내 말을 듣고 싶다'로 바뀌어 가는 것을 느낄 수 있었다. 그사이에 내 설교가 엄청나게 훌륭해져서일까? 그건 아닐 것이다. 하지만 나와 신도들과의 관계는 엄청나게 향상되었다. 이러한 변화는 나에게 옛말이 맞는다는 것을 다시 한번 확인시켜주었다. "사람들은 당신이 얼마나 알고 있는지에는 관심이 없다. 당신이 그들에게 얼마나 관심이 있는지 알기 전까지는." 나는 커뮤니케이션이 단순한 말하기의 영역이 아닌, 그 이상의 일을 알게 되었다. 그것은 사람과 관계를 형성하는 일이다.

> **사람들은 당신이 얼마나 알고 있는지에는 관심이 없다.**
> **당신이 그들에게 얼마나 관심이 있는지 알기 전까지는.**

같은 사람들을 대상으로 정기적으로 발언을 해야 한다면 당신이 할 수 있는 최선은 청중과 좋은 관계를 맺는 것이다. 개인적으로 관계를 발전시킬 수 없다면 그룹 단위로 발전시키면 된다. 사람들에게 관심을 갖고, 투명하고 진실하게 대하며, 스스로 말하는 대로의 삶을 살아라. 그러면 사람들은 당신을 좋아하게 될 것이다.

3. 주목 단계: 사람들은 당신이 좋은 사람이기 때문에 당신 말에 귀 기울인다

젊은 시절의 나는 청중이 나를 좋아하고 내 말에 귀 기울인다고 느꼈을 때, 연사로서 더욱 발전하고 싶고, 청중이 내 말에 귀 기울일 더 많은 이유를 제공하고 싶다는 동기부여를 얻었다. 그래서 훌륭한 연사가 되기 위해 교육이라는 도전을 받아들이기로 했다. 나만의 스타일을 찾고 개발하고 갈고닦는 데는 8년 정도의 시간이 필요할 거라고 추산했다. 긴 시간처럼 보이지만 그런 노력을 기울일 가치는 충분했다. 그럼 8년이 지난 시점에는 교육받는 것을 멈췄을까? 아니다. 여전히 배우고 있다. 나는 50년 넘게 강연을 해왔지만 아직도 배우며 성장하는 중이다. 나에게 있어 좋은 연사가 되는 것은 목적지가 아닌 여정이다.

댄은 이런 커뮤니케이션 단계를 '주목 단계Remarkable Level'라고 부르는데 거기에는 그럴 만한 이유가 있다. 이 단계에 있는 사람은 그만큼 돋보이기 때문이다. 이 단계는 헌신을 통해서만 도달할 수 있기 때문에 수많은 시간과 노력이 필요하다. 당신의 영향력이 이 단계에 다다르면, 사람들은 당신을 주목하고 다른 이들에게도 이야기한다. 그만큼 비범한 수준에 이르렀기 때문이다.

여기서 잠시 멈춰 여러분에게 용기를 북돋워주고 싶다. 나는 여러분이 돋보이길 원한다. 그리고 그렇게 할 수 있다고 믿는다. 따라서 이 책의 나머지 부분에서는 영향력 있는 소통으로 가는 여정에 도움이 될 원칙과 기술들을 가르칠 것이다. 이 법칙을 배우고 실천하면 말하기의 기술 또한 향상된다. 당신에게 줄 수 있는 최고의 조언은 늘 배움에 목말라 하라는 것이다. 마치 놀이공원에 간 아이가 커다란 솜사탕을 원하듯이. 솜사탕 장수가 아이를 보고 말한다. "너한테는 솜사탕이 너무 큰 것 같은데?"

아이가 대답한다. "걱정 마세요. 저는 겉보다 속이 더 크거든요."

이미 커뮤니케이션 능력의 향상을 위해 노력하고 있다면 이 책의 법칙들이 당신이 가진 능력의 '빈틈'을 메우고, 이미 가진 기술은 당신에게 꼭 맞도록 조정하는 데 도움을 줄 것이다. 커뮤니케이션을 처음 배우기 시작한 사람이라면 이 주목 단계에 다다르기까지 시간이 꽤 걸릴 테지만 어쨌든 해낼 수 있다. 이 법칙들은 당신이 가는 배움의 길에 좋은 출발점이 되어줄 것이다.

4. 당위 단계: 당신이 그들의 삶에 가치를 더해 주기 때문에 사람들이 당신의 강연을 찾아 나서기 시작한다

연사의 동기가 얼마나 중요한지는 이미 언급했다. 사이먼 시넥Simon Sinek은 그의 저서 《스타트 위드 와이》에서 말한다. "사람들은 당신이 '무엇'을 하는지가 아니라 그것을 '왜' 하는지를 보고 받아들일지 말지를 결정한다." 리더십에 관련해 언급했던 내용이지만 커뮤니케이션에서도 동기는 그만큼 중요하다.

내가 강연과 글쓰기를 시작한 이유는 사람들을 돕기 위해서였다. 나의 바람은 사람들에게 가치를 더하는 것이었다. 하지만 그러한 바람을 갖는 것과 그것을 성공시키는 일 사이에는 큰 차이가 있다. 사람들에게 가치를 부여하는 방법을 깨닫기까지는 오랜 시간과 에너지가 필요했다. 그리고 그런 바람을 전달하기 전에 먼저 신뢰를 쌓아야 했다. 내게 그 과정은 어땠는지 여러분과 공유하고 싶다. 이 또한 여러분에게 도움이 될 거라고 믿기 때문이다. 내가 했던 일은 다음과 같다.

- **자신을 발견하기**: 다른 누군가처럼 되려는 것을 그만두고 나 자신을 찾으려 했다.
- **자신을 알기**: 나를 관찰하며 스스로에게 질문을 던지고 솔직한 답변을 내놓음으로써 내 자신에 대해 알게 되었다.
- **자신이 되기**: 신께서 나를 만드신 방식을 받아들임으로써 진정한 나 자신이 되었다.
- **자신을 발전시키기**: 실험과 실수를 통해 스피치 기술을 끊임없이 개발하며 나 자신을 발전시켰다.
- **자신을 극복하기**: 나에게 집중하기를 멈추고 내가 사람들을 보는 방식에 집중하며 나 자신을 극복했다.
- **자신을 바치기**: 다른 사람들에 대해 생각하고 그들을 어떻게 도울 수 있을지 생각하면서 헌신했다.

> **"사람들은 당신이 '무엇'을 하는지가 아니라**
>
> **그것을 '왜'하는지를 본다.**
>
> – 사이먼 시넥Simon Sinek

당신이 더 나은 화자가 되기 위해 노력 중이라면 위의 교훈들을 마음 깊이 새겨라. 사람들에게 가치를 부여하는 사람이 되는 데 도움이 될 것이다.

5. 부메랑 단계: 사람들은 당신이라는 사람 때문에 당신이 하는 말에 열심히 귀 기울인다

연사로서 최고의 영향력을 행사할 수 있는 마지막 단계가 있다. 댄은 이것을 '부메랑 단계'라고 부르는데, 연사가 평생에 걸쳐 기술을 갈고닦고, 타인에게 초점을 맞추고, 그들에게 가치를 더하면 그동안 투자한 것을 놀라우리만치 그대로 돌려받는 때가 온다. 이 단계에서 사람들이 당신의 말에 귀 기울이는 이유는 당신이라는 사람 때문에, 그리고 당신이 평생에 걸쳐 이룬 것 때문이다. 이는 연사로서 신뢰의 최고 단계에 해당하며 이것은 도덕적 영향력을 갖는 데서 비롯된다.

도덕적 영향력은 설명하기 어렵지만 실제로 보거나 듣게 되면 그게 어떤 것인지 알 수 있을 것이다. 테리 피어스Terry Pearce가 《세계 최고의 리더들은 어떻게 말하고 어떻게 다가가는가》에서 들려준 이야기에 내 말의 뜻이 잘 드러난다. 영국 배우이자 시 낭송으로 유명한 찰스 래프턴Charles Laughton의 이야기다.

찰스 래프턴 경은 런던의 한 대가족 크리스마스 파티에 참석했다. 호스트가 각 참석자들에게 크리스마스 정신을 되새길 수 있는 가장 마음에 드는 문장을 하나씩 낭독하자고 제안했다.

래프턴의 차례가 되자, 그는 잘 훈련된 아름다운 목소리로 시편 제23편을 낭독했다. 모두가 그의 노력에 박수를 보냈고 낭독은 계속되었다. 몇 분 지나지 않아 참석자들 거의 모두가 낭독을 마쳤고 마지막으로 방구석에서 졸고 있던 할머니 한 분만 남게 되었다. 특히 가족들의 사랑을 듬뿍 받고 있는 할머니를 사람들이 조심스럽게 깨웠다. 할머니에게 돌아가는 상황을 설명하고 한 구절을 낭독해달라고 말했다. 할머니는 잠시 생각에 잠겼다가 불안정한 목소리로 낭독을 시작했다. "하나님은 나의 목자시니, 내게 부족함이 없으리로다…"(시편 제23편) 할머니가 낭독하는 동안 방 안은 숨죽은 듯 조용했고 낭독을 마치자 모든 참석자의 눈에서 눈물이 흘러내렸다.

그곳을 떠날 때 젊은이 한 명이 래프턴에게 와줘서 고맙다고 인사했다. 래프턴은 자신과 할머니의 '낭독'에 대한 가족들의 반응 차이에 대해 간략하게 설명했다. 자신이 받은 것은 감탄이었고, 할머니가 받은 것은 깊은 결속과 몰입이었노라고.

젊은이가 고개를 갸웃하며 물었다. "그 차이는 무엇 때문일까요?" 래프턴은 젊은이를 바라보며 간단하게 대답했다. "나는 시편을 알고… 그분은 목자를 아는 거죠."

▌ 가장 효과적인 메시지는 당신이 살아온 삶이다.　　　　▐

자신과 연관 짓기

훌륭한 화자로서 배우고 성장하기 위해서는 말하는 능력이나 기술을 갈고닦는 것도 중요하지만, 자신의 내면을 발전시키기 위한 노력도 게을리해서는 안 된다. 좋은 화자는 스스로에 대해 잘 알고 자신과 소통하며 있는 그대로 받아들인다. 당신도 다음의 세 가지를 연관 지음으로써 그렇게 할 수 있다.

　당신의 '생각', 콘텐츠를 준비할 때 도움이 된다.
　당신의 '감정', 콘텐츠를 전달할 때 영감을 준다.
　당신의 '행동', 콘텐츠에 신뢰를 더해 준다.

　스피치 준비를 할 때마다 자신에게 물어라. "내가 아는 내용인가? 내가 느낀 감정인가? 나도 이렇게 행동하는가?" 세 질문에 모두 "그렇다"라고 답할 수 있도록 하면서, 늘 이 세 가지를 함께 염두에 두어라.

　당신이 전하는 메시지는 바로 당신이다. 당신이 전달하려고 준비하는 메시지가 당신과 연관이 없다면 청중에게도 가닿지 못한다. 그 메시지가 당신의 삶과 다르다면 다른 사람들의 삶에도 입김을 불어 넣을 수 없다. 왜 그럴까? 가장 효과적인 메시지는 바로 당신이 살아온 삶 그 자체이기 때문이다. 그게 바로 '신뢰의 법칙'이다.

02 / 관찰의 법칙

좋은 연사는 위대한 연사로부터 배운다

청중과 커뮤니케이션하는 방법은 어떻게 배울 수 있을까? 야구 선수로 명예의 전당에 오른 요기 베라Yogi Berra는 뉴욕 양키즈에서 포수로서 공을 받아내던 모습보다 가슴에 쏙쏙 박히는 명언으로 더 유명해졌는데(그가 감독으로서 남긴 명언은 '요기즘'이라고 불릴 정도로 신드롬을 일으켰다. '끝날 때까지 끝난 게 아니다', '기록은 깨질 때까지만 존재한다', '어디로 가는지 모른다면 그곳에 도달할 수 없다' 등이 있다. -옮긴이) 그는 이런 말을 남겼다. "보는 것만으로 많은 것을 볼 수 있다." 이것이 바로 '관찰의 법칙'의 핵심이다. 좋은 연사는 위대한 연사로부터 배운다.

보는 지혜

몇 년 전, 나는 무척 마음에 드는 농담거리를 하나 알게 되었다. 여우와 늑대, 곰이 사냥을 하러 가서 각자 사슴 한 마리씩을 잡았다. 그 후 사냥한 사슴을 어떻게 나눌지 토론을 벌였다. 곰이 늑대에게 물었다. 늑대는 각자 사슴 한 마리씩을 가져야 한다고 말했다. 그러자 갑자기 곰이 늑대를 잡아먹었다. 곰은 여우에게 먹이를 어떻게 분배할지 물었다. 여우는 곰에게 자신의 사슴을 내밀며 늑대의 몫도 다 가지라고 말했다. 곰이 물었다. "그런 지혜는 어디서 얻었느냐?"

여우가 대답했다. "늑대한테서."

다른 이들과 마찬가지로 나도 처음에는 다른 연사들을 관찰하며 교훈을 얻는 것에서부터 시작했다. 나는 이 과정을 어릴 때부터 시작할 수 있었는데 아버지가 목사였기 때문이다. 나는 어린 시절 일요일마다 교회에 가서 아버지의 설교를 들었다. 아버지는 엄청난 열정을 가지고 설교를 하셨다. 그리고 그 쩌렁쩌렁한 목소리! 앰프도 없던 시절에 말이다. 아버지는 안 그래도 깊은 목소리였는데 발성법을 통해 소리를 더 멀리 보낼 수 있었다. 아버지는 뛰어난 연사였다. 나는 아버지의 설교를 듣는 것이 좋았다. 아버지의 가장 큰 강점은 신도들에 대한 애정, 개인적인 신뢰, 그리고 크나큰 확신이었다.

7학년 때 아버지를 따라 오하이오주 콜럼버스에 있는 참전용사 추모 강당에서 열리는 노먼 빈센트 필 박사 Norman Vincent Peale의 강연을 들으러 간 적이 있다. 그날부터 필 박사는 나의 강연 롤모델이 되었다. 아버지는 필 박사의 제자였다. 그의 저서로 공부했으며 필의 철학인 '긍정적인 생각의 힘'을 실천해왔다. 필은 낙천적이며 고무적인 사람이었고 강연에 스토리를 많이 활용했다. 그런 그의 특징들은 내가 생각하는 좋은 커뮤니케이션에 있어 중요한 요소가 되었다.

50년대에는 미국 대통령의 라디오 연설을 종종 들을 수 있었지만, 다른 훌륭한 연사들의 강연을 들으려면 직접 가서 봐야 했다. 50~60년대에 미 중서부에 살고 있던 우리 가족은 훌륭한 목사들이 온종일 돌아가면서 강연하는 며칠간의 캠프 미팅에 참석하곤 했다. 옛날식 웅변 스타일을 가진 로렌스 B. 힉스Lawrence B. Hicks 같은 사람들은 청중에게 자리에서 일어나 손뼉을 치며 큰 소리로 "아멘!"을 외치게 했다.

나는 열여덟 살 때부터 다른 연사들을 진지하게 연구하기 시작했다. 그때 나는 강연이 내 경력에서 큰 부분을 차지하게 될 것임을 직감했다. 나는 목사가 될 생각이었기에 자연스럽게 목사들을 관찰하기 시작했다. 찰스 윌리엄스Charles Williams의 강연은 대단했다. 그는 똑똑하고 기억력도 뛰어나며 아름다운 문장을 사용하는 훌륭한 연사였다. 나는 그의 훌륭한 커뮤니케이션 기술을 따라 해보려고 했지만 결과는 끔찍했다. 내게는 안 맞는 남의 옷을 걸친 느낌이었다. 나는 철학적이라기보다는 실용적인 쪽에 가까웠고, 내게는 아름다운 문장보다 재미있는 문장이 더 잘 맞았다. 그의 강연 방식은 그에게는 너무나 잘 맞았지만 내게는 전혀 먹히지 않았던 것이다.

내가 20대 중반이었을 때 미시시피 빅스버그에서 전설적인 목사 R. G. 리R. G. Lee와 같은 강연 무대에 설 기회가 있었다. 그는 '언젠가 심판의 날이 오리라'라는 메시지로 전 세계에 유명세를 떨쳤고 그 강연만 2백 번을 넘게 했다. 나는 대학교에 다닐 때 그가 그 주제로 강연하는 것을 녹음해서 들은 적도 있었다. 그뿐만 아니라 그날 강연 프로그램 목록에 있는 다른 연사들은 모두 나와는 차원이 다른 사람들이었다. 행사 전에 잠깐 리 박사를 만났는데, 나는 그에게 너무나 압도된 나머지 내 발언 시간을 빼서 그에게 넘기겠다고까지 했다.

그가 말했다. "아니, 아니야. 난 자네의 강연을 너무 듣고 싶어."

내가 강연할 때 그는 맨 앞줄에 앉아 경청하며 용기를 북돋아주었다. 강연이 끝나자 그가 악수를 건네며 말했다. "정말 대단한 메시지였어. 자네는 장래가 아주 밝아. 나와 사진 한 장 찍어주겠나?" 리 박사가 나와 사진을 찍고 싶어 하다니! 믿을 수가 없었다. 나는 그가 내게 한 행동을 기억했다가 나중에 용기를 주고 싶은 젊은 리더들을 만났을 때 써먹기도 했다. 사진을 찍고 나서 그는 내게 다음 날 아침 식사까지 함께하자고 했다.

그즈음 나는 폴 하비Paul Harvey의 강연도 들었고, 이후에는 변호사 겸 세일즈맨이었다가 60대에 전문 대중 연설가가 되어 토스트 마스터 인터내셔널에서 골든 게이블 어워드를 받은 캐벗 로버트Cavett Robert도 만났다. 로버트는 국립 연설가 협회를 창설했고 전문적인 기조연설가 육성을 장려하기도 했다. 또 지그 지글러Zig Ziglar의 강연에도 처음으로 참석했다. 나는 그의 연설을 듣고 정말로 눈을 똥그랗게 뜰 정도로 감명받았다. 지그 지글러는 남부 특유의 느릿느릿한 말투를 최대한 활용했다. 그는 시를 낭송하고 유머를 활용했으며 무대 위를 휘젓고 돌아다녔다. 청중에게 질문하며 적극적으로 소통했다. 첫 번째 메시지에서 그는 핵심을 짚는 데 도움을 주려고 옛날식 수동 펌프를 소품으로 들고나오기도 했다. 70년대의 많은 연사가 그랬듯 나도 그에게서 많이 배웠고 그것을 내 강연에 적용하기도 했다.

나는 1981년에 샌디에이고로 이주할 때까지 20년 동안 프로 연사로 활동했고 수백 명의 훌륭한 연사들을 관찰하며 배웠다. 그때까지만 해도 나는 내가 꽤 훌륭한 연사가 될 수 있을 것이라 생각했다. 하지만 얼마 지나지 않아 캘리포니아의 청중은 중서부 지방의 청중과는 매우 다르다는 사실을 깨달았다. 나는 캘리포니아를 돌아다니며 척 스윈돌Chuck Swindoll이나 레이 스테드맨Ray Stedman, 로이드 오질비Lloyd Ogilvie와 같은 연사들을 관찰했고 좀 더 편안하게 대화식으로 말하고, 또 사회적 이슈를 담아내는 방식으로 강연 스타일에 변화를 주었다.

내가 왜 이 연사들의 이름을 나열했을까? 대부분은 그 이름을 들어본 적도 없을 것이다. 다시 한번 말하지만, 좋은 연사가 되고 싶다면 우리보다 더 나은 연사들을 관찰하고 그들로부터 배워야 한다. 관찰 대상은 사람마다 다를 것이다. 아직 관찰하고 배울 훌륭한 연사의 목록을 작성하지 못했다면 지금 당장 만들어라. 좋은 연사는 위대한 연사를 보고 배우기 때문이다. 그게 바로 '관찰의 법칙'이다.

> "당신이 어떤 사람이 될지는 당신이 존경하고 본받을 만한 사람으로 누구를 선택하느냐에 달려 있다."
>
> – 워런 버핏

나의 커뮤니케이션 성장 단계

2015년 워런 버핏은 버크셔 해서웨이의 주주들에게 보내는 편지에 다음과 같이 썼다. "당신이 어떤 사람이 될지는 존경하고 본받을 만한 사람으로 누구를 선택하느냐에 달려 있다." 버핏은 그의 멘토였던 톰 머피Tom Murphy 덕분에 회사 경영에 관해 많은 부분을 배웠다고 말한다. 머피는 정보통신 제국에 캐피털 시티 커뮤니케이션즈를 설립했다. 그리고 1995년 회사를 디즈니에 약 190억 달러에 매각했다(그 후 캐피털 시티는 ABC에 매각). 버핏에게 억만장자가 되는 법을 가르쳐준 사람은 억만장자가 되는 법을 잘 아는 사람이었다.

워런 버핏의 말은 커뮤니케이션 분야에도 적용된다. 당신이 어떤 연사가 되느냐는 누구를 존경하고 본받을지에 따라 달라진다. 이제와 돌이켜보면 나의 연사로서의 여정은 내가 누구에게서 배우고, 거기서 얻은 교훈을 어떻게 적용했는지에 따라 네 단계로 나눠볼 수 있다.

1. 주어진 환경에서 좋은 강연의 기본을 배우려고 노력했다

출발점은 내가 정한 최고의 연사들을 관찰하며 배우는 것이었다. 나는 그들을 보면서 교훈을 얻었고 내게도 맞겠다고 생각되는 것들은 따라 했다. 할 수 있는 만큼 자주 연습 삼아 강연을 했다. 여러 다른 기술을 써 보고 자주 실패해보고 고쳐가면서 발전했다.

2. 내가 속한 세계를 넘어 위대한 연사들로부터 배웠다

실력이 향상되면서 시야를 넓혔다. 나는 다른 연설가들, 지그 지글러 같은 전문가들을 관찰하고 배웠다. 나는 모든 분야, 모든 직업군에서 위대한 연사들을 관찰하기 시작했다. 이 부분에 대해서는 이 장의 뒷부분에서 다시 이야기하겠다.

3. 대상이 바뀔 때마다 그들과 소통하기 위해 나 역시 변화를 주었다

연사로서 경험이 쌓여갈수록 청중에게 더욱 초점을 맞추었다. 연사로서의 커리어가 확장될수록 사람들과 소통하는 새로운 방식을 계속 배워야 했다. 이 부분은 7장 '소통의 법칙'에서 더욱 자세히 설명하겠다.

4. 누구나 적용할 수 있는 핵심 원칙을 가르치기 시작했다

나는 70년대부터 리더십을 가르치기 시작했다. 초기에 내 청중은 주로 교회의 리더들이었다. 80년대와 90년대에는 리더십을 배우려는 사업가들이 많이 참석했다. 나는 내 강연을 교회에 한정된 리더십 훈련에서 보편적인 리더십 원칙으로 바꾸면 더 많은 사람을 도울 수 있을 거라고 생각했다. 그렇게 해서 나온 것이 《존 맥스웰 리더십 불변의 법칙》이다. 강연 대상을 바꿀 때마다 연사로서의 나 자신을 재창조하는 일이 쉽지 않았지만, 나의 영향력과 메시지의 효과를 높이기 위해 충분히 노력할 가치가 있었다.

지금도 나는 커뮤니케이션 공부를 계속해나가며 성장하고 있다. 나는 죽는 날까지 계속 배울 것이다. 왜일까? 첫째, 커뮤니케이션을 사랑하기에 이에 관련된 모든 것을 알고 싶기 때문이다. 둘째, 나보다 훌륭하고 배울 점도 많은 연사들이 있다는 것을 알기 때문이다. 셋째, 청중은 계속 바뀐다. 계속 성장하지 않으면 언젠가는 연사로서 설 자리가 없어져버릴지 모른다. 그런 일이 일어나지 않기를 바라기 때문에 계속 배우고 노력하는 것이다.

더 나은 사람들이 당신을 나아지게 만든다

아직 관찰하고 배우며 롤모델이 될 만한 연사를 찾지 못했다면 지금 당장 찾기 시작하라. 좋은 코미디언이 되고 싶다면 위대한 코미디언들을 관찰하면서 그들이 하는 것을 보고 배워라. 좋은 재판 변호사가 되고 싶다면 훌륭한 변호사들이 법정에서 발언하는 것을 관찰하라. 좋은 교사가 되고 싶다면 훌륭한 교사들을 관찰해 가르치는 방법을 더 잘 이해하라. 사업체를 잘 이끌고 싶다면 훌륭한 사업가들이 비전을 내세우고 직원들에게 발언하고 상품을 소개하는 모습을 관찰하라. 어디에 있든 일단 시작하라. 그러고 나서 기술을 연습하라. 최대한 자주 강연해보고, 배운 것을 적용하라. 모방이든, 빌린 것이든, 훔친 것이든 아무 기술이나 사용해보라. 어떤 기술이 먹히는지, 어떤 기술이 먹히지 않는지 주의 깊게 살펴라. 뭐든 자신에게 맞는 것을 활용해 적용하고 자신만의 스타일을 발견하라.

당신이 반에서 1등이라면 반을 잘못 고른 것이다.

마침내 당신의 분야에서 좋은 연사가 되더라도 거기서 멈추지 말라. 예전부터 전해 내려오는 말이 있다. "당신이 반에서 1등이라면 반을 잘못 고른 것이다." 연사로서 계속 성장하려면 보고 배울 연사의 범위를 넓혀야 한다. 뛰어난 기술을 갖고 있고 경험이 많은 모든 분야의 연사들을 관찰하라. 가볍게 보고 넘기지 말고 계획적으로 관찰하라. 관찰할 때마다 자신에게 아래의 질문을 던져라.

- 연사가 청중과 소통하기 위해 무엇을 하는가?
- 도입부는 왜 성공적이었는가?
- 강연은 어떤 구조인가?
- 강연 중 최고의 순간은 언제였는가?
- 연사는 강연을 어떻게 만들었는가?
- 기억에 남는 점은 무엇인가?

- 연사가 가진 최고의 자질은 무엇이었는가?
- 개성은 어느 정도, 기술은 어느 정도였는가?
- 그중에 내가 시도해볼 만한 것은 무엇인가?

나는 이런 식으로 관찰했다. 다른 분야의, 다른 기술을 가진 연사들을 연구했고, 거기서 내가 배운 점은 다음과 같다.

월터 크롱카이트에게서 배운 친밀감

나는 텔레비전에서 월터 크롱카이트Walter Cronkite를 보며 자랐다. 그는 1962년부터 1981년까지 CBS 이브닝 뉴스의 앵커로 활동했다. 진솔한 아버지 같은 모습으로 말하는 크롱카이트는 '가장 신뢰받는 미국인'으로 불렸다. 방송하는 동안 그는 존 F. 케네디, 마틴 루터 킹, 로버트 F. 케네디의 암살 사건들을 객관적으로 보도하며 국가적 여론을 이끌었다. 아폴로 11호의 달 착륙 장면과 워터게이트 사건, 베트남 전쟁을 보도했다. 크롱카이트가 베트남을 방문한 뒤, "이 전쟁은 미국을 궁지에 몰아넣었다"고 공개적으로 발언하자, 린든 존슨Lyndon Johnson 대통령은 "크롱카이트를 잃으면 미 중산층을 잃는 것"이라고 말하기도 했다. 일부 사람들은 존슨이 재선에 나서지 않은 이유가 그 때문이라고 확신한다.

크롱카이트의 말이 그렇게 큰 영향력을 발휘할 수 있었던 것은 시청자들과 친밀감을 형성하는 능력 때문이었다. 그가 방송에 나오기 이전에, 사람들은 신문을 읽거나 라디오를 듣거나 짧은 뉴스 다

큐멘터리에서 딱딱한 내레이터의 목소리를 듣거나 정치가들의 연설을 듣곤 했다. 하지만 60년대에는 커뮤니케이션 방식이 달라졌다. 연사이자 작가 겸 코치인 닉 모건Nick Morgan은 넓은 공간에서의 대중 연설에서 좀 더 친밀한 커뮤니케이션으로의 전환에 대해 다음과 같이 쓰고 있다.

마이크와 스피커 시스템을 점점 더 많이 사용하게 되면서 대규모 청중과 연사의 물리적 거리는 더욱 벌어졌다. 하지만 진짜 급격한 연설 방식의 변화는 그 이후에 찾아왔다. 그 포문을 연 것은 1960년에 처음으로 텔레비전으로 방영된 케네디-닉슨의 대선 토론회였다. 사실 이러한 변화는 1950년대부터 시작되었다. 사람들은 이제 야외 강연장이나 강의실을 찾아가지 않고, 거실에서 TV의 작은 화면을 통해 편안하게 연설을 듣게 되었다. 야외 무대에서 연설하는 연사를 멀찌감치 떨어져서 바라보는 대신, 이제 우리는 월터 크롱카이트를 집 안으로 초대했다. 일상적으로 신뢰하는 사람들과 솔직한 사적 대화를 나누도록 마련된 거실이라는 공간에서, 바로 몇 피트밖에 떨어져 있지 않은 위치에서 얼굴과 어깨까지 담아내는 텔레비전 화면을 통해 크롱카이트는 우리에게 말을 건넨다. 우리는 가까운 사적 접촉 —혹은 적어도 그런 것 같은 환상— 을 통해 크롱카이트나 다른 텔레비전 속 인물과 소통하고 있다고 느낀다. 그들은 우리 마음속에서 은연중에 믿음직한 인물이 된다.

　큰 제스처, 지나치게 광범위한 문장, 과장된 퍼포먼스를 활용한 옛날식 대중 연설 방식은 당연하게도 텔레비전 속 친근해보이는 공간에는 맞지 않았다. 그 대신 필요해진 것, 얻게 된 것은 편안한 분위기에 어울리는 사적 대화 방식이었다. 텔레비전이 가져온 물리적 근접성에 대한 환상 때문에 시간이 지나면서 청중은 연사에게도 공간적으로나 감정적으로 친밀감을 기대하게 되었다.

텔레비전 덕분에 사람들은 커뮤니케이션이 좀 더 사적인 대화로 이루어질 거라고 기대하게 되었다. 사람들은 과장된 퍼포먼스를 줄인 좀 더 친밀하고 따뜻한 형태의 커뮤니케이션을 원했다. 그래서 나도 그런 방향으로 강연의 새로운 방식을 찾아나갔다.

나는 무대에서 의자에 앉아 청중과 대화하는 톤으로 이야기를 나누면서 좀 더 사적인 느낌의 소통을 추구하기 시작했다. 그런 분위기가 마음에 들었다. 의자에 앉아 있으면 좀 더 편안하고 긴장이 풀어진 표정을 한 청중의 모습을 볼 수 있었다. 이러한 행동은 나의 강연도 바꿔놓았다.

존 F. 케네디를 관찰하며 배운 자연스러움의 가치

1960년, 존 F. 케네디와 리처드 닉슨 간의 토론에 관한 글은 수없이 많다. 텔레비전으로 방송된 최초의 대통령 선거 토론이었으니까. 많은 해설자들이 이 토론이 미국 정치를 영원히 바꿔놓았다고 단언했다. 나도 열세 살에 텔레비전으로 이 토론회를 시청하면서 케네디에게 매료되었던 기억이 있다. 닉슨은 수척하고 어딘지 불편해보인 반면, 가벼운 미소와 자연스러운 발언을 이어가는 케네디는 느긋하고 젊어 보였다. 바디랭귀지는 순간순간 잘 맞아떨어졌고 답변 길이도 딱 적당했다. 십 대 청소년이었던 나조차도 말의 요지를 이해하고 그의 사고를 따라갈 수 있을 정도였으니.

케네디가 대통령에 당선된 후, 미국의 많은 젊은이처럼 나도 케네디를 추종하며 무슨 주제든 그가 하는 말에 귀 기울이려고 노력했다. 십 대 소년이었던 내 가슴에 가장 와닿은 케네디의 연설은 "누구나 자신 안에 '세상을 바꿀 만한' 연설 하나씩은 가지고 있다"라는 메시지였다. 그 말이 내 가슴속에 심어준 열망은 60년이 넘도록 타오르고 있다. 나는 그 이후 강연을 통해 사람들을 돕고 이 세상을 변화시키기 위해 헌신해왔다.

> "누구나 가슴속에 '세상을 바꿀 만한' 연설 하나씩은 가지고 있다."
>
> – 존 F. 케네디

E. V. 힐을 관찰하며 배운 타이밍

E. V. 힐E. V. Hill은 로스앤젤레스의 목사로, 아프리카계 미국인 커뮤니티에서 매우 긍정적이고 큰 영향력을 발휘한 인물이다. 한번은 그가 자신의 교회에서 설교해달라고 나를 초대했다. 내게는 크나큰 영광이었다. 그가 설교하는 모습을 보면 타이밍 감각이 완벽하다는 걸

알 수 있다. 그는 메시지가 아주 예민한 내용으로 들어서기 직전, 잠시 말을 멈춘다. 그러고는 강대상 옆으로 천천히 걸어 나가 청중과 소통하며 예배당이 완전한 침묵에 휩싸일 때까지 기다린다. 그러고 나서 낮은 목소리로 감정을 실어 부드럽게 말을 시작한다. 그러면 모두 그가 하는 말에 감동을 받게 되는데 그의 말이 제대로 된 타이밍에, 제대로 된 방식으로 전달되었기 때문이다.

나는 그를 롤모델로 삼았다. 중요한 내용을 공유하려 할 때, 그에게서 배운 기술을 활용한다. 무대 위에서 물리적인 움직임을 갖고, 잠시 멈추고, 말의 속도를 늦춘다. 물론 그의 방식을 잘 배우긴 했어도 그가 하는 만큼 효과적으로 해내지는 못한다. 그는 그 분야의 대가다. 강연할 때 타이밍을 어떻게 활용해야 하는지는 '기대의 법칙(9장)'에서 다시 자세히 이야기하겠다.

로널드 레이건을 관찰하여 배운 명료함

나는 로널드 레이건Ronald Reagan의 대통령 임기 시절 연설을 좋아했다. 종종 위대한 연설가로 불렸던 레이건은 간결하고, 설득력 있으며, 이해하기 쉬운 단어 선택으로 청중과 소통했다. 그는 간결한 명언과 인용문을 연설에 활용했다. 예를 들면,

> "우리가 모두를 도울 수는 없지만 우리 모두는 누군가를 도울 수 있다."
>
> "평화는 갈등의 부재가 아니라 갈등을 평화롭게 해결하는 능력이

다.”

“이웃이 실직하면 침체기, 내가 실직하면 불황기다.”

“빛을 보여줄 수 없다면 열을 느끼게 하라.”

“인플레이션은 강도만큼 폭력적이고, 무장 강도만큼 두려우며, 저
　격수만큼 치명적이다.”

“서로에 관해 이야기하는 대신 서로에게 이야기할 때 세상의 많은
　문제가 사라질 거라고 늘 믿는다.”

“고르바초프 씨, 이 장벽을 무너뜨립시다.”

　청중에게 자신이 얼마나 똑똑한지 보여주고 싶어 하는 연사들
은 너무나 많다. 레이건은 청중에게 간결한 메시지로 깊은 인상을
심어주려고 했다. 이 부분에 대해서는 '간결함의 법칙(10장)'에서 자
세히 설명하겠다.

마거릿 대처를 관찰하며 배운 자신감의 표명

1979년, 마거릿 대처Margaret Thatcher는 영국의 첫 여성 총리가 되었고
1990년까지 임기를 이어갔다. '철의 여인'이라는 별명을 얻은 그녀
는 리더로서, 연사로서 자신감과 힘을 드러냈고 야당 세력과의 정면
대결도 두려워하지 않았다. 화학을 전공한 대처는 어떤 문제가 닥쳐
도 해결책을 찾아낼 수 있다고 믿었다. 대처는 총리 자리에 오르며
말했다. “우리는 부조화가 있는 곳에 조화를, 과오가 있는 곳에 진실
을, 의심이 있는 곳에 신뢰를, 절망이 있는 곳에 희망을 가져올 수 있

습니다."

　나의 아내(마거릿)와 나는 대처 전 총리와의 저녁 모임 자리에 참석할 기회가 있었다. 그녀가 발언할 때 특유의 자신감이 방 안에 있던 모든 이들의 주의를 집중시켰다. 우리에게 질문할 기회가 주어졌을 때도 그녀의 답변에서 강한 안정감을 느낄 수 있었다. 최근에도 나는 대처 전 총리에 대해 떠올릴 기회가 있었다. 내가 연설을 마치고 났을 때 한 청중이 다가와 말했다. "선생님 강연을 들으면 모든 게 다 잘될 것 같다는 기분이 들어요." 그건 대단한 칭찬이 아닐 수 없었다. 대처 전 총리에게서 배운 대로 강연할 때 청중에게 안정감을 심어주려고 노력한 덕분이었다.

존 우든을 관찰하며 배운 믿음직스러움

2000년대에 나는 고맙게도 존 우든John Wooden 코치를 일 년에 몇 차례 만나 질문을 하고 배움을 얻을 기회가 있었다. 그는 훌륭한 코치였기에 나는 그를 만나기 전부터 이미 몇 십 년 동안 팬이었다. UCLA에서 농구 프로그램을 운영한 그는 12년간 NCAA 내셔널 챔피언십에서 열 번의 우승을 따냈다. 심지어 선수들의 인생을 바꿔놓기까지 했다.

　우든의 진실성, 신뢰, 믿음직함은 그의 코치로서의 능력만큼이나 전설이 되었다. 그의 저서 《88연승의 비밀》에서 그는 자신의 접근 방식, 그러니까 자신이 선수들에게 영향력을 미치는 방식에 관해 설명한다.

빈번하고 근거 없는 칭찬은 진짜 칭찬의 위대한 가치를 상쇄시킨다. 생각 없이 칭찬을 남발하면 가장 강력한 동기를 심어줄 순간이 훼손된다. 예를 들어, 나는 "대단해" 이런 말은 자제하고 대신에 "좋아, 아주 좋아. 나아지고 있어"라거나 "바로 그거야. 이제 알겠지. 좋아"라고 말한다. 나는 정보의 전달 빈도가 정보 자체만큼이나 중요하다는 사실을 늘 염두에 두려고 한다. 목소리 톤은 진중하게, 표정은 가라앉히고 진심으로 말한다.

드디어 존 우든을 만났을 때, 그에 대한 첫인상은 믿음직스러움이었다. 그는 상대의 말에 귀 기울이고 조심스럽게 말하며 진실하게 대했다. 나는 모든 이들에게서 최선을 끌어낼 수 있다고 믿기 때문에 칭찬에 무척 관대한 편이었다. 그래서 그의 처신에 자극을 받았고, 긍정적인 칭찬을 남발하지 않는 그의 방식을 따르게 되었다.

마틴 루터 킹을 관찰하며 배운 리듬감

마틴 루터 킹은 내 인생에서 가장 위대한 연설가 중 한 명이다. 십 대 때 라디오나 텔레비전에서 민권 운동을 벌이는 그의 연설을 들을 수 있었다. 가장 인상 깊었던 점은 킹 목사가 청중에게 감정과 의미를 전달하는 방식이었다. 그는 특히 리듬감과 정지 효과를 잘 활용했다.

전문 연설문작가 협회와 실무 커뮤니케이션 위원회를 창설한 데이비드 머레이David Murray는 킹 목사 연설의 음악적 특징에 대해 다음과 같이 쓰고 있다.

종이 위에 쓰인 노래 가사를 읽으면 대부분 생명력 없이 따분해보인다. '나에게는 꿈이 있습니다' 연설문의 하이라이트는 첫 3분의 2에 해당하는 부분인데, 킹 목사가 텍스트에서 떨어져나오는 순간, 음악은 시작된다. 혹은 흘러나온다. 그는 말을 멈추고 노래를 시작한다.

나에게는 꿈이 있습니다. 언젠가 이 나라가 일어나 "모든 사람은 평등하게 태어났다는 이 자명한 진실을 지키게 될 거라는", 진정한 신조의 의미를 실행하게 될 거라는 꿈이 있습니다.

나에게는 꿈이 있습니다. 언젠가 조지아의 붉은 언덕에서 옛 노예의 자식과 옛 노예 주인의 자식들이 형제의 식탁에 함께 앉을 거라는 꿈이 있습니다.

나에게는 꿈이 있습니다. 언젠가 이 불의와 억압의 열기로 가득한 미시시피주조차도, 자유와 정의의 오아시스로 탈바꿈될 거라는 꿈이 있습니다.

나에게는 꿈이 있습니다. 나의 네 아이들이 언젠가는 피부색이 아닌 개성으로 평가받는 나라에서 살게 될 거라는 꿈이 있습니다.

그의 연설문을 읽는 것만으로 감동이 밀려온다면 그건 여러분의 기억에 각인된 킹 목사의 목소리가 상상 속에서 재생되었기 때문일 것이다. 하지만 다른 누군가에게 소리의 고조 없이 초등학생처럼 글을 읽어 보라고 한다면, 이것이 불멸의 연설이 된 이유가 메시지 때문만이 아닌, 킹 목사의 리듬감과 멜로디에 있었음을 깨닫게 될 것이다. 이처럼 연설에서는 전달력이 많은 부분을 차지한다.

실제로 킹 목사의 연설에 대한 리듬 분석이 이루어지기도 했는데, 그의 리듬이 "청중을 흡수하고 메시지를 이해시키는 데 직접적인 도움이 되었다"는 결론이 나왔다.

나는 킹 목사의 스타일을 흉내내려고 하지는 않았지만, 그에게서 배운 대로 연설할 때 리듬감을 주려고 노력한다. 에너지와 흥분감을 생성하려고 할 때는 속도를 높이고, 강조할 부분에서는 속도를 늦추거나 완전히 멈추기도 한다. 이 내용에 관해서는 '체인지업의 법칙(14장)'에서 자세히 설명하겠다.

윈스턴 처칠을 관찰하며 배운 용기

내가 롤모델로 삼은 연설가들은 전부 나와 동시대에 살지도 않았거니와 내가 그들의 연설을 전부 다 실제로 들어보았던 것도 아니다. 나는 제2차 세계대전을 연구하면서 훌륭한 연설가였던 프랭클린 루스벨트의 연설에 대해 배웠다. 그는 경기 침체기에 "우리는 전혀 두려워할 게 없습니다. 두려워할 것은 두려움 그 자체입니다"라는 연설을 했고, 진주만 공격 후 '불명예의 날' 연설로, 온 나라를 감동으로 몰아넣었다. 하지만 전쟁기에 대서양 건너편에 있던 그와 동급인 인물, 윈스턴 처칠은 그보다 훨씬 더 위대한 연설가였다. 20세기에는 연설할 때 처칠만큼 용기를 내세운 리더가 없었기 때문일 수도 있고, 혹은 용기의 중요성을 처칠이 훨씬 잘 이해하고 있었기 때문일 수도 있다. 그는 말했다. "용기는 인간의 자질 중 가장 제대로 칭송받는 자질이다. 말 그대로 용기는 인간의 다른 모든 자질까지 보증해준다."

영국 기관 전체가 전쟁 전, 히틀러 세력을 조용히 잠재우려고 했을 때, 처칠은 다가오는 나치의 위협에 대해 일어나 소리 높여 외쳤다. 그리고 1939년 나치의 폴란드 침공으로 그의 말이 옳았음이 증명되었다. 영국이 독일과 전쟁을 치르던 1940년에 처칠은 대영제국의 총리가 되었다. 그가 총리로서 하원 의사당에서 했던 첫 연설은 나에게 가장 기억에 남는 연설로 남았다.

이 정부에 참여하게 된 모든 이들에게 말했듯이 의사당에서도 이 말을 하고 싶습니다. "제가 줄 수 있는 것은 피, 땀, 눈물 그리고 노력뿐입니다."

우리는 가장 비통한 시련 앞에 서 있습니다. 우리 앞에는 몇 달간의 길고 긴 분투와 고통이 기다리고 있습니다. 여러분은 정책이 무엇이냐 물을 것입니다. 그것은 있는 힘껏, 신께서 우리에게 주신 온 힘을 다해 바다에서, 육지에서, 공중에서 전쟁을 벌이는 것입니다. 절대적 어둠의 한탄스러운 인류 범죄를 쌓아가고 있는 괴물 같은 폭군에 맞서 전쟁을 벌이는 것입니다. 그게 바로 우리의 정책입니다. 여러분은 목표가 무엇이냐 물을 것입니다. 한마디로 승리! 무슨 일이 있어도 승리하는 것! 그 모든 테러에도 승리하는 것! 가는 길이 아무리 멀고 험해도 승리하는 것입니다! 승리 없이는 생존도 없습니다.

> **위대한 연사는 사람들에게서 최선을 끌어내고 집중하게 만들어 위대한 일을 완수하게 한다.**

나치가 이끄는 독일이 가차 없이 영국을 폭격해 8개월 동안 4만 5천여 명의 시민이 사망한 가운데서도 처칠이 이끄는 영국은 용감하게 대항해 싸웠다. 처칠은 영국인들이 용기를 가지고, 조용히, 계속해서 나아가도록 독려했다. 그는 스스로 솔선수범해 용기를 보여줬을 뿐 아니라, 영국의 리더들이 전쟁기에 본보기가 되어주길 바랐다. 기자이자 역사가 겸 작가인 에릭 라슨Erik Larson은 처칠이 대담해지는 기술을 가르쳤다고 쓰고 있다. "자신감과 대담성은 본보기를 통해 배워서 취하는 태도이기 때문이다." 이 전쟁의 관방장관이었던 에드워드 브리지Edward Bridges는 처칠에 대해 이렇게 말했다. "영국이 이길 수 있다고 믿게 할 힘을 가진 인물은 처칠밖에 없었다." 하지만 처칠은 좀 더 겸손하게 말한다. "나는 한 번도 국민에게 용기를 준 적이 없다. 내가 그들의 용기에 집중할 수 있었을 뿐이다." 이게 바로 위대한 연사들이 하는 일이다! 그들은 **사람들에게서 최선을 끌어내고 거기에 집중하게 만들어 위대한 일을 이루게 한다.**

나는 내가 관찰한 위대한 연사들로부터 각기 다른 교훈을 배웠다. 하지만 그들 모두에게서 공통으로 얻은 한 가지 교훈이 있다. 위대한 연사는 항상 '소통한다'는 사실이다. 연사들은 제각기 다른 방법으로 연설을 해낸다. 연설을 잘하는 방법에는 여러 가지가 있기 때문이다. 커뮤니케이션에서 가장 중요한 교훈은 이것이다. 위대한 연사들에게서 교훈을 얻고 연사와 청중을 세심하게 관찰하며 다음의 질문을 던져보라.

1. 연사는 언제 소통하는가? **타이밍.**
2. 연사는 어떻게 소통하는가? **기술.**
3. 연사는 얼마나 오래 소통하는가? **위대함.**
4. 나는 어떻게 저 연사처럼 소통할 것인가? **당신의 잠재력.**
5. 나의 소통의 열쇠는 무엇인가? **당신만의 기술.**

**좋은 연사는 종종 소통하고,
위대한 연사는 끊임없이 소통한다.**

소통의 열쇠에 관해서는 '소통의 법칙(7장)'에서 가르쳐줄 것이다. 지금 소통의 열쇠를 찾아 나섰다면 올바른 길로 가고 있는 것이다. 자기만의 소통의 열쇠를 최대한 빨리 찾아 자신의 일부가 될 때까지 계속 연습하라. 자연스러워져야 효과를 발휘할 수 있다. 강연을 계속해나가면서 소통의 열쇠를 더 많이 개발하라. 커뮤니케이션에 활용할 소통의 열쇠가 늘어날수록 더 나은 소통을 하게 될 것이다. 그게 바로 좋은 연사와 위대한 연사의 차이다. 좋은 연사는 종종 소통하지만 위대한 연사는 끊임없이 소통한다.

지금까지 위대한 연사들을 관찰하는 것으로 커뮤니케이션을 가볍게 배워왔다면 이제는 계획적으로 배움에 도전하기를 바란다. 연설을 직접 들으러 가라. 테드^{TED} 강연을 들어라. 팟캐스트를 들어라. 위대한 연사들을 학습하라. 당신은 너무나 많은 위대한 연사들에 쉽게 접근할 수 있는 역사상 가장 축복받은 시대에 살고 있다.

"앞에 펼쳐진 길을 알고 싶다면 돌아오는 사람에게 물어라."
- 중국 속담

그리고 거기서 더 나아가라. 여행하라. 위대한 연사들의 발자취를 따라 걸어라. 나는 워싱턴 D.C.를 방문할 때면 마틴 루터 킹이 '나에게는 꿈이 있습니다(I have a dream)'라는 연설을 했던 링컨 기념관 계단에 서서 내셔널 몰을 가득 채운 사람들이 킹 박사의 연설을 들으며 희망에 부푼 모습을 상상해본다. 그 밖에도 다른 위대한 연사들의 발자취가 남은 장소들로 자주 '견학'을 간다.

- 나는 윈스턴 처칠이 영국의 암흑기에 대해 토론했던 벙커를 방문했다.
- 나는 로널드 레이건의 대통령 도서관에서 그의 연설 노트를 읽었다.
- 나는 위대한 개혁의 리더 존 웨슬리John Wesley의 연단에 서 보았다.
- 나는 성 베드로 광장에서 프란시스 교황의 연설을 들은 후 그와 이야기를 나누었다.

- 나는 빌리 그레이엄Billy Graham과 동석해 연단에서 연설하는 것에 관해 이야기를 나누었다.
- 나는 무대에 오르기 전, 대기실에서 연사로 참석한 마야 안젤루Maya Angelou를 인터뷰했다.
- 나는 위대한 연사들에게 날 위해 기도해달라고 무릎을 꿇고 부탁했다.

내가 왜 이런 일을 했을까? 나는 왜 계속 이런 일을 할까? 변화를 만들고 싶기 때문이다. 또 내가 변화를 만들어낼 수 있는 분야가 말과 소통이라는 것을 알기 때문이다. 이 분야를 잘하게 될수록 나는 더 큰 긍정적인 변화를 만들어낼 수 있다고 믿는다.

당연하게도 좋은 연사라고 태어날 때부터 말을 잘하는 것은 아니다. 중국 속담에 이런 말이 있다. "앞에 펼쳐진 길을 알고 싶다면 돌아오는 사람에게 물어라." 좋은 연사가 되고 싶다면 당신보다 먼저 그 길을 걸어간 사람들로부터 말하는 법을 배워야 한다. 좋은 연사는 위대한 연사로부터 배운다. 그게 바로 '관찰의 법칙'이다.

03 / 확신의 법칙

당신이 더 강하게 믿을수록,
사람들도 더 많이 느낄 것이다

당신이 진정으로 믿는 것은 무엇인가? 당신이 가슴과 영혼 깊이 정말로 소중하게 여기는 가치는 무엇인가? 그것을 위해 살아가고 싶을 만큼 강하고, 그것을 위해 목숨을 바칠 만큼 중요한 믿음은 무엇인가? 그것이 바로 당신이 가진 '확신'이다. 연사로서 당신은 가슴 깊이 믿고, 강하게 확신하는 주제를 찾아야 한다. 왜일까? 당신이 강하게 믿을수록 사람들 또한 더 많이 느끼기 때문이다. 이것이 바로 '확신의 법칙'이다.

목적의 진화

조앤 헤션Joanne Hession을 처음 만났을 때 그녀는 굉장히 성공한 사업가였다. 아일랜드에서 태어나 더블린대학에 다녔고 재정학으로 학사 학위를, 경영과 조직 연구로 석사 학위를 받았다. 그녀는 두 개의 사업체를 만들고 모두 성공적으로 경영했다. 하나는 리더십과 인증Accreditation 프로젝트로 전 세계 비즈니스 스쿨에 도움을 주는 업체였고, 다른 하나는 예비 사업가를 위한 훈련 업체였다.

조앤은 사업체의 수장이자 사람들의 정신적 지주이기도 했다. 그녀는 20대 때부터 그 기반을 다졌다. 그녀는 탄자니아 국경지대의 난민 캠프에서 자원봉사로 르완다 내전의 희생자들을 도왔다. 그곳에서 난민들의 가난과 상실, 비극과 부패를 목격한 조앤은 "난민들이 유일하게 빼앗기지 않을 것은 교육"이라는 결론에 이르렀다.

2016년 플로리다 올랜도에서 리더십 코치가 되기로 결심하고 맥스웰 리더십 공인팀 훈련에 참석한 조앤을 만났다. 그다음 해에도 내가 파라과이에 비영리 리더십 재단을 설립해 가치 기반 '원탁회의(우리가 '변혁의 테이블'이라고 부르는 것)'를 제안했을 때 그녀를 다시 만날 수 있었다. 우리가 다른 나라에서 이 프로그램을 진행할 때 많은 공인 코치들이 자원봉사로 참가해서 현지인들의 훈련을 맡아주었는데, 이때 원탁회의 방식의 교육 가치를 경험해본 조앤은 '이건 아일랜드에서도 통할 것 같다!'고 생각하게 됐다고 한다.

조앤은 여러 해 동안 조국의 발전을 갈망해왔다. 아프리카에서의 경험 이후, 그녀는 자신과 동포들이 태어날 때부터 혜택을 받았다는 것, 뛰어난 교육의 기회를 가졌다는 점을 인정했다. 그녀는 조국을 사랑하고 신뢰했지만 이러한 혜택을 받은 아일랜드라면 지금보다 더 나아져야 하고, 더 잘 해낼 수 있어야 한다고 생각했다.

그래서 조앤은 2018년, '리프트-함께 이끄는 아일랜드의 미래 LIFT-Leading Ireland's Future Together'라는 단체를 창설했다. 그녀의 비전은 아일랜드를 '세계 제일의 긍정적 리더십의 표지標識'로 탈바꿈시키는 것이었다. 운영하던 두 사업체의 업무에서 손을 뗀 조앤은 자신의 시간을 전부 새 비영리 단체에 쏟아부으며 1년 반 동안 무보수로 일했다. 조앤과 공동 창업자들은 가장 먼저 리서치 연구에 투자해 아일랜드인들이 조국 발전을 위해 필요하다고 믿는 리더십의 자질이 무엇인지를 조사했다. 가장 많이 언급된 답변은 경청, 긍정적 태도, 존중, 공감, 정직, 청렴, 책임, 결단, 역량이었다. '리프트'는 원탁회의를 통한 교육 가치의 선구자인 '글로벌 우선 솔루션Global Priority Solutions'의 도움으로 그런 자질을 교육할 수 있는 도구를 개발했다. 그런 다음, 본격적으로 사업을 시작하기 위해 비즈니스 리더들과 교육, 스포츠, 커뮤니티 그룹 등 사회 각계각층으로부터 조언과 협력을 구했다. 리프트는 조앤이 만든 '로빈 후드 모델'을 전파하는 데 전력을 다했다. "역량이 되는 단체들에게는 유료로 제공했고, 그렇지 못한 단체들에는 무료로 제공했다. 이 단체는 아일랜드 국민을 위한, 아일랜드 국민에 의한 것이었다. 내 소유가 아니다. 누구의 소유도 아닌 아일랜드의 소유였다."

4년 후, 리프트는 2만 2천 명의 원탁회의 조력자들을 훈련했고, 355개의 조직을 참여시켰으며, 260개의 학교(그중 3분의 1은 국립학교)와 파트너십을 체결했고, 5만 명이 넘는 사람들에게 리더십의 가치를 교육했다. 조앤과 리프트는 여전히 활발한 활동을 이어가고 있다. "우리는 10년 안에 아일랜드 국민의 10퍼센트를 훈련해 더 나은 나라로 만들고 싶습니다. 그 후에는 우리가 배운 것을 다른 나라와 공유하려고 합니다."

조앤은 리프트를 설립할 당시, 조직 운영이 본궤도에 진입하면 다시 기존의 사업체로 돌아갈 생각이었다. 하지만 그렇게 하지 않았다. 그녀의 사업체는 그녀가 없어도 잘 굴러간다. 게다가 항상 해야 한다고 생각하던 일을 마침내 찾았는데 그만둘 이유가 있겠는가? 조앤의 커뮤니케이션, 리더십, 봉사는 모두 그녀가 가진 확신의 결과물이다. 그녀는 자신이 하는 일을 사랑한다. 명확히 보인다.

이게 당신에게 도움이 되리란 걸 알아!

확신은 삶을 변화시킨다. 확신에 찬 커뮤니케이션은 다른 이들의 삶을 변화시킨다. 나는 내가 가진 확신에 도취되어 70대가 된 지금까지 강연을 이어올 수 있었다. 그리고 그 확신 때문에 종종 감정적이 되기도 한다. 나는 사람들이 계속해서 배우면서 선한 가치를 가지고 살아갈 때 자신에게도 타인에게도 더 가치 있는 사람이 된다고 믿는다. 그런 사람에게는 자신감이 더해져서 더욱 가치 있는 사람이 된다. 그런 사람은 방향과 목적에 대한 감각을 찾고, 아무리 어려운 상황이 닥쳐도 옳은 일을 한다. 스스로의 가치를 높인다. 결국, 삶을 변화시킨다.

그들은 다른 사람들을 돌보기 때문에 다른 사람들에게 더 가치 있는 존재가 된다. 그들이 살아가는 가치 덕분에 그들은 더 나은 자녀, 더 나은 부모, 더 나은 배우자가 되고, 가족들까지 더 나은 사람이 되도록 돕는다. 그들은 더 나은 이웃이 되고 사회에 공헌한다. 그들은 세상을 바꾸고 싶어 하며, 또 그렇게 할 수 있다! 변화된 사람들은 커뮤니티를 바꾸고, 지역을, 국가를, 그 이상을 변화시킨다.

그러므로 나도 조앤이 경험한 것처럼, 파라과이 같은 나라들에 '변혁의 테이블Transformation Tables'을 소개하는 비영리 단체를 세웠다. 10년이 넘는 세월 동안 나는 가치에 대한 나의 믿음을 수백만 명의 사람들과 나누었고 많은 삶이 긍정적으로 바뀌는 것을 지켜보았다. 나의 버킷리스트는 하나의 거대한 바람을 담고 있다. 내가 사는 동안 한 나라가 변화되는 모습을 보고 싶다는 바람이다. 그 나라의 충분히 많은 사람들이 교육을 받고 선한 가치대로 살아가는 모습을 보고 싶다.

또 다른 확신은, 가치가 사람들의 삶과 그들의 세상을 변화시키는 방식에 대한 믿음이다. 변화는 그것을 가져올 리더들이 주도해야 한다. 내가 그 많은 시간과 에너지를 리더십 교육에 쏟는 이유다. 우리 단체는 '변혁의 테이블'을 통한 가치 교육을 위해 어느 국가를 방문할 때면, 리더들에게 그 나라의 8가지 영향력의 흐름(정부, 비즈니스, 교육, 미디어, 예술, 엔터테인먼트, 스포츠, 가족, 그리고 종교)에 따라 특별한 메시지를 전달한다. 바로 '변혁의 리더들의 특징'에 관한 것이다. 나는 이 메시지에 대한 확신을 갖고 있다. 그래서 지치지도 않고 다음의 내용을 가르친다.

1. 다른 이들이 보지 않는 것을 보라.
2. 다른 이들이 믿지 않는 것을 믿어라.
3. 다른 이들이 말하지 않는 것을 말하라.
4. 다른 이들이 느끼지 않는 것을 느껴라.
5. 다른 이들이 하지 않는 일을 하라.
6. 다른 이들이 수용하지 않는 것을 수용하라.

이 메시지들은 사람들에게 늘 확신에 가득 찬 상태로 전달된다. '내가' 확신에 차 있기 때문이다.

모든 좋은 연사의 확신

에너지가 가득하고 효율적으로 메시지를 전달하는 연사가 되고 싶다면 확신을 가져야 한다. 그것은 스스로에 대한, 청중에 대한, 그리고 당신이 전달하는 메시지에 대한 강하고 긍정적인 믿음에서 시작된다.

> "당신이 이끄는 사람들 모두가 당신이 하는 말을 믿을 필요는 없다! '당신이' 당신 말에 확신이 있다는 사실만 믿으면 된다."
> - 에드 마일렛

1. 개인적 확신: 나는 변화를 만들 수 있다

위대한 연사가 되고 싶은가? 그렇다면 당신이 강연하는 이유는 사람들의 삶에 변화를 만들고 싶기 때문일 것이다. 성공적으로 변화를 만들어내려면 먼저 변화를 만들 수 있다고 믿어야 한다. 나는 내가 변화를 만들 수 있다고 믿는다. 나는 내 세상을 변화시킬 수 있다고 믿는다. 당신도 그렇게 믿어야 한다. 확신은 거기서부터 시작되어야 한다.

연사 겸 작가, 사업가인 에드 마일렛Ed Mylett은 리더들에게 말한다. "당신이 이끄는 사람들 모두가 당신이 하는 말을 믿을 필요는 없다! '당신이' 당신 말에 확신이 있다는 사실만 믿으면 된다." 커뮤니케이션에서도 마찬가지다. 당신이 사람들을 도울 수 있다고 확신한다면 그들은 당신 말에 귀 기울이고 당신에게 기회를 줄 것이다.

2. 사람에 대한 확신: 사람들은 그들의 삶을 향상시킬 수 있다

당신이 사람들의 삶에 영향을 미치려면, 그들의 삶을 개선할 수 있다는 확신을 가지고 있어야 한다. 이 두 가지는 서로 이어져 있다. 조직에서 리더들이 '사람이 가장 소중한 자산'이라고 하는 말을 종종 들어보았을 것이다. 사실이다. 하지만 어디까지나 그들의 가치를 알아보고 그들에게 훈련과 자원과 시간을 투자했을 때의 이야기다. 리더들은 너무나 자주 사람들의 가치를 알아본다고 말은 하지만 그것을 행동으로 보여주지는 않는다. 정말로 그렇게 믿는다면 보여줘야 한다.

좋은 리더와 연사는 사람들을 믿고, 사람들을 변화시킬 수 있다고 믿고, 사람들이 성장할 수 있다고 믿으며, 발전할 수 있다고 믿는다. 그리고 자신이 그렇게 되도록 도울 수 있다고 믿는다.

3. 목적에 대한 확신: 목적을 알 때, 비로소 나의 길을 알게 된다

소통에 있어 강한 확신을 갖는 한 가지 열쇠는 목적을 아는 데서부터 비롯된다. 자신에 대한 믿음과 목적이 합해지면 강력한 결합이 이루어진다. 두 가지 확신이 상호작용하는 방식은 다음과 같다.

자신에 대한 낮은 믿음 + 목적에 대한 낮은 믿음 =
시작하지 못한다.
자신에 대한 높은 믿음 + 목적에 대한 낮은 믿음 =
계속해나가지 못한다.
자신에 대한 낮은 믿음 + 목적에 대한 높은 믿음 =
목적을 달성하지 못한다.
자신에 대한 높은 믿음 + 목적에 대한 높은 믿음 =
목적을 달성한다.

목적은 힘과 연결되어 있다. 이 내용은 '레버리지의 법칙(8장)'에서 이야기하겠다. 목적은 당신의 개인적 확신과도 연결된다.

개인적 확신

당신의 가장 강력한 개인적 확신은 무엇인가? 그것을 소리 내어 말할 수 있는가? 그것을 당신의 목적과 연관 지을 수 있는가? 그것을 당신의 강연에 활용하는가? 이 질문에 대한 답을 모른다면 내가 도움을 주고 싶다.

내가 만든 비영리 단체는 내가 개발하고 우리 팀원과 함께 만든 커리큘럼을 활용해 중학교와 고등학교 학생들에게 여러 해 동안 가치 교육을 해왔다. 그 교육의 일환으로 우리는 학생들에게 자신이 느끼는 것, 생각하는 것, 아는 것을 파악하고 확신을 키워 세상을 변화시킬 행동에 나서도록 돕는다. 그 과정은 성인에게도 동일하게 적용되기 때문에 지금 여러분이 개인적 확신을 찾는 데에도 도움이 될 것이다.

무엇을 느끼는가?

감정에 관한 질문에는 대부분 쉽게 답한다. 감정은 누구나 갖고 있고, 대부분의 사람들이 삶의 매우 많은 부분에 있어 감정적으로 대응하기 때문이다. 자신의 감정에 집중하면 그것을 통해 많은 것을 알 수 있다. 감정은 대개 행동하는 데 있어 가장 먼저 영향을 미친다.

위기가 닥치면 감정이 앞선다. 우리가 어디에 열정을 가졌는지 알아낼 힌트가 되기도 한다.

어떤 감정이 당신에게 말을 건네는가? 마음 깊숙한 곳을 건드려 눈물을 쏟게 만드는 것은 무엇인가? 어떤 기쁨이 당신의 마음을 노래하게 하는가? 어떤 분노가 행동에 나서게 만드는가? 당신은 어떤 희망으로 변화를 만들어내는가? 스스로의 감정을 건드려 개인적 확신에 대한 통찰을 얻어 보라.

무엇을 아는가?

확실히 감정은 확신의 근거가 되지만, 때로 그것은 사실에 기반을 두지 않는다. 그러므로 당신이 느끼는 것에 아는 것을 결합해야 한다. 감정만 따르고 사실을 무시하면 제약이 생긴다. 하지만 사실만 의지하고 감정을 무시하면 실망감을 느낀다. 그 두 가지를 알맞게 결합해야 한다.

어찌 되었든 사실인 것, 어찌 되었든 당신이 느끼는 것, 어찌 되었든 당신이 직면한 상황에 대해 당신이 아는 것은 무엇인가? 당신이 아는 삶에서 끝까지 믿을 수 있는 진실은 무엇인가? 이 또한 확신에 대한 지표가 된다. 아는 것과 느끼는 것을 결합하면 확신을 강화할 수 있다.

무슨 생각을 하는가?

생각은 감정과 지식을 끌어내고 함께 평가해 좋은 결론을 찾기 때문에 큰 가치가 있다. 생각은 감정과 지식에서 최고를 뽑아내는 하이라 이터가 되기도 하고, 각각에서 최악을 걸러내는 필터가 되기도 한다.

지금 당신의 나이가 몇 살이든 아마 인생에서 많은 것을 경험해 보았을 것이다. 거기서 알아낸 것은 무엇인가? 실패와 성공을 경험 하며 배운 것은 무엇인가? 당신에게 도움이 되었고, 다른 이들을 돕 는 데 잠재력이 되었던 원칙과 실천 방안은 무엇인가? 이 또한 당신 의 확신을 알아내는 데 도움이 된다.

무엇을 할 것인가?

자신의 감정을 살펴보았고, 사실을 알았고, 거기에 당신이 배운 것 까지 추가했다면 이제 확신을 규명하고 그것을 행동으로 옮길 때다. 믿음이 시험을 당하더라도 그 믿음이 확고하다면 확신이 된다.

가치 중의 가치

어릴 때 나의 가장 강한 확신은 신앙과 관련된 것이었다. 좀 더 자라 면서 거기에 내가 의존할 수 있는 이념, 가치, 원칙들이 추가되기 시 작했다. 확신은 폭풍우가 일 때의 닻과 같아서 힘겨운 시기에 나를 붙잡아주었다. 확신은 내가 머뭇거릴 때 자신감을 심어주는 친구와 같다. 확신은 북극성과 같아서 길을 잃었다고 느낄 때 날 이끌어준 다. 또 내가 지쳤을 때 한 잔의 생수처럼 활기를 준다.

30대 때 나는 '내 인생의 가이드가 된 원칙들'이라는 주제로 강연을 기획했다. 나의 확신을 공유하면 다른 사람들이 확신을 찾는데 도움이 될 거라 믿었기 때문이다. 지금도 똑같은 희망으로 여러분과 그 내용을 공유하려고 한다.

1. 행동이 나의 높이를 결정짓는다.
2. 성공과 실패는 그다지 큰 차이가 없다.
3. 개인적 성장이 직업적 성장을 능가한다.
4. 타인의 성공을 돕는 일은 나의 성공에도 도움이 된다.
5. 진실하게 사는 것이 살아가는 유일한 방법이다.
6. 사람들과 잘 어울리는 것은 나의 가장 중요한 자질이다.
7. 지금 수고하고 나중에 즐기는 것이 성취의 핵심이다.
8. 베풀기는 가장 높은 수준의 삶이다.
9. 인생은 리허설이 아니다. 오늘을 온전히 살아내라.
10. 가장 가까운 이들의 사랑과 존경을 얻는 것이 성공이다.

나의 연설을 접해봤다거나 내 책을 읽어 본 사람이라면 위의 확언들이 이미 익숙할 것이다. 나는 이 확신을 100퍼센트 믿는다. 이 확신은 내 가치의 일부로써 내가 만족스럽고 생산적인 삶을 사는 데 도움이 되었다. 그리고 이 확신은 내가 사람들에게 전하는 메시지이기도 하다. 이것을 자기 것으로 받아들이고 살아가는 이들도 마찬가지일 거라고 확신한다.

어떻게 확신을 갖고 소통할 것인가?

그럼, 이제 다시 묻겠다. 당신이 정말로 믿는 것은 무엇인가? 당신이 확신하는 것이 무엇인지 알고 있는가? 아직 모르겠다면 당신의 인생을 이끌 원칙들에 대해 잠시 시간을 갖고 생각해보라. 이미 확신을 찾았다면 그것으로 당신만의 메시지를 만들고, 소통의 기술을 발전시키며, 당신이 속한 세계에서 긍정적인 변화를 만들어내기 위해 그것을 활용하라.

이 책에서 소개하는 '확신의 법칙'을 수용하고 실천한다면 확신 있는 연사가 될 잠재력을 갖게 될 것이다. 덧붙여 확신으로 더 나은 발언을 하고 나아가 더 나은 소통을 하는 데 당장 도움이 되는 세 가지 실천 단계를 소개하겠다.

1. 자신을 믿어라

펜실베이니아대학교의 마틴 E. P. 셀리그먼^{Martin E. P. Seligman}과 피터 슐먼^{Peter Schulman} 교수는, 태도와 자신감이 성공에 미치는 영향을 연구했다. 그들은 보험 판매자들을 연구 대상으로 삼았는데 거절당하는 비율이 높은 직업이기 때문이었다. 셀리그먼과 슐먼은 낙관적인 보험 판매인이 비관적인 보험 판매인보다 훨씬 더 오래 버틴다는 사실을 알아냈다. 낙관적인 자신감을 가진 사람들은 비관적인 사람보다 보험 상품을 37퍼센트 더 많이 판매했다. 이 연구에서 우리가 얻은 교훈은 스피치에도 적용된다. 자신을 믿지 않으면 세상에서 누가 당신 말을 믿겠는가?

연사로서 영향력을 행사하려면 자신감을 가져야 한다. 하지만 자신감이 지나쳐도 안 된다. 청중은 오만한 연사의 말은 듣지 않기 때문이다. 작가 트레비스 브래드베리Travis Bradberry가 〈포브스〉지에 기고한 '리더가 가진 자신감의 힘'에 관한 다음의 글은 연사에게도 똑같이 적용된다.

우리는 자신감 있는 리더에게 끌린다. 자신감에는 전염성이 있고 또 그들 안에 대단한 무언가가 있다고 믿게 하기 때문이다. 리더는 확실한 자신감을 갖되 그것이 오만과 건방으로 빠지지 않게 할 지혜가 있어야 한다. 일을 추진하는 데 있어 자신의 능력에 대한 믿음과 열정이 자신감으로 나타났지만, 거기에 현실감이 결여되어 있다면 어떨까? 그러면 할 수 없는 일까지 할 수 있다고 생각하기 시작하고, 자신이 하지 않은 일을 했다고 믿게 된다. 갑자기 모든 일의 주인공이 자신이 되어버린다. 그런 오만은 신뢰를 잃게 한다.

위대한 리더는 자신감이 있으면서도 겸손하다. 그들은 자신의 업적이나 높은 지위 때문에 자신이 다른 누군가보다 더 나은 사람이라 생각하지 않으려고 노력한다.

확신은 자신감을 불러오고 자신감은 확신에 연료가 되어준다. 단, 자신을 내세우는 대신 타인을 돕는 데 초점을 맞춰야 한다.

2. 자신의 메시지와 청중을 믿어라

자신의 메시지와 청중을 믿는 일은 확신을 갖고 말하는 데 있어 매우 중요하다. 이 책의 뒷부분, 좋은 콘텐츠를 만드는 일에 관한 '무엇을 말하는가' 파트의 '소통의 법칙(7장)'에서는 청중의 중요성에 관해 쓰고 있다. 연사가 청중의 믿음을 잃으면 효과적으로 메시지를 전달하고 소통하는 데 어려움을 겪게 된다. 믿음이 흔들리기만 해도 소통은 힘들어질 것이다.

나는 여러 해 동안 '인조이 스튜어드십 서비스Injoy Stewardship Services'라는 회사를 운영했다. 우리의 미션은 비영리 단체들의 모금운동을 돕는 것이었고 일은 성공적이었다. 우리 고객들은 30억 달러 이상을 모금했다. 일의 시작은 늘 우리 팀원이 해당 단체에 가서 우리가 어떻게 그들을 도울지에 관한 세일즈 프레젠테이션을 만드는 일이었다.

> 당신의 메시지를 전달받을 사람들과
>
> 그 메시지로 인해 그들이 받을 혜택에 초점을 맞추면,
>
> 그것을 전할 때 당신의 확신 또한 그들에게로 옮겨갈 것이다.

어느 날, 발표자 한 명이 내 옆에 앉아 말했다. "몇 백 개 기관에 대해 다 비슷비슷한 프레젠테이션 자료를 만들다 보니 너무 지루해요. 제가 열정을 다시 찾을 수 있게 도와주시겠어요?"

나는 먼저 지금의 일이 그에게 맞는지, 그리고 제대로 된 회사에

서 일하고 있다고 생각하는지 물었다.

그가 대답했다.

"네, 그럼요. 동종업계보다는 우리가 훨씬 나은 일을 하고 있죠."

이번에는 그가 나누는 메시지가 옳은 것이라고 믿는지, 잠재 고객을 찾아 문제를 파악하고 그들을 돕기 위한 프레젠테이션 방법 중에 더 나은 방식이 있다고 생각하는지 물었다.

그가 대답했다.

"저는 우리의 메시지를 믿어요. 그리고 그것을 우리가 할 수 있는 한 최선의 방법으로 고객들에게 소개하고 있다고 생각합니다. 더 나은 방법이 있다면 사용하겠죠."

그의 답변으로 미루어 보면, 회사가 고객에게 전하려는 메시지를 신뢰하고 있음은 자명해보였다. 나는 오로지 하나의 결론에 다다를 수 있었다. 그가 지루해하는 것은 애초에 그의 프레젠테이션을 듣는 새로운 사람들이 아니라, 매일 같은 것을 말하는 자신에게 초점을 맞추었기 때문이다. 그는 확신이 있었지만, 그의 초점은 그가 도울 사람들에게 맞춰져 있지 않았다.

메시지를 받을 사람들과 당신의 메시지로 그들이 받을 혜택에 초점을 맞추면, 그것을 전할 때 당신의 확신 또한 그들에게로 옮겨갈 것이다. 바로 그때 신념 또한 꽃을 피우고 진정한 힘을 얻는다. 평범한 발표자가 그 두 가지를 믿을 때 놀라운 연사가 되는 것이다.

나도 같은 내용으로 수백 번도 넘게 강연한 적이 있지만, 아직도 매번 강연 때마다 열의에 가득 찬다. 왜 그럴까? 내게 새로운 내용이라서일까? 아니다. 그 순간의 청중에게 새로운 내용이기 때문이다. 이 메시지가 내게 도움이 되었으니 청중에게도 도움이 될 거라는 강한 확신을 갖고 있기 때문이다. 당신이 할 말이 청중을 돕고 그들에게 긍정적 영향을 미칠 거라고 확신하는가? 그렇다면 당신의 강연은 확신을 얻을 것이다.

3. 자신의 말의 힘을 믿어라

확신은 전달할 때 확고해진다. 그 확고함은 힘을 드러낸다. 그 힘은 언어를 통해 흘러나오고 그것은 커뮤니케이션에 있어 더욱 강한 메시지로 전달된다. 당신이 하는 말은 부정적이지 않고 긍정적이 된다. 당신의 언어는 수동적이지 않고 능동적이 된다. 당신의 문장은 우유부단하지 않고 강해진다. 그리고 당신이 메시지의 힘을 믿을 때 말에 감정을 싣게 된다. 그것은 나약함이 아닌 강함의 신호다. 말하는 중에 당신의 마음을 내보이는 것에 대해 두려워 말라.

> "연사는 어떤 감정으로든 청중에게 영감을 주기 전,
> 자신이 먼저 흔들렸을 것이다.
> 청중의 눈에서 눈물을 끌어내기 전,
> 자신이 먼저 눈물 흘렸을 것이다.
> 청중에게 확신을 주기 전, 자신이 먼저 믿었을 것이다."
> - 윈스턴 처칠

위대한 연사는 이러한 점에 대해 잘 이해하고 있다. 윈스턴 처칠은 이렇게 쓰고 있다. "연사는 다양한 열정의 화신이다. 연사는 어떤 감정으로든 청중에게 영감을 주기 전, 자신이 먼저 흔들렸을 것이다. 청중의 눈에서 눈물을 끌어내기 전, 자신이 먼저 눈물 흘렸을 것이다. 청중에게 확신을 주기 전, 자신이 먼저 믿었을 것이다." 처칠은 그 문장을 쓰던 당시 고작 스물세 살이었지만 그는 인생 전반에 걸쳐 그 내용을 몸소 실천했다.

연사가 다른 이들을 돕고 그들에게 최선의 행동방침을 제공할 수 있다고 확신하면, 청중은 그 메시지를 확실히 느끼고 자신감을 얻고 충고를 받아들이기 시작한다. 당신 스스로 진실하고 무언가를 위해 일어서고 선한 가치대로 살아가고 최선을 다한다면, 당신은 청중에게 역시 힘을 실어줄 수 있고 가치를 더해줄 수 있을 것이다.

코로나바이러스 확신

2020년, 코로나바이러스가 전 세계 유행병으로 퍼져 나갈 때, 수백만 명이 사망하고 몇 억 명이 타격을 입었다. 나는 사람들이 가장 도움을 필요로 하는 시기에 모든 곳이 문을 닫고 격리에 들어가면서 더 힘든 상황이 되었다는 생각이 들었다.

사람들에게 가치를 더하는 것으로 살아가는 강연가에게는 특히 더 실망스러운 상황이었다. 예정되어 있던 내 강연은 일주일 만에

235건에서 0건으로, 50만 명에게 긍정적인 영향을 줄 수 있을 것이라는 기대는 0명으로 줄어들었다. 사람들이 도움을 원하고 필요로 한다는 사실을 뼈저리게 느끼고 있는데 그들에게 다가갈 수도, 그들이 원하는 것을 줄 수도 없는 상황이었다.

▌무관심한 사람이 다른 세상을 만들 수는 없다. ▌

그래서 나는 무엇을 했을까? 우선 개인이나 기관들이 온라인으로 용기를 얻고 도움을 받을 수 있도록 매주 강연 영상을 만들기 시작했다. 나는 사람들에게 힘과 자신감을 실어 보내며 그것으로 그들이 팬데믹을 이겨나가기를 희망했다. 누구도 팬데믹이 얼마나 오래 갈지 알지 못했기 때문에, 나는 사람들이 도움뿐 아니라 희망도 얻어가길 바랐다. 그것은 어려운 시기에 내 몫을 수행하는 나만의 방식이었다.

무관심한 사람이 다른 세상을 만들 수는 없다. 변화를 만들고 싶다면 자신의 확신을 알아야 하고 행동에 나서야 한다. 변화를 만드는 연사가 되고 싶다면 발언할 때 당신의 가장 깊숙한 곳에서 믿음의 힘을 끌어내야 한다. 왜일까? 당신이 강하게 믿을수록 사람들도 더 많이 느끼기 때문이다. 이것이 바로 확신의 힘이다.

제2장

무엇을 말하는가?

04
준비의 법칙

당신이 갖고 있지 않은 것은 전달할 수도 없다

윈스턴 처칠은 자신의 라이벌에 대해 이렇게 말한 적이 있다. "그는 다음과 같은 유형의 연설가로 묘사할 수 있다. 잠자리에서 일어나기 전까지 자신이 하려는 말을 모르고, 연설할 때는 자신이 무슨 말을 하고 있는지 모른다. 연설을 마치고 자리에 앉으면 자신이 무슨 말을 했는지 모른다." 다시 말해 그 사람은 열심히 준비하지 않고 즉흥적으로 말하는 스타일이었던 것이다. 오만해서 그렇든 무관심해서 그렇든 많은 연사가 그렇게 한다. 하지만 제대로 준비되지 않은 커뮤니케이션은 큰 감동을 주지 못한다. 오히려 완전히 실패할 가능성이 크다.

작가이자 사업가이며 동기부여 강연가인 짐 론^{Jim Rohn}은 말한다.

당신이 모르는 것을 전달할 수는 없다. 당신이 느끼지 않는 것을 공유할 수는 없다. 당신에게 있지 않은 것을 전달할 수는 없다. 당신이 갖고 있지 않은 것을 건넬 수는 없다. 주고, 나누고, 영향력을 미치려면 먼저 당신이 그것을 가져야 한다. 좋은 커뮤니케이션은 좋은 준비에서 시작된다.

최고의 연사들은 항상 준비한다.

앞서 말했듯이 내 연사로서의 경력은 인디애나의 힐럼이라는 작은 농촌 마을에서 목사로 일하면서 시작되었다. 그곳 사람들은 유쾌하고 내 설교를 좋아했다. 나 역시 설교하는 일에 끌렸다. 설교는 목사로서 내가 하는 일 중 가장 마음에 드는 것이었고, 나는 내가 강연에 타고난 재능이 있음을 깨달았다. 또 내가 어리기 때문에 신도들이 내 설교에 엄청나게 큰 기대를 갖고 있지 않다는 사실도 잘 알았다. 내 메시지가 좋든, 별 볼 일 없든 신도들은 기쁘게 받아들였다.

즉흥적으로 준비하면 성공은 멀어진다.
열심히 준비하면 성공은 반드시 따라온다.

한 번은 시간이 너무 부족해 설교를 단 두 시간 만에 준비한 적이 있었다. 나는 신도들이 눈치를 챌까 걱정되었지만 아무도 알아차리지 못한 것 같았다. 그때 그런 생각이 들었다. '이렇게 즉흥적으로 준비해도 되는구나. 설교 준비하는 데 한두 시간만 투자하고 나머지

는 집에서 3마일쯤 떨어진 멋진 골프장에서 골프를 치며 지내도 되겠다.'

즉흥적으로 할 것인가, 제대로 준비할 것인가? 제대로 준비하기로 한다면 나는 그 일에 20시간을 쏟아부어야 했다. 즉흥적으로 할 때보다 열 배는 더 많은 시간이 들어가는 셈이다. 그러니 준비하는 연사가 되기로 결심하는 일은 결코 쉬운 결정이 아니었다. 나는 즉흥적으로 하자는 쪽으로 정말 마음이 끌렸지만, 결국에는 제대로 준비하는 연사가 되기로 결심했다. 그 이유는 세 가지였다.

첫째, 나는 새내기 목사였다. 메시지를 준비하는 데 많은 시간을 쏟으면 쏟을수록 준비하는 '기술'을 발전시킬 수 있다. 둘째, 설교 주제에 대한 지식과 이해를 쌓아나가며 성장할 때, 그것을 내 삶에 적용하고 다른 사람들에게 전하는 일에 있어서도 더 성숙해지고 경험도 쌓인다. 셋째, 신도들은 주일마다 얼렁뚱땅 만들어낸 것이 아닌 최고의 설교를 들을 자격이 있다.

나는 54년 전에 이런 결심을 했고, 그 결정을 단 한 번도 후회한 적이 없다. 그리고 그때의 결정은 내가 연사로서 걸어온 여정 중 가장 중요한 일이었다. 나는 나이가 들면서 무슨 일이든 즉흥적으로 하면 성공은 멀어진다는 사실을 더욱 잘 알게 되었다. 열심히 준비할 때에야 비로소 성공이 따라온다.

준비냐 연설이냐?

사람들은 종종 내게 묻는다. 강연을 준비하는 일과 강연을 하는 것 중 어느 쪽이 더 좋은지. 내 대답은 '두 가지 다 사랑한다'이다. 강연 준비를 할 때는 그 과정이 더 좋다. 사고하고 글을 쓰는 일은 뼛속 깊이 만족감을 안겨준다. 하지만 강연을 할 때는 강연하는 게 제일 좋다. 사람들과 소통할 때 나는 '이걸 위해 태어난 사람!'이라는 생각이 든다. 두 가지 모두 내게 깊은 만족감을 준다. 그러니까 결론을 말하자면, 훌륭한 준비는 내가 메시지를 잘 전달하도록 도와주고, 그만큼 청중도 강연을 즐길 수 있도록 해준다는 것이다.

어떤 메시지든 청중에게 들려주기 전에 자신에게 먼저 들려주어라.
그 강연이 내게 도움이 되지 않는다면 다른 사람도 도울 수 없다.

준비 과정이 가치 있고 즐거운 이유는 청중과 소통하기 전, 먼저 나 자신과 소통해야 하기 때문이다. 어떤 메시지든 청중에게 들려주기 전에 먼저 자신에게 들려주어야 한다. 그 내용이 내게 도움이 되지 않으면 다른 사람도 도울 수 없기 때문이다. 그 내용을 통해 내가 아무것도 배우지 못하면 청중도 배우지 못한다. 그 내용이 내게 행동에 나서도록 자극을 주지 않는다면 어떻게 연설을 하면서 청중이 영감을 받고 행동에 나서길 바라겠는가?

나의 첫 청중은 바로 나다. 당신의 첫 청중은 당신이 되어야 한다. 당신이 준비하는 내용으로 먼저 당신에게 말하고 가르치고 영감을 주어 행동에 나서게 한다면, 이제 당신의 두 번째 청중에게 전달할 준비가 된 것이다. 당신에게 없는 것을 주려고 하지 말라.

한 번에 두 가지 메시지

나는 강연을 준비할 때 항상 두 가지 메시지를 동시에 준비한다. 첫 번째는 특별히 그때의 청중을 위한, 당시의 상황을 위한 메시지다. 나는 그것이 '나의 최고의 메시지'라고 생각한다. 가능한 한 최고의 콘텐츠를 전달하고 싶다. 모든 청중은 그런 메시지를 받을 자격이 있다. 나는 청중에게 전달할 그 메시지를 종이에 써서 준비한다. **최고의 메시지는 청중이 원하고 듣고 싶어 하는 것이다.** 현재 그들의 필요에 맞춰져 있고 그들의 삶을 향상시킬 목적으로 만들어진 것이다.

두 번째는 내가 매번, 어디서나, 누구에게나 전달하는 메시지다. '나의 큰 메시지'라고 부르는 이것은 늘 동일한 내용이다. '최고의 메시지'를 종이에 준비한다면, '큰 메시지'는 마음속으로 준비한다. 큰 메시지는 사람들이 들어야 하는 메시지다. 사람들을 발전시킬 것이므로 단순한 콘텐츠보다 크다. 내가 연사로서 나 자신에게 묻는 다음의 네 가지 질문에 대한 답이기도 하다. 이 질문들은 내 사고의 틀을 잡아주고 말에 영향을 미친다.

1. 사람들이 무엇을 보기를 원하는가?

2. 사람들이 무엇을 알기를 원하는가?

3. 사람들이 무엇을 느끼기를 원하는가?

4. 사람들이 무엇을 하기를 원하는가?

이 질문들은 단순해 보이지만 이것들을 써 내려가기까지 몇 년이 걸렸다. 마음 깊이 진정 만족할 때까지 작업하고 또 작업하고, 수정하고 다시 고쳐 만든 것이다. 40년 동안 나는 사람들에게 전하는 모든 메시지에 이 질문들에 대한 답을 담을 수 있도록 노력해왔다.

1. 사람들이 무엇을 보기를 원하는가? 그들의 가능성!

어떻게 보느냐가 어떻게 하느냐를 결정한다. 사람들이 자신의 가능성을 볼 때 그들의 세계는 확장된다. 나는 사람들이 "내가 할 수 있을까?"에서 "어떻게 하면 좋을까?"로 생각이 바뀌도록 돕고 싶다. '내가 할 수 있을까?'는 의심으로 가득 찬 말이다. '어떻게 하면 좋을까?'는 긍정적이고 결의에 찬 말이다. 그 말은 가능성으로 가득 차 있고 문제의 해결과 적극적인 행동을 장려한다.

스티븐 코비Stephen R. Covey는 《성공하는 사람들의 7가지 습관》에서 두 가지 사고의 차이에 대해 다음과 같이 쓰고 있다.

대부분의 사람에게는 '결핍 멘탈리티'가 뼛속 깊이 새겨져 있다. 그들은 삶에서 많이 가지려는 것에만 신경 쓴다. 세상에 파이가 하나만 존재한다고 생각하는 것 같다. 누군가 그 파이에서 큰 조각을 가져가면 다른 모든 이들은 작은 조각을 가져야 한다는 뜻이 된다···. 반면에 '풍요 멘탈리티'는 개인의 가치나 안전에 대한 깊은 내적 감각에서 나온다. 세상에 수많은 파이가 있고 모두가 나눠 가져도 충분하다는 패러다임이다. 그 결과 특권과 인정, 이익, 의사결정을 공유한다. 그것은 가능성과 선택, 대안, 창의성의 문을 열어준다.

▎어떻게 보느냐가 어떻게 하느냐를 결정한다. ▎

나는 풍요의 멘탈리티를 갖고 있고, 내가 전하는 모든 메시지 또한 그런 관점에서 나온다. 나는 누구나 더 큰 가능성을 갖고 있다고 굳건히 믿고 있기에 사람들도 자신의 그런 가능성을 발견할 수 있도록 돕고 싶다.

맥스웰 리더십 재단이 중남미의 중학교 학생들을 위한 가치 커리큘럼을 만들 때, 우리는 아이들에게 이러한 '풍요의 멘탈리티'를 가르치는 일이 무엇보다 중요하다는 것을 느꼈다. 커리큘럼 작성을 도왔던 에린 밀러는 말한다. "너무나 많은 아이들이 가능성을 전혀 보지 못하는 부정적이고 결핍된 환경에서 자라고 있다. 아이들에게 잠재력을 개발했을 때 어떤 사람이 될 수 있는지 가르치고 보여주어야 한다." 이것은 어떤 교사나 연사의 것보다 가치 있는 목표였다.

당신은 강연을 준비할 때 사람들의 가능성을 보는가? 나아가 사람들이 그들의 가능성을 볼 수 있도록 돕고 있는가?

2. 사람들이 무엇을 알기를 원하는가? 그들의 가치!

많은 이들이 타인에 의해 쓰러지고 좌절한다. 그 결과 자신의 고유한 가치를 인정하지 않는다. 스누피라는 캐릭터로 유명한 만화 〈피너츠Peanuts〉에서 루시한테 계속해서 구박받는 찰리 브라운처럼 느낀다. 만화에서 루시는 격분해서 말한다.

> 찰리 브라운, 너는 인생의 라인 드라이브로 빠진 파울볼이야. 너는 자기편 골대로 찬 자책골이야… 너는 삑사리 난 당구 큐야… 너는 18번 홀 그린에서 친 세 개의 퍼트야… 너는 열 번째 게임에서 스플릿된 7번과 10번 핀이야… 너는 러브 세트(테니스에서 한 게임도 못 따낸 세트-옮긴이)야… 너는 네 인생의 호수에 떨어뜨린 낚싯대야… 너는 놓친 자유투고, 빗맞은 9번 아이언이야… 삼진이야! 알겠어? 이제 이해가 가니?

루시와 같은 태도를 보이는 연사들은 너무나 많다. 루시의 말은 상대를 깎아내린다. 반면 좋은 연사는 듣는 사람의 기를 살려준다. 그들은 청중을 믿고 그들의 최선을 보려고 하며 용기를 북돋아준다. 좋은 연사는 청중의 가치를 보기 때문이다.

나는 청중이 이러한 메시지를 놓치지 않기를 바라기 때문에 항상 내가 그들을 얼마나 가치 있게 여기는지 말로 해준다. 그러면 회의적인 사람들은 묻는다. "저에 대해 잘 알지도 못하면서 어떻게 그런 말씀을 하실 수 있나요?"

내 대답은 나의 신념에서 나온다. "저는 여러분의 가치를 소중히 여깁니다. 하나님께서도 그렇게 하시니까요. 하나님은 실수하지 않으십니다!"

다른 사람을 가치 있게 대하는 일은 자신의 가치를 깨닫는 것에서부터 시작된다. 작가 겸 연사인 브라이언 트레이시Brian Tracy는 말한다. "자신을 좋아하고 존중할수록 다른 사람도 좋아하고 존중하게 된다. 자신을 가치 있고 소중히 여길수록 다른 사람도 가치 있고 소중하게 여기게 된다."

커뮤니케이션의 목적은 청중에게 강한 인상을 주는 것이 아니라 그들에게 힘을 실어주는 것이다.

당신은 스스로에 대해 어떻게 느끼는가? 자신이 가치 있는 사람이라고 믿는가? 다른 사람에게 줄 무언가가 당신에게 있다고 믿는가? 다른 사람들도 가치가 있다고 믿고 그것을 표현할 마음이 있는가? 이 질문들에 모두 "예"라고 대답할 수 있다면, 이제 메시지와 연설을 준비할 때 다른 사람의 가치에 초점을 맞춰라. 그것이 당신의 소통 능력에 큰 변화를 가져올 것이다.

3. 사람들이 무엇을 느끼기를 바라는가? 힘을 얻은 느낌!
연설의 목적은 청중에게 자신에 대한 강한 인상을 심어주는 것이 아니라 그들에게 힘을 실어주는 것이다. 사람들이 당신의 강연을 들고 나서 "와. 대단하네. 저 사람은 대단한 일을 했네!"라고 말하기를 바라는 게 아니라, "와, 놀라운데! 나도 위대한 일을 할 수 있을 것 같아!" 하고 말하기를 바라야 한다.

그렇다면 어떻게 사람들에게 힘을 실어줄 수 있을까? 두 사람과 이야기하든 대규모 청중 앞에서 연설하든 다음의 다섯 가지를 기억하라.

- **사람들의 잠재력에 힘을 실어주어라.** 나는 모든 사람을 10점 만점에 10점으로 보고 그들에게도 그렇게 말한다. 당신도 할 수 있다.

- **사람들에게 성공할 권한을 주어라.** 나는 사람들이 새로운 영역으로 걸어 들어갈 수 있도록 '문을 열어주려고' 노력한다. 당신도 할 수 있다.

- **협력을 요청하라.** 그저 선뜻 함께 일하는 수준의 협동이 아닌 공격적으로 함께 작업하라는 뜻이다. 사람들은 다른 이들과 함께 일할 때 더욱 잠재력을 펼친다. 나는 협력을 장려한다. 당신도 할 수 있다.

- **주인의식을 갖게 하라.** 내가 사람들이 성공하기를 바라는 그만큼, 사람들은 행동에 나서고 성공을 일궈낼 수 있다. 나는 그렇게 하도록 사람들을 고무시킨다. 당신도 할 수 있 다.

- **책임감을 가질 것을 요청하라.** 사람들은 결과에 책임감을 가질 때 자신의 가능성을 깨닫는다. 결과를 성취해내면 용기를 내

는 데 필요한 연료를 얻을 수 있다. 나는 사람들에게 이러한 점을 이해시키려 한다. 당신도 할 수 있다.

힘 실어주기는 우리가 다른 사람들에게 줄 수 있는 엄청난 선물이다. 자신도 얼마든지 성공할 수 있다는 믿음을 심어줄 뿐 아니라 다른 누군가도 자신의 성공을 원하며, 또 그렇게 할 수 있다고 믿고 있음을 보여주는 일이다.

4. 사람들이 무엇을 하기를 원하는가? 적용하고 번영케 하라!

연사가 해야 할 일은 청중이 '방법을 아는 것'에서 그치지 않고 '지금 당장 실행'하게 만드는 것이다. 당신은 그들이 배운 것을 적용하고 다른 사람들과 나누도록 돕고 싶을 것이다. 나는 어린 나이에 경험이 많은 연사들과 함께 '성공 세미나' 무대에서 연설할 기회를 얻었고, 그때 이것을 배웠다. 나는 다른 연사들의 강연을 즐겁게 들었다. 영감을 얻었으며 수천 명의 청중과 함께했고 기립박수를 쳐주었다. 나는 그들에게서 너무나 많은 것을 배웠다. 훌륭한 전달력, 믿을 수 없는 스토리, 잊을 수 없는 인용문, 웃긴 유머들에 감탄했다. 하지만 몇 년 후, 그 경험을 반복하면서 나는 대부분의 강연이 그저 기립박수를 받는 것으로 끝난다는 사실을 깨달았다. 사람들은 그냥 좋은 기분으로 걸어 나가고 다음 날이면 들은 내용은 잊고 아무것도 하지 않았다.

> **연사의 과제는 청중이 '방법을 아는 것'에서 벗어나**
> **'지금 당장 실행하게 만드는 것'이다.**

나는 그것을 두 눈으로 보면서 결심했다. 그저 동기를 부여하는 연사가 아닌, 동기를 부여하는 교사가 되고 싶었다. 사람들이 강연을 듣고 단순히 기분이 좋아지는 것에서 멈추지 않길 바랐다. 강연을 통해 영감을 얻었을 때의 마음을 그대로 집에 가져가서 더 나은 삶을 위해 행동하기를 원했다. 지금도 나는 그들이 당장 행동하기를 원한다. 그뿐만 아니라 배운 것을 타인과 나누면서 내가 그들에게 준 것을 적용하고 증폭시키기를 원한다. 나는 그들이 다음 이야기 속의 농부처럼은 되지 않기를 바란다.

한 농부가 이웃으로부터 질문을 받았다. "이번 농업 기술 설명회에 참석할 건가?"

"아니." 농부가 대답했다. "나는 이미 내가 알고 있는 내용보다 훨씬 많은 농장일을 하고 있는 걸." 행동하려는 의지가 없다면 그보다 높은 수준의 교육이 무슨 의미가 있겠는가?

만약 내가 사람들에게 능력을 펼칠 수 있다는 가능성을 설명하고, 그 가능성을 향해 나아갈 길을 제시하고, 스스로를 믿게 도와주고, 행동에 나서도록 영감을 줄 수 있다면, 진정으로 그들을 도울 수 있을 것이다. 그리고 그것이 바로 커뮤니케이션의 역할이다.

준비의 가치

20세기 초, 필딩 요스트Fielding Yost는 미시간 풋볼팀 코치를 맡아 25년의 임기 동안 165승, 29패, 10무라는 승률을 기록했다. 그는 미시간 역사에서 두 번째로 많은 승리를 거둔 코치였다. 그는 '준비의 중요성' 대 '승리의 의지'에 대해 종종 말했다. 그의 말은 빈스 롬바르디Vince Lombardi, 바비 나이트Bobby Knight, 존 우든John Wooden 등의 영향력 있는 코치들을 통해 널리 퍼져 나가기도 했다. 요스트는 말한다.

준비는 중요하다. '이기겠다는 의지'도 무시할 수 없지만 준비하려는 의지가 없다면 이기겠다는 의지는 아무 가치도 없다. 스포츠 경기든, 사업이든, 당신이 시작하려는 어떤 직업에서도 마찬가지다. 아무리 대단한 사람이라도 준비 없이는 대단한 성과를 이뤄낼 수 없다. 준비 단계부터 밟아가야 한다. 그래야 시험이 닥쳤을 때 의존하고 활용할 만한 것이 갖춰진다.

준비하려는 의지는 커뮤니케이션에 있어서도 마찬가지로 중요하다. 그 이유는 다음과 같다.

경기력은 준비하던 수준에서 나온다

빛나는 경기력은 항상 빛나지 않는 곳에서의 준비를 거쳐서 나온다. 나는 내셔널 챔피언십에서 열 번 우승한 UCLA 브루인스 농구팀 코치 존 우든John Wooden에게 코치직에서 은퇴한 후 가장 그리운 것이 무엇인지 물었다. "연습." 그는 망설임 없이 대답했다. "위대한 연습이 위대한 팀을 만든다." 그는 농구 경기 중에 벤치에 앉아 있으면 마음이 무척 편안하다고 말했다. 왜일까? 힘든 작업은 이미 경기 전 연습 단계에서 다 했기 때문이다. 선수들의 훈련 수준이 경기 수준을 결정한다.

> **빛나는 경기력은 항상**
> **빛나지 않는 곳에서의 준비를 거쳐서 나온다.**

'준비에 시간을 얼마나 썼느냐?'보다 '준비에 시간을 어떻게 썼는가'가 훨씬 중요하다. 나는 강연 일정이 잡히고 준비를 시작할 때면 '경기 출전'을 대비하며 다음의 다섯 단계를 거친다.

1. 셋업 질문을 던져라

나는 항상 내가 강연을 하게 될 단체나 주최 측에 사전 통화를 요청한다. 내 목표는 주최 측과 내 강연을 듣게 될 사람들에게 가치를 더하는 것이다. 그래서 나는 반드시 이런 질문을 한다.

- 어떤 행사인가?
- 논제Theme가 있는가?
- 왜 연사로 나를 선택했는가?

- 전후 사정이 있는가?

- 주제가 있는가?

- 내가 이야기했으면 하는 특별한 내용이 있는가?

- 어떤 점을 성공으로 여기는가?

- 내가 가치를 더할 수 있는 다른 무엇이 있는가?

현재 가진 기술만으로 훌륭한 원고를 쓰고 강연을 해낼 수도 있다. 하지만 잘못된 청중에게 잘못된 메시지를 전달한다면 그 강연은 성공적이지 못하고 아무에게도 도움이 되지 않을 것이다.

2. 나만의 주제를 준비하라

청중과 전후 상황을 자세히 파악했으면 이제 메시지 만드는 작업을 시작할 준비가 됐다. 나는 (즉흥적으로 강연을 하라는 요청을 받은 경우가 아닌 이상) 항상 아웃라인부터 만든다. 서문도 작성하긴 하지만 실제 강연할 때는 무대에 오르기 전 벌어지는 상황에 따라 서문을 건너뛰기도 한다. 내 강연의 주제를 소개하는 것보다 청중과의 소통이 훨씬 더 중요하기 때문이다. 이 부분은 '소통의 법칙(7장)'에서 다시 자세히 설명하겠다.

> **'준비에 시간을 얼마나 썼는가'보다
> '준비에 시간을 어떻게 썼는가'가 훨씬 중요하다.**

메시지의 몸통을 작성할 때는 기본 개념이나 가장 중요한 내용을 가지고 중요 항목의 목록부터 만든다. 그 항목들은 기억에 쏙쏙 박히도록 단어 선택에 신경 쓴다. 리듬감과 패턴을 넣거나 '노랫말처럼' 만들 수 있으면 그렇게 한다. 그런 다음 각 항목에 인용문과 스토리, 예시를 넣어 생명력을 불어넣고 의미와 재미를 추가한다. 그리고 행동을 장려하는 말을 넣는 것으로 아웃라인을 마무리한다.

나는 아웃라인을 준비할 때마다 스스로에게 다음의 세 가지 질문을 던진다.

- **어떻게 메시지를 특별하게 만들까?** 나는 강연에 앞서 이 질문에 대해 한참 생각한다. 메시지를 다듬고 가치를 더하는 것에 초점을 맞추면 더 특별해진다. 나는 강연 원고를 쓸 때도 "이 강의는 오직 여러분만을 위해 준비했습니다"라거나 "전에 한 번도 말한 적 없는 내용입니다"라는 말을 집어넣는다.
- **어떻게 메시지를 개인적으로 와닿게 할까?** 메시지를 개인적으로 와닿게 만드는 가장 좋은 방법은 청중이 '아는 것'과 '모르는 것'을 함께 묶는 것이다. 청중이 아는 내용은 그들의 조직 문화, 개인적 경험, 국가적 기원을 바탕으로 한다. 청중이 모르는 내용은 내가 그들에게 전하려는 통찰력이다. 그렇게 하면 나의 메시지가 그들의 상황 속에 끼워 맞춰진다.
- **어떻게 메시지를 실용적으로 만들까?** 나의 목표가 청중을 돕는 것임을 절대 잊지 않는다. 그리고 그 사실을 아웃라인에도 적

어 넣는다. 그리고 가능하다면 청중과의 Q&A 시간에 강의 내용을 적용해 실질적인 도움을 주려고 한다.

위의 내용이 만족스러울 정도로 채워졌다면 아웃라인이 준비된 것이다.

3. 나 자신을 위한 준비

강연을 하기 전에 정신적, 감정적, 경험적으로 준비를 마쳐라. 나는 확실한 준비를 위해 질문을 활용한다. 스스로에게 다음과 같이 묻는다.

- **강연 내용을 충분히 알고 있는가?** 내가 무엇을 하는지, 어디로 가고 있는지를 알고 그것으로 아웃라인을 만드는 데 충분한 시간을 할애한다. 나는 보통 강연 전에 7시간을 여기에 할애한다.
- **내 강연에서 감정을 느끼는가?** 좋은 커뮤니케이션은 마음에서 나온다. 그리고 그것은 청중의 마음으로 흘러 들어간다.
- **나는 이 강연 내용대로 살고 있는가?** 나는 20대 때 내 자신에게 진실되지 않은 메시지는 절대 청중에게도 전하지 않겠다고 다짐했다. 내가 시험해보거나 실천하지 않은 이론은 전하지 않는다.

위의 질문에 모두 진심으로 "그렇다"라고 답변할 수 있으면 이제 강연할 준비가 된 것이다.

4. 강연하는 동안 나의 효율성을 평가하라

강연하러 무대에 오르면 이제 경기가 시작된다. 하지만 이것 또한 연습이기도 하다. 왜일까? 연사로서 가장 큰 성장은 강연 도중에 이루어지기 때문이다. 반복이 중요하다. 연사로서 발전하는 방법은 무엇일까? 강연을 하는 것이다. 어떤 부분이 먹히는지, 어떤 부분이 잘 안 되는지 주의를 기울이면서 해야 한다. 젊었을 때는 강연을 하는 도중에 스스로를 점검하는 일이 어렵게 느껴졌다. 그래서 팀원들에게 피드백을 받으며 강연을 평가해달라고 했다. 하지만 경험이 쌓이면서 스스로 어떻게 강연하고 있는지 점점 잘 파악할 수 있게 되었다. 심지어 강연을 하는 동안 나 자신에게 다음의 질문을 할 수 있게 되었다.

- 나는 지금 편안하게, 자신감 있게 강연하고 있는가?
- 청중이 기대감에 차 있는가?
- 나는 언제 청중과 소통하고 있는가?
- 언제 소통하지 않는가?
- 청중이 계속 몰두하고 있는가?
- 강연을 듣는 청중이 즐거워 보이는가?

내가 계속 청중과 소통하고 있는지, 내 메시지가 그들에게 제대로 꽂히고 있는지 확인하면서 실시간으로 내용을 조정하기도 한다.

내 메시지가 필요한 방식대로 전달되지 못한다고 느껴질 때는 강연 내용을 완전히 바꿔버리기도 한다.

나는 항상 청중의 기대치를 넘어서려고 노력한다. 그건 꽤 어려운 일이다. 내가 강연할 때마다 사람들의 기대치는 매번 높아지기 때문이다. 그렇기에 나도 스스로에 대한 기준을 끊임없이 높이려고 한다. 당신도 그렇게 해야 한다. '퍼스트 리퍼블릭 뱅크First Republic Bank'의 컨설턴트 겸 전 부사장이었던 다이앤 스네데커Dianne Snedaker는 말한다.

기준을 높게 설정하고 그 높이를 계속 유지하라. 성공에 관심 있는 사람이라면 다른 사람의 성과를 기반으로 기준을 설정하는 경우가 많다. 그러면 다른 사람들도 그 기준에 따라 당신을 평가할 것이다. 하지만 항상 그보다 더 중요한 것은 스스로 정한 기준이다. 그 기준은 남들이 당신에 대해 정한 기준보다 높아야 한다. 결국, 자신과 살아가고 자신을 평가하며 스스로에 대해 좋게 느껴야 하는 것은 당신 자신이기 때문이다. 그렇게 하는 가장 좋은 방법은 당신이 가진 잠재력의 가장 높은 수준에 맞춰 사는 것이다. 그러므로 아무도 보지 않더라도 스스로에 대한 기준을 높게 설정하고 그 상태를 유지하라. 어딘가의 누군가는 알아차릴 것이다. 그게 자신뿐이라 해도.

강연할 때 역시 이처럼 자신에 대한 기준을 높게 설정하면 계속 발전할 수 있을 것이다.

5. 다음 준비를 위해 돌아보라

강연이 끝났어도 나의 준비 과정은 끝나지 않는다. 모든 강연 경험은 자기평가를 통해 배울 수 있는 또 다른 기회다. 짐작하겠지만, 이때도 나는 자신에게 다음의 질문을 던지며 자기평가를 한다.

- '큰 메시지'의 목적을 완수했는가?
- 청중이 그들의 가능성을 보았는가?
- 청중이 그들의 가치를 알게 되었는가?
- 청중이 자신감을 얻었다고 느끼는가?
- '최고 메시지'의 목적을 완수했는가?
- 청중에게 도움이 되었는가?
- 청중이 행동을 취할 것 같은가?
- 나의 메시지를 발전시킬 방법이 있는가?
- 강의 노트를 어떻게 업그레이드시킬 것인가?

나는 50년이 넘도록 청중과 소통해왔지만, 아직도 배울 게 너무나 많다는 사실을 인정하지 않을 수 없다. 그래서 나는 항상 강연을 마칠 때마다 내용을 되짚어보면서 강의 노트를 수정한다.

개인의 발전을 위한 준비

50년 넘게 강연 원고를 쓰면서 깨달은 게 있다. 내가 75세라는 나이에도 여전히 성장하고 발전하는 이유는 강연하기 전에 모든 원고를 작성하고, 사고하고, 내 삶에 적용하기 때문이다. 매번 그런 작업을 한다는 것은 계속해서 배우고, 향상되고, 창조하고, 발견하고, 발전하며 성장한다는 뜻이다. 그것은 내 인생에서 가장 중요한 원칙 중 하나다.

> **"연습은 잘될 때까지 하는 게 아니다.**
> **더 발전할 때까지 하는 것이다.**
> – 말콤 글래드웰Malcolm Gladwell

연설에 대해서는 즉흥적으로 하지 않고 준비에 온 힘을 쏟기로 결심했을 때, 나는 이 준비라는 일이 평생에 걸쳐 이어질 것임을 깨달았다. 책을 집필하기로 했을 때도 같은 결심을 해야 한다는 것을 알았다. 하지만 그로 인한 보상은 엄청나게 컸다. 준비는 나를 계속 발전시키기 때문이다. 작가 말콤 글래드웰은 말한다. "연습은 잘될 때까지 하는 게 아니다. 더 발전할 때까지 하는 것이다."

준비는 재능을 배가시킨다

재능과 기술의 차이는 무엇일까? 준비다. 재능은 타고나는 것이다. 타고난 재능이 클수록 한 사람이 그 분야에서 갖는 잠재력은 커진다. 하지만 재능이 있어도 준비하고 연습하지 않으면 높은 수준의 기술을 가질 수 없다. 그 관계는 다음과 같다.

낮은 재능 + 적은 준비 = 기술 없음

낮은 재능 + 많은 준비 = 평균 기술

높은 재능 + 적은 준비 = 제한된 기술

높은 재능 + 많은 준비 = 대단한 기술

높은 재능 + 끊임없는 많은 준비 = 무제한의 기술

타고난 재능이 많을수록 처음부터 더 나은 모습을 보일 확률이 높고, 그래서 더 재능에만 의존하려는 경향이 높아진다. 하지만 잠재력의 한계치까지 도달하고 싶다면 거기에 노력을 더해야 한다.

끊임없는 준비가 끊임없는 발전을 가져온다

당신은 커뮤니케이션에 얼만큼의 재능을 타고났는가? 당신의 재능은 높은 수준인가? 낮은 수준인가? 아니면 그 중간 어디쯤인가? 그것은 어떻게 아는가? 랄프 왈도 에머슨Ralph Waldo Emerson은 말한다. "모든 위대한 연설가도 처음에는 형편없었다." 나도 우리 팀의 새내기 코치들에게 말한다. "처음부터 잘하는 사람은 아무도 없다." 한두 번 강연해본 경험은 아무것도 아니다. 자신의 재능이 어느 수준인지 알려면 청중 앞에서 강연하고 또 하는 방법밖에 없다. 재능을 파악하는 열쇠는 '빈도'다. 자주 해보기 전까지는 재능을 정확히 평가할 수 없다.

수학자들은 자료의 빈도수가 낮은 통계수치는 신뢰하지 않는다. 예를 들어, 동전을 열 번 뒤집었을 때는 앞과 뒤가 50대 50으로 나올 확률이 매우 낮다. 하지만 동전을 100번 뒤집으면 거의 50대 50에 가까워진다.

커뮤니케이션도 마찬가지다. 한 번, 두 번, 혹은 열두 번 정도 해본 것만 가지고 강연에 재능이 있는지 없는지 알 수는 없다. 그것만 으로는 무대 위에서 당신의 잠재력을 측정할 수 없다. 더 많이 해봐야 한다. 예전에는 "시작이 좋으면 다 좋다"라고 말하곤 했는데 이제 강연에 관해서라면 "시작만 하면 다 좋다"라고 말한다. 사람들 앞에서 스피치하는 것이 두렵다면 일단 시작해봐야 하고 계속해야 한다. 연습해야 한다. 뭐가 됐든 뛰어난 성과를 얻을 수 있는 유일한 방법은 충분히 여러 번 시험해보는 것이다. 지혜는 무언가를 충분한 시간 동안 했을 때 그 결과로 얻어지는 것이다. 그렇게 했을 때 전체를 볼 수 있고 이해력을 높일 수 있다. 나는 제임스 클리어^{James Clear}가 그의 저서 《아주 작은 습관의 힘》에서 빈도의 중요성에 관해 말하는 방식이 아주 마음에 든다.

21일을 했든, 30일을 했든, 300일을 했든 그건 중요하지 않다. 중요한 건 그 행동을 한 빈도다. 30일 동안 두 번을 할 수도 있고 200번을 할 수도 있다. 빈도가 변화를 만든다.

나는 참 운이 좋았다. 담임 목사로 커리어를 시작했기에 평균 일 년에 50주, 일주일에 세 번씩 설교할 수 있었다. 첫 임기 3년 동안 400번도 넘게 설교를 했다. 임기 초기에 했던 많은 연습이 실패를 줄이는 데 도움이 되었다. 나는 새로운 것을 시도하고, 위험을 감수하고, 실험했다. 초기에 일찍 실패하고, 이따금 실패하고, 또 실패하며 앞으로 나아갔다. 그때의 준비 기간 덕분에 차후에 다가올 강연 기회에 대비할 수 있었다.

지금 추산해보면 1만 3천 시간 넘게 강연을 한 것 같다. 그래서 이제 여러분에게 좋은 연설의 비결에 대해 말해줄 수 있다. 그건 바로 빈도와 꾸준함이다. 빈도를 늘리면 단기간에 발전한다. 자주 하다 보면 "이제 알겠어" 하는 느낌이 오기 시작한다. 꾸준함은 장기간의 발전을 가져다준다. 꾸준히 하다 보면 계속 이어나갈 수 있게 된다. 이 게임에서 최후의 승자가 되고 싶다면 결코 준비와 연습을 멈춰서는 안 된다. 엘리트 운동선수나 콘서트 피아니스트, 톱 인기 강사 등 어느 직업군이든 최고 수준의 사람들에게 물어보라. 능숙해지고 대중의 인정을 받는 수준까지 높이 올라갈수록 더 많은 연습이 필요하다. 탁월함은 수많은 연습의 결과다. 연설에 재능을 타고났다면 즉흥 연설을 해보라. 그러면 연설가 중 상위 50퍼센트 안에는 들 수 있을 것이다. 하지만 재능을 타고난 데다 자주, 꾸준히 노력까지 한다면 상위 5퍼센트 안에 들어갈 것이다.

**나는 여러분에게 좋은 연설의 비결을 말해줄 수 있다.
그건 바로 빈도와 꾸준함이다.**

준비라는 값을 지불하라

나는 골프를 즐겨 친다. 골프에 관한 모든 것을 사랑한다. 내 스코어만 빼고. 원하는 만큼 점수가 잘 나오는 건 아니다. 그래서 최근에 골프 강사 워렌 보트케Warren Bottke에게 내 핸디캡을 극복하고 싶다고 말했다. "스코어를 15점만 낮춰서 싱글을 치면 딱 좋겠어요."

"할 수 있어요." 그가 대답했다. 나는 엄청 신이 났다. 흥분해서 그럼 이제 어떻게 하면 되냐고 물었다. "그 목표에 도달하려면 일주일에 30시간씩 연습하면 됩니다."

"어으!" 내가 대답했다. "그건 어렵겠는데요."

그리고 보니 내가 3천 명이 넘는 청중 앞에서 리더십 컨퍼런스를 주최했던 때가 떠올랐다. 웃음과 배움, 교류, 성장으로 가득했던 놀라운 날이었다. 휴식 시간에 한 젊은이가 내게 와서 말했다. "정말 좋은 영감을 얻었어요! 저도 선생님이 하시는 일을 하기로 했어요."

나는 그저 미소 지었다. "질문 하나 할게요." 내가 말했다. "내가 하는 일을 하고 싶으면 내가 해왔던 일도 할 수 있겠죠?" 그는 내가 무대 위에 서기까지 어떤 과정을 거쳐왔는지 전혀 알지 못했다. 내 친구 브라이언 트레이시는 말했다. "너의 직업적 성공은 네가 그것을 위해 해야 할 일들을 다 해내는 것에 정비례한다."

나는 이러한 점에 대해 생각한 후에 골프 강사에게 말했다. "마음이 바뀌었어요."

나는 그냥 핸디캡을 가진 채로 약간의 연습만 하고, 치고 싶을 때 골프를 치면서 살기로 했다. 나는 싱글 타수를 치고 싶었다. 하지만 나의 바람과 준비하려는 의지는 너무나 동떨어져 있었다. 즉흥적으로 하는 사람들의 바람은 결국 충족되지 않는다. 하지만 노력하는 사람들은 결과를 얻어낸다.

> **"당신의 직업적 성공은 당신이 그것을 위해 해야 할 일들을 다 해내는 것에 정비례한다."**
> – 브라이언 트레이시Brian Tracy

어느 정도 강연 시간이 쌓이고 난 후에는 당신이 가진 재능과 노력의 수준을 평가해야 할 때가 온다. 준비하고 연습하면 좋은 연사가 될 수 있다. 더 나아가 훌륭한 연사가 되고 싶어질 수도 있다. 하지만 기억하라. 당신이 갖고 있지 않은 것을 전달할 수는 없다. 그게 바로 '준비의 법칙'이다.

05 / 협력의 법칙

최고의 아이디어는 다른 사람과의 협력을 통해 만들어
진다

연사가 되고 싶어 하는 지망생들이 종종 내게 묻
는다. "강연을 시작하고 싶어 하는 사람들에게 어떤 조언을 해주실
수 있나요?" 나의 첫 조언은 "강연을 시작하라"이다. 연사로서 배우
고 발전할 수 있는 가장 좋은 방법은 연습하는 것이고, 이것은 직전
의 '준비의 법칙(4장)'에서 이야기했다. 두 번째 조언은 무엇일까? "도
움을 요청하라"이다.

나는 처음 일을 시작했을 때 이 점을 알지 못했다. 스물두 살 때
나의 연사로서의 직업과 리더십에 관한 커리어가 동시에 시작되었
다. 그때는 다른 사람에게 도움을 요청하면, 내 말에 귀를 기울이고
나를 따르던 사람들이 나를 너무 약하게 볼지도 모른다고 생각했다.

나의 부족한 점이 드러나면 사람들이 나를 따르거나 내 말을 경청하지 않을 것 같았다. 그래서 나는 모든 리더십이나 강연 업무를 혼자 처리하려고 했다. 문제가 생기면 고군분투해서 해결 방안을 찾아내려고 했다. 아이디어가 떠오르면 이렇게 생각했다. '이 아이디어가 정말로 좋은지 고민해봐야겠어. 그런 다음 사람들에게 공유하면 모두가 훌륭한 생각이라고 할 거야.' 하지만 그건 실수였다!

리더십에 있어서 '의미Significance의 법칙'이라고 부르는 것을 이해하기까지 10년이라는 세월이 걸렸다. 위대함을 이루기엔 하나는 너무 적다. 커뮤니케이션에도 같은 법칙이 적용된다. 탁월함을 이루기엔 1은 너무 작은 숫자다.

내 직업에서 100퍼센트 스스로에게만 의존하는 것은 두 가지 확연한 문제를 초래한다. 첫째, 나는 종종 추정을 기반으로 강의한다. 사람들이 필요로 하는 것을 알고 있다고 짐작하지만, 당연히 그건 사실이 아니다. 그렇다는 건 내가 종종 사람들이 듣고 싶어 하지 않는 주제에 관해 떠들고, 사람들이 찾지도 않을 해결책을 제시했다는 말이다. 천만다행으로 과거 내 청중은 나의 어린 나이와 부족한 경험을 고려해 은혜를 베풀어주었다. 두 번째 문제는 내가 강연하는 모든 내용이 나의 제한된 경험과 관점에서 나온다는 사실이다. 그래서 나는 너무나 많은 것을 놓쳤고 종종 사람들과 소통하는 데 실패했다. 기자 겸 작가인 윌리엄 화이트William H. Whyte는 말한다. "커뮤니케이션의 큰 적은… 그것에 대한 환상이다." 청중과 소통하고 연결되어 있다고 생각했지만, 사실은 종종 나 자신과만 대화하고 있었던 것이다. 그때 나는 협력의 법칙을 알지 못했다. 가장 훌륭한 생각은 다른 사람과의 협력을 통해 만들어진다.

협력의 가치

억만장자 자선가인 앤드류 카네기Andrew Carnegie는 말했다. "혼자서 일할 때보다 다른 사람의 도움을 받았을 때 더 잘 해낼 수 있다는 사실을 깨달았다면, 발전을 위한 커다란 한 발을 내디딘 것이다." 나는 강연에 있어 그런 한 발을 내디뎠고 여러분도 그 한 발을 내딛길 바란다. 몇 년 전, 제임스 서로위키James Surowiecki는 저서인《대중의 지혜》에서 개인보다, 그룹을 형성한 사람들이 더 정확하게 문제를 해결하고 결론을 끌어낸다고 설명했다. 그 개인이 아무리 그 분야의 전문가라도 마찬가지였다. 서로위키는 100년도 더 전에 영국에서 일어났던 일을 예시로 들며 책을 시작한다. 1906년, 과학자 프랜시스 갈튼Francis Galton은 잉글랜드 서부의 한 식용 가축 및 가금류 전시회에 참석했다. 지역 농부들과 주민들이 함께 모여 자신들이 기른 소와 양, 말, 닭, 돼지들을 선보이는 자리였다. 유전자와 통계학의 전문가였던 갈튼은 사육이 가축의 육체적, 정신적 품질에 미치는 영향뿐만 아니라 인간 유전학에도 관심이 있었기에 그곳에 참석했다.

전시회 이벤트 중에는 참석자들이 6펜스를 내고 살아 있는 소를 본 뒤, 도축해서 조리가 가능한 상태가 되었을 때의 무게를 맞추는 대회가 있었는데 전문가에게도 이는 꽤 어려운 문제였다. 정답에 가장 근접한 답을 내놓는 사람이 상을 받는 것이었다. 갈튼은 그걸 보다가 아이디어가 떠올랐다. 그는 그룹으로 모인 사람들이 얼마나 좋은 추측을 해낼지 궁금해졌다. 그중에는 목축업이나 도축업에 종사하는 전문가도 몇 명 있었지만, 대부분은 그렇지 않았다. 사람들을 얕잡아보던 갈튼은 그들의 추측이 크게 빗나갈 거라고 예상했다. 나중에 그는 이렇게 썼다. "그 대회에 참여한 사람들은 대부분 사무직 종사자, 말에 대한 지식이 전혀 없는 비전문가였다. 그들은 신문이나 친구, 자신들의 추측을 바탕으로 답을 써 냈다."

> **"혼자서 일할 때보다 다른 사람의 도움을 받았을 때 더 잘 해낼 수 있다는 사실을 깨달았다면, 발전을 위한 커다란 한 발을 내디딘 것이다."**
>
> – 앤드류 카네기

갈튼은 대회가 끝난 뒤, 주최 측에 참가자들이 제출한 답안지를 빌려달라고 요청했다. 각 답안지에는 추측한 무게와 개인 정보가 적혀 있었다. 갈튼은 787장의 답안지를 받아 검토하고 통계 분석을 했다. 정답은 1,198파운드였는데, 예상한 대로 도축한 소의 정확한 무게를 맞춘 사람은 아무도 없었다. 심지어 전문 도축업자도 맞추지 못했다. 하지만 갈튼은 모든 응모 용지에 적힌 숫자를 더해 평균을 내보고는 놀라지 않을 수 없었다. 평균값은 1,197파운드로 정답과

단 1파운드밖에 차이가 나지 않았기 때문이다.

서로위키는 이렇게 결론지었다.

대회 참가자나 투자자, 소비자, 매니저 등 우리 대부분은 가치 있는 지식이 극히 일부에게 집중되어 있다고 생각한다… 우리는 문제를 해결하는, 혹은 좋은 결정을 내리는 핵심 열쇠는 정답을 아는 딱 한 사람을 찾는 것(혹은 그 사람이 되는 것)이라고 여긴다… 하지만 그 한 명의 전문가를 찾아내려는 것은 실수이며 비용도 많이 든다. 이제 전문가 헌팅은 그만두고 대중에게 물어야 한다.

더 나은 연사가 되기 위해 여러분이 할 일은 바로 이것이다. 다른 사람들에게 지혜를 구하라. 무작위의 대중에게서가 아니라 신뢰할 수 있는 그룹으로부터 지혜를 구해야 한다. 서로위키가 지적한 대로, "그룹에서 가장 현명한 사람보다 그룹이 더 현명할 때가 많다."

성공은 '나'가 아닌 '우리'에서 시작된다.
한 사람이 모든 정답을 갖고 있는 경우는 없다.

나도 이 교훈을 얻기까지 꽤 오랜 시간이 걸렸다. 하지만 이제는 강연하거나 팀을 이끌 때 가장 먼저 하는 생각은 '누구와 협력할까?'이다. 성공이 '나'가 아닌 '우리'에서부터 시작된다는 것을 알기 때문이다. 한 사람이 모든 정답을 갖고 있는 경우는 없다. 모든 연사, 모든 리더에게는 사각지대와 결점이 있다. 완벽하게 다재다능하고 균형 잡힌 개인은 없다. 하지만 팀은 그럴 수 있다. 팀에 도움을 구하면 그들은 '항상' 나를 더 낫게 만들어준다. 전 NFL 코치인 빌 파셀스Bill Parcells가 선수들에게 이런 말을 한 것도 놀라운 일이 아니다. "경기는 개인이 뛰지만, 우승은 팀이 한다."

나는 책을 집필할 때도 나에게 도움을 줄 사람들을 팀으로 불러모은다. 이 책도 예외는 아니었다. 나는 집필팀과 함께 시작했다. 함께 법칙의 목록을 대강 만든 다음, 그 목록을 훌륭한 연사들에게 보낸다. 그러면 그들은 목록을 검토하고, 심사숙고하고, 목록을 업그레이드시킬 방법을 고민한다. 연사들이나 우리 집필팀은 함께 회의할 때마다 내 아이디어를 새로운 단계로 끌어올려 준다. 여러분이 읽고 있는 이 책도 그러한 협력의 결과물이다.

내가 집필한 책 중 가장 인기가 많았던 것은 《성공한 사람들은 어떻게 생각할까How Successful People Think》이다. 이 책에서 나는 왜 협력적 사고가 그렇게 큰 가치가 있는지 다음과 같이 설명했다.

- 공유한 생각은 혼자 한 생각보다 빠르다.
- 공유한 생각은 혼자 한 생각보다 성숙하다.
- 공유한 생각은 혼자 한 생각보다 창의적이다.
- 공유한 생각은 위대한 생각을 갖는 유일한 방법이다.
- 위대한 생각은 여러 좋은 생각에서 나온다.
- 공유한 생각은 혼자 한 생각보다 더 큰 가치를 돌려준다.

좋은 사고를 하는 그룹에 내 생각을 공유하면, 그들은 내가 한 번도 생각해보지 못한 아이디어를 떠올린다. 내가 좋은 아이디어를 미팅에 가져갈 수도 있지만 거기서 걸어 나올 때는 더 나은 아이디어를 가지고 올 것이다. 협력은 증식 효과를 가져온다. 1 더하기 1은 2지만, 1과 1을 나란히 두면 11이 되는 것과 같다.

좋은 협력팀의 성격

나는 오랜 세월을 강연과 리더십 분야에서 일하면서 성공이나 실패는 수행해야 하는 일의 무게, 내가 짊어지고 있는 짐의 무게로 결정되는 것이 아님을 알게 되었다. 성공이나 실패는 당신이 업무를 수행할 때 도움을 주는, 당신이 협력하는 사람들에게 달려 있다. 그 점을 염두에 두고, 이제 당신을 더 나은 연사로 만들어줄 팀을 꾸릴 때 어떤 사람들을 찾아야 하는지에 대한 가이드라인을 주려고 한다.

1. 좋은 협력자는 열린 마인드셋을 갖고 있다

당신의 강연 ―혹은 다른 어떤 노력이나 일― 이 발전하는 데 도움을 줄 사람들은 가능성을 볼 수 있어야 한다. 스스로의 잠재력 안에서, 당신의 청중 안에서, 그들에게 영향을 미칠 당신의 능력 안에서, 그리고 당신이 하는 말을 수용하고 추진할 그들의 능력 안에서 가능성을 볼 수 있어야 한다는 뜻이다. 부정적이고 좁은 마인드를 가진 사람은 당신을 도울 수 없다. 열린 마인드를 가진 사람만이 도움이 된다.

나는 좋은 협력자를 찾을 때 두 가지 자질을 갖춘 사람을 구한다. 첫째, 결핍이 아닌 풍요 속에서 생각할 줄 아는 사람이다. 항상 해결책이 있다고 믿고 무언가가 가능하다는 사실을 의심하지 않는 사람이어야 한다.

나는 이런 사고 차이의 중요성을 삼십 대 초반에 깨달았다. 그때 나는 성경책에 넣을 해설문을 작성하는 팀에 합류해달라는 요청을 받았다. 그 제안은 무척 영광스러운 것이었는데, 다른 작가들은 다 나보다 나이도 경험도 많고, 모두 성공한 사람들이었기 때문이다. 나는 〈신명기〉의 해설을 맡았었는데, 작업을 시작하자마자 나에겐 너무 벅찬 일임을 깨달았다. 나는 '내가 이걸 할 수 있을까?' 자문하기 시작했다. 그 질문은 나의 노력을 약화시키고 의심을 키웠다. 나는 일을 하지 않을 구실을 만들어내기 시작했다. 피하면 피할수록 부담감은 더 커졌고 불가능해 보이는 이유는 늘어났다.

다행히 함께 해설 작업을 하던 다른 작가들이 내게 용기를 주었다. 그들은 내게 지혜를 주고 충고도 해주었다. 그들로 인해 나의 마인드셋은 변하기 시작했다. 나는 해결책을 찾기 시작했다. 그 해결책들은 일이 진척되는 데 도움을 주었다. "내가 할 수 있을까?"라고 물으면, 그 대답은 '아니요'가 될 가능성이 크다. 하지만 "어떻게 하면 좋을까?"라고 물으면 거의 항상 해결책은 있다. 1년이라는 긴 시간이 걸리긴 했지만, 나는 그 업무를 완수했고 그 일을 해낸 것이 무척 자랑스럽다.

내가 잠재적 협력자에게서 찾는 두 번째 자질은 '옵션 마인드셋'이다. 나는 그들이 다음 이야기에 나오는 농부의 아내 같기를 바란다. 닭을 기르는 나이 든 농부가 있었다. 그의 농장은 거의 매년 봄마다 홍수가 났다. 그는 농장을 팔고 이사하고 싶지 않았지만 매년 수백 마리의 닭을 옮기다가 일부를 잃는 것에 진절머리가 났다. 한번은 특히 더 끔찍했던 홍수가 끝나고 나서 그가 아내에게 불평하기 시작했다.

그러자 아내가 말했다.

"당신은 매년 같은 걸 가지고 불평을 하는군요. 이제 듣기도 지겨워요."

그가 말했다.

"그럼, 내가 뭘 어째야 하는데?"

아내가 그를 보더니 말했다.

"오리를 사세요."

> **"내가 할 수 있을까?"라고 물으면 그 대답은 '아니요'가 될 가능성이 크다. 하지만 "어떻게 하면 좋을까?"라고 물으면 거의 항상 해결책은 있다.**

사실, 진부하고 오래된 이야기이긴 하지만, 이 이야기는 당신을 도와줄 사람이 가져야 할 마인드셋을 잘 보여준다. '옵션 마인드셋'을 가진 사람은 어떤 문제든 해결책에 관한 여러 옵션이 있다고 믿는다. 하나 이상의 방법이 있다면 그건 항상 더 나은 방법이 존재한다는 뜻이다.

나는 강연을 할 때마다 사람들에게 최고를 보여주려고 한다. 하지만 그렇다고 해서 더 이상 나아질 수 없다거나 또 다른 최고의 모습을 만들어낼 수 없다는 뜻은 아니다. 내가 뭘 하든 더 발전할 방법을 찾을 수 있다고 믿는다. 그것을 찾는 것이 나의 과제다.

2. 좋은 협력자는 묻고 질문에 답한다

우드로 윌슨Woodrow Wilson은 말한다. "자신의 두뇌뿐 아니라 빌릴 수 있는 모든 두뇌를 활용해야 한다." 협력자가 내 생각을 뒤흔드는 질문을 하거나 반대로 질문에 답할 때, 그들은 두뇌를 빌려주는 것이다. 그들의 생각은 내 생각을 더 나아지게 한다.

나는 질문을 사랑한다. 질문하고 답변을 들을 때 많은 것을 배운다. 최근에 고위직 리더들을 위해 '리더십의 발전을 위해 물어야 할 것'이라는 주제로 강의를 했다. Q&A 시간에 리더 한 명이 내게 물었다. "마음에 들지 않는 답변이 나올 것 같다고 느껴질 때도 질문을 하십니까?" 그는 모두가 한 번쯤 느껴보았을 상황에 관해 이야기하고 있었다. 문제가 있을 것 같거나 직면하고 싶지 않은 상황 말이다.

내가 대답했다. "네. 저는 좋은 답변이 나오지 않을 것 같은 때라도 질문을 합니다. 고통스러운 답변일지라도요. 마음에 안드는 답이 가장 도움이 되는 답일 때가 있습니다."

더 나은 연사가 되고 싶다면 비우호적인 답이 나올 것 같아도 질문을 피하지 말아야 한다. 발전하고 싶다면 용기를 가지고 자신에게 솔직해져야 한다. 다음의 질문들이 도움이 될 것이다.

강연 전 스스로에게 해야 할 질문들

강연 전 나의 팀원들에게 강연 노트를 공유하면, 그들은 준비에 도움이 될 다음의 다섯 가지 까다로운 질문들을 던진다.

1. 연사가 이 메시지대로 사는 모습을 보았는가?
2. 이 주제는 어떻게 내 삶에 영향을 미쳤는가?
3. 이 주제에 대해 반드시 알아야 하는데 내가 모르는 내용은 무엇인가?
4. 이 메시지에서 가장 중요한 부분은 무엇인가? 왜인가?
5. 이 강연을 더 나아지게 만들 수 있는 한 가지가 있다면 무엇인가?

당신 또한 조력자들에게서 이 질문들에 대한 답변을 공유받을 수 있다면 큰 도움이 될 것이다. 당신의 강연을 더 나아지게 만들 수 있는 가장 좋은 때는 강연을 시작하기 전이라는 것을 명심하라. 물론 팀원들 나름대로 다른 질문을 던질 수도 있겠지만, 이 질문들 또한 그동안의 경험과 시행착오를 통해 정립한 내용이니 참고하면 좋을 것이다.

강연 후 스스로에게 해야 할 질문들

강연 후 팀원들에게 다음의 질문을 던지고 답변을 받아보라. 앞으로 더 나은 강연을 하는 데 도움이 될 것이다.

1. 청중의 반응은 어땠는가? 1(낮음)부터 5(높음)까지.
2. 메시지가 가장 강력했던 5분은 어느 부분이었나?
3. 메시지가 가장 약했던 5분은 어느 부분이었나?
4. 강연을 어떻게 더 발전시킬 수 있을까?
5. 연사는 어떻게 더 발전할 수 있을까?

이 질문들에 대한 팀의 답변을 참고하여 메시지에서 가장 좋았던 부분은 강화하고 가장 약했던 부분은 없앰으로써 청중과 더 공감할 수 있도록 노력해야 한다.

질문에 대한 한 가지 생각을 추가하자면, 어떤 질문을 하는지 어떻게 질문을 하는지가 변화를 만든다. 앨버트 아인슈타인은 이런 말을 한 것으로 알려져 있다. "문제 하나를 푸는 데 한 시간이 주어졌고, 그 해답에 내 목숨이 달려 있다면, 나는 딱 맞는 질문을 만드는 데 55분을 쓸 것이다…. 그 딱 맞는 질문을 알고 나면 해답을 찾는 시간은 5분도 걸리지 않을 것이다." 이 말은 올바른 질문을 하는 것이 얼마나 중요한지 보여준다. 올바른 생각을 거쳐서 나온 질문일수록 더 좋은 답을 얻을 수 있다. 비판이 아닌 개선의 의지를 가지고 만들어낸 질문들은 더 큰 도움이 된다.

3. 좋은 협력자들은 아이디어를 낸다

좋은 협력자들은 질문을 던지고 답변하는 데 열린 마인드셋을 가진 것 외에 좋은 아이디어도 낼 수 있어야 한다. 이것은 팀에 대단한 발전을 가져올 수 있다. 훌륭한 연사는 청중의 상상력을 촉발시킬 아이디어를 갖고 있어야 하기 때문이다.

이때 좋은 아이디어가 꼭 당신의 아이디어여야 할 필요는 없다. 최고의 아이디어를 고르려면 일단 모든 아이디어가 회의 테이블에 올라와야 한다. 협력자들을 불러 모아 아이디어의 도움을 받을 때 당신이 해야 할 몇 가지가 있다.

모든 이들에게 가능한 많은 아이디어를 내도록 요청하라

나는 아이디어의 양이 많을수록 질이 좋아진다는 말을 믿는다. 더 많은 아이디어를 테스트할수록, 딱 맞는 좋은 아이디어를 찾아낼 확률도 높아진다. 다음은 내가 경험을 통해 알게 된 사실이다.

- 유일하게 나쁜 아이디어는 다른 아이디어를 생성하지 못하고 사장되는 아이디어다.
- 팀의 최고 아이디어가 합쳐지면 당신에게 돌파구가 되어준다.
- 아이디어는 토끼와 같다. 짝을 이루고 배수로 늘어난다.

루마니아에서 태어난 화가 앨버트 스젠트 기오르기Albert Szent-Györgyi는 말했다. "창의성은 모두가 보는 것에서 아무도 생각하지 못한 것을 생각해내는 것이다." 팀과 함께 아이디어를 발견하고 그것을 완전히 새로운 방향으로 추진하라.

▌ 아이디어는 양이 많을수록 질이 좋아진다. ▌

지금은 나도 뛰어난 연사로 인정받고 있지만 처음에는 다른 사람들처럼 평균 수준에 지나지 않았다. 하지만 '준비의 법칙(4장)'에서 설명한 대로 엄청나게 많은 연습을 했다. 초기에 몇 년 동안은 여러 아이디어를 시험했다. 그중에는 잘되지 않은 것도 있었다. 나는 연사의 성공 단계를 그대로 밟아왔다. **연설하고 - 실패하고 - 배우고 - 발전하고 - 소통하기.** 좋은 소식은 그 과정에서 많이 배웠다는 것이고, 나쁜 소식은 나에게 아이디어를 주고 발전을 도와줄 팀이 있었다면 청중 앞에 서기 전에 더 많은 아이디어를 시험해볼 수 있었을 것이며, 나의 강연은 훨씬 더 빨리 발전할 수 있었으리라는 것이다.

다른 사람의 아이디어에 적응하라

커리어 초반에는 나에게 좋은 아이디어를 줄 조력자들 대신에 책과 테이프에 의지했다. 책을 읽고 테이프를 들으면서 마음에 꽂히는 인용문이나 아이디어가 있으면 전부 모아두었다. 내게는 그게 '협력의 법칙'의 시작이었다. 나의 최고의 아이디어 중 일부는 다른 사람에게서 나온 것이다. 종종 나는 다른 사람들의 말을 인용한다. 하지만 더 많은 아이디어를 찾아내고 소화할수록 다른 사람들의 아이디어를 뛰어넘어 스스로 더 많은 아이디어를 생각해내게 된다.

　나는 훌륭한 아이디어를 보고 경청하는 습관을 들여왔고 그것은 최고의 작업을 하도록 이끌어준다. 몇 가지 예시를 들어보겠다.

- 어느 날 나는 《부자 아빠, 가난한 아빠》의 저자인 로버트 기요사키Robert Kiyosaki와 시카고에서 저녁식사를 했다. 대화를 나누던 중 그가 말했다. "때로는 이기고, 때로는 배우지." 그 말은 나를 사로잡았다. 나는 그 문장이 마음에 들었다. 그래서 그에게 그 문장을 내 책의 제목으로 써도 되는지 물었다. 그는 괜찮다고 했고 그 문장은 내 책의 제목 《Sometimes You Win, Sometimes You Learn》(국내에는 《어떻게 배울 것인가》로 출간되었다)이 되었다.

- 나는 당시 내 편집자인 빅터 올리버와 골프를 치고 있었는데 그는 자신이 읽은 마케팅 책에 관해 이야기하고 있었다. 나중에 그는 《마케팅 불변의 법칙》이라는 책을 보여주며 말했다. "존, 너도 리더십의 법칙에 관한 책을 써 봐." 그 아이디어는 내가 《리더십 21가지 불변의 법칙》을 집필하는 계기가 되었다. 이 책은 시대를 통틀어 리더십 분야의 베스트셀러 자리를 지키고 있다.

- 《인간관계 맺는 기술》을 집필할 때 나의 집필팀은 이 책을 한 번에 한 챕터씩 온라인으로 발표하자고 제안했다. 내 블로그에 내용을 공개하고 독자들에게 더 나은 책을 만들기 위한 조

언을 답글로 달아달라고 부탁하자는 것이었다. 우리는 수백 건의 답글을 받았다. 가장 좋은 아이디어는 책에 적용되었고, 아이디어를 낸 독자들에게는 보상을 해주었다.

팀원들이나 다른 협력자들이 내가 더 나은 연사, 더 나은 작가, 더 나은 리더가 될 수 있게 도와주는 방식은 셀 수도 없이 다양하다.

아이디어는 협력하는 동안 탄생한다.
아이디어는 행동하는 동안 증명된다.
아이디어는 숙고하는 동안 발전한다.

더 많은 아이디어, 더 나은 아이디어를 원한다면 다른 사람과 협력하는 법을 배워라. 과정은 거기서부터 시작된다. 얼마 지나지 않아 그들이 당신을 위해 만들어낸 좋은 아이디어를 활용하게 될 것이다.

좋은 아이디어를 전부 수집하라

연사들은 대부분 메시지를 쓸 때 거기에 넣을 아이디어나 인용문, 이야기, 일화 등을 찾느라 몇 시간, 며칠, 몇 주를 쏟아붓는다. '이거 어디서 읽어 봤는데, 어떤 책이었더라?' 하며 책장을 뒤지기 시작하거나 인터넷을 검색하기 시작한다.

나의 경우에 메시지를 작성하려고 앉으면 최선의 소재를 모으는 데 몇 분밖에 걸리지 않는다. 어떻게 그게 가능할까? 나는 거의

60년 동안 소재들을 찾아왔고 좋은 자료들은 수집해 언제든 꺼내서 사용할 수 있도록 정리해두었기 때문이다.

앞서도 말했지만 나는 열여덟 살 때부터 대중 연설가가 되고 싶었다. 나는 그때부터 아이디어를 찾기 시작했다. 좋은 아이디어는 사용하기 좋게 수집해놓으라고 조언해준 사람은 아버지였다. 아버지는 "가장 큰 시간 낭비는 잃어버린 물건을 찾으러 다니는 것이다. 그 물건을 넣어둘 곳이 있으면 잃어버리지 않을 것이다"라고 말씀하셨다. 나는 그 말씀에 자극을 받아 자료 보관 시스템을 만들었다.

책을 읽을 때, 좋아하는 인용문을 찾으면 잠시 멈춰서 그 페이지에 괄호 표시를 한다. 그러고는 '이 인용문을 어떤 주제의 카테고리에 정리해둘까?' 하고 생각한다. 결정했으면 그 문장 옆에 써둔다. 책장 모서리를 접고 인용문이 있는 쪽수와 주제를 적어둔다. 계속 책을 읽어나가면서 다른 좋은 인용문을 찾으면 똑같이 한다. 책을 다 읽고 나면 비서에게 준다. 그러면 그녀는 각 인용문이 있는 쪽을 복사해서 해당 주제의 파일에 정리해둔다.

> **"가장 큰 시간 낭비는 잃어버린 물건을 찾으러 다니는 것이다.**
> **그 물건을 넣어둘 곳이 있으면 잃어버리지 않을 것이다."**
> – **멜빈 맥스웰**Melvin Maxwell

잡지나 신문을 읽다가 마음에 드는 인용문이나 이야기를 찾으면 표시를 하고, 주제를 정한 후에 그 페이지를 찢어낸다. 그리고 해당 주제의 파일에 넣어 정리한다.

팟캐스트나 테이프를 듣다가 수집하고 싶은 내용이 있으면 전체 메시지를 옮겨 적고 보관하고 싶은 문장에 표시해둔다. 그리고 –짐작하겠지만– 주제별 파일에 정리해둔다.

나는 수많은 아이디어와 인용문, 일화들을 손닿는 곳에 놓아두고 언제든 사용할 준비를 해둔다. 강의 노트를 작성할 때 어떤 인용문이나 아이디어가 필요하면, 의자만 조금 움직여 책장으로 손을 뻗고 내가 찾던 해당 주제의 파일을 꺼내 필요한 인용문을 찾아낸다. 나는 매일 글쓰기나 강연을 위한 소재를 준비한다. 준비 작업은 멈추는 적이 없기 때문이다. 그리고 그 소재를 다시 찾는 데 조금도 시간을 낭비하지 않는다.

더 좋은 점은 팀원들도 나를 위해 아이디어와 인용문, 일화들을 수집한다는 것이다. 내 글쓰기 파트너인 찰리 웨첼은 30년 전 처음 일을 시작했을 때는 내가 원하는 소재들을 잘 찾아내지 못했다. 그는 고학력자라 주로 지적이고 명석한 아이디어들을 찾아주었다. 나는 그에게 내 기준을 알려주었다. 내가 활용하는 소재에는 다음의 기준이 적어도 한 가지 혹은 여러 가지가 해당되어야 한다.

- **마음.** 사람들의 감정을 건드릴 수 있는 내용.
- **도움.** 사람들에게 생각할 거리를 주거나 삶이 향상될 수 있는 일을 하도록 자극하는 내용.
- **유머.** 웃게 만드는 내용.

- **희망.** 더 나은 미래를 믿을 수 있게 영감을 주거나 도움을 주는 내용.

이 모든 것은 사람들에게 가치를 더한다.

찰리는 여전히 나와 함께 글을 쓰고 아이디어를 수집하지만 최근 몇 년간 그 업무를 가장 활발하게 담당한 사람은 에린 밀러였다. 그녀는 내가 연설을 하거나 책을 집필할 때 도움이 될 소재를 끊임없이 찾는다. 그리고 에린에 이어 그 업무를 새로 담당하는 팀원은 자레드 케이글이다. 그는 이제 요령이 생겨 업무에 헌신하고 있다.

여러분에게 이미 이런 좋은 아이디어를 생성해주는 팀이 있을지도 모르겠다. 아직 없다면 만들기 바란다. 하지만 팀을 만들기 전이라도 스스로 아이디어를 수집해야 한다. 매일 자료를 읽고 듣고 수집하다 보면 나중에 사용할 기회가 생긴다. 이러한 규율을 발전시켜놓으면 필요로 할 때마다 훌륭한 소재가 당신의 눈앞에 놓여 있게 될 것이다.

4. 좋은 협력자는 솔직한 피드백을 준다

내가 조력자들에게서 찾는 마지막 자질은 좋은 피드백을 해주려는 의지와 해줄 수 있는 능력이다. 좋은 연사는 성장하려는 시도를 멈추지 않기 때문에 이 부분은 매우 중요하다. 나는 50년 동안, 일 년에 거의 255시간씩 강연을 했지만 지금도 여전히 더 발전하기 위해 노력한다.

내가 강연을 하고 나서 가장 먼저 피드백을 구하는 사람은 행사의 주최 측이다. 주최 측의 기대를 뛰어넘는 것이 나의 첫 번째 목표다. 하지만 그 목표를 이뤘더라도 그것만으로는 충분하지 않다. 나는 더 발전하고 싶기에 내 팀의 신뢰하는 팀원들에게 피드백을 구한다. 내가 조력자들의 피드백에 그처럼 열심인 이유는 다음과 같다.

- **나는 나 자신을 볼 수 없지만 다른 사람은 나를 볼 수 있다.** 피드백은 내 자신의 사각지대를 없애고 자아 인식을 높이는 데 도움이 된다.
- **내가 보지 못하는 것을 다른 사람들은 볼 수 있다.** 피드백을 받으면 나 자신의 제한된 경험에만 의존할 때보다 더 넓은 관점을 갖는 데 도움이 된다.
- **내가 모든 것을 볼 수는 없다.** 그래서 나는 늘 "내가 놓친 게 뭐지?" 하고 묻는다. 항상 무언가를 놓치고 있다고 가정한다. 하지만 내가 지적해달라는 요청을 일부러 하지 않으면 사람들은 말해주지 않는다.
- **피드백 요청은 내가 팀의 의견을 가치 있게 여긴다는 것을 보여준다.** 나는 내가 팀원들을 가치 있게 여기며 그들의 생각을 소중히 여긴다는 것을 보여주고 싶다. 내가 의견을 물을 때 그들은 칭찬받는 기분을 느낀다.
- **피드백은 발전에 자극이 된다.** 묻지 않는 질문에 대한 답변을 얻을 수는 없다. 물으면 배우고 고칠 수 있다.

- **피드백은 최고의 아이디어를 찾는 가장 좋은 방법이다.** 다시 한번 말하지만 훌륭한 아이디어를 얻는 가장 좋은 방법은 여러 좋은 아이디어를 한데 모으는 것이다.

누구나 당신에게 가치 있는 피드백을 줄 수 있다. 당신과 다른 사람일수록, 더 가치 있는 피드백을 줄 가능성이 크다. 그들은 당신이 보지 못하는 것을 보기 때문이다. 하지만 내게 가장 가치 있는 피드백은 다른 성공한 연사들에게서 나온다. 연사가 아닌 다른 사람들은 당신이 청중과 소통하지 못한 순간을 이야기해주지만, 경험 많은 연사들은 당신이 소통에 실패한 원인을 말해준다. 그러니 그들에게 피드백을 구하라.

여러 연사 중에서도 내가 수년 동안 존경해온 인물은 척 스윈돌Chuck Swindoll이다. 내가 30대에 캘리포니아로 이주했을 때 그는 이미 성공한 작가이자 연사였는데 친절하게도 나의 멘토 역할을 해주었다. 정말 고마웠다. 그는 협력의 가치를 잘 이해하는 사람이었다. 몇 년 전, 그는 '섬을 위한 자리는 없다'라는 글을 작성했다. 협업이 얼마나 중요한지 잘 보여주는 글이어서 무척 마음에 들었다. 그중 일부를 소개하겠다.

누구도 전체 사슬은 되지 못한다. 각자는 하나의 고리다. 하지만 고리 하나가 떨어져 나가면 그 사슬은 부서진다.

누구도 전체 팀을 이루지 못한다. 각자는 한 명의 선수다. 하지만 선수 하나가 나가면 경기에 진다.

누구도 전체 오케스트라를 구성하지 못한다. 각자는 한 사람의 음악가다. 하지만 음악가 한 명이 나가면 심포니는 완성되지 못한다.

누구도 전체 연극을 완성하지 못한다. 각자는 한 명의 배우다. 하지만 배우 한 명이 나가면 연극은 엉망이 된다.

누구도 전체 병원을 운영할 수 없다. 각자는 병원의 직원이다. 하지만 직원 한 명이 나가면 얼마 지나지 않아 환자의 불평이….

다음은 추측할 수 있을 것이다. 우리에게는 서로가 필요하다. 당신은 누군가가 필요하고 누군가는 당신을 필요로 한다. 우리는 고립된 섬이 아니다. 삶이 돌아가게 하려면 서로 의지하고 지탱해주어야 한다. 관계를 맺고 대응해야 한다. 주고받아야 한다. 고백하고 용서해야 한다. 손을 뻗고 감싸주어야 한다. 풀어주고 의존해야 한다….

누구도 전체가 아니고, 독립적이거나 자급자족할 수 없고, 초고도로 유능하거나 전지전능할 수 없으니 그런 것처럼 행동하지 말라. 그런 어리석은 역할 놀이를 하기에 인생은 이미 충분히 외롭다.

게임은 끝났다. 이제는 협력하자.

최고의 연사가 되고 싶다면 혹은 최고의 리더가 되고 싶다면 혼자서 하려고 하지 마라. 도와줄 사람들을 찾아라. 팀을 만들어라. 도움을 구하라. 함께 일하라. 절대 후회하지 않을 것이다. 왜 그럴까?

최고의 생각은 다른 사람과의 협력을 통해 만들어지기 때문이다. 그것이 바로 '협력의 법칙'이다.

훌륭한 아이디어를 얻는 가장 좋은 방법은 여러 좋은 아이디어를 한데 모으는 것이다.

06 / 콘텐츠의 법칙

가치 있는 것을 말할 때
사람들은 귀 기울이기 시작한다

1996년 1월, 마이크로소프트의 공동창업자 빌 게이츠Bill Gates는 '콘텐츠가 왕이다'라는 제목으로 인터넷의 미래에 관한 글을 썼다. 그는 1990년대와 2000년대에 풋내기였던 온라인의 세계는, 앞으로 방송 미디어가 걸어온 것과 비슷한 길을 걷게 될 거라고 믿었다. 거기서 콘텐츠를 만들어내는 사람들은 기술자가 아닌 인플루언서가 될 것이라고도 했다. 그로부터 25년이 지난 지금, 그의 추측은 사실로 증명되었고, 콘텐츠 크리에이터, 비즈니스 경영 간부, 마케터, 미디어의 거물들은 콘텐츠에 관한 그의 말을 수천 번도 넘게 인용했다.

콘텐츠가 왕이라면 소통은 왕비다. 그 둘은 함께 세상을 지배하며 분리될 수 없다. 아무에게도 전달되지 않는다면 콘텐츠가 무슨 가치가 있을까? 콘텐츠가 없다면 소통이 무슨 가치가 있을까?

　훌륭한 연사들이 직면하는 문제 중 하나는 사람들이 이미 매일 수천 개의 메시지를 듣고 있다는 점이다. 연사들은 이런 환경에서 사람들의 관심을 얻으려 경쟁해야 한다. 어떤 주제든 온라인으로 즉각 콘텐츠에 접근할 수 있는 세계에서, 어떻게 하면 당신의 콘텐츠와 메시지를 돋보이게 할 수 있을까? 어떻게 사람들의 관심을 끌고 긍정적인 영향력을 발휘할 수 있을 정도로 오래 잡아둘까? 어떻게? 당신은 그 답을 찾기 위해 온 힘을 쏟아야 한다. 한 가지 좋은 소식이 있다. 가치 있는 것을 말할 때 사람들은 귀 기울이기 시작한다는 것이다. 그게 바로 '콘텐츠의 법칙'이다.

> **퍼즐 조각 100개를 맞출 시간에 1,000개의 퍼즐 조각을 던져주면 안 된다. 메시지에서 몇 개의 메인 아이디어 이상으로 더 많은 것을 던져주려고 하지 말라.**

모든 메시지는 퍼즐이다

메시지는 퍼즐과 같다. 연사로서 당신의 목표는 청중이 보고 이해하기 쉽도록 완성된 그림을 말로써 명확히 그려 보이는 것이다. 전달할 내용을 만들고 계획할 때 당신은 퍼즐 메이커다. 레이아웃에 들어가는 여러 아이디어가 바로 메시지의 퍼즐 조각이다. 경쟁력 있는 그림을 만들려면 모든 퍼즐 조각이 잘 들어맞아야 한다. 그런데 문제는 메시지를 전달할 때 퍼즐 조각을 조립하는 당사자가 당신의 말을 듣는 청중이라는 것이다. 그들은 5분, 15분, 혹은 60분 동안 당신이 하는 말을 들으면서 머릿속에 의미 있는 그림을 그려야 한다. 청중이 퍼즐 조각을 한데 이어붙이지 못하거나 그 과정을 즐기지 못하면 당신은 연사로서 실패한 것이다.

나는 비즈니스와 리더십 컨설턴트인 피터 마이어스Peter Meyers가 '직소 퍼즐 경영'이라고 묘사한 것을 보고 이 퍼즐의 제작 과정에 대해 생각하기 시작했다. 그는 리더십을 퍼즐 제작에 비유한다. "대표나 관리자의 업무는 퍼즐이 담긴 상자 뚜껑을 이해하기 쉽게 디자인하는 일이다." 이어 그는 제한된 시간에 퍼즐 조각을 맞춰야 하는 데서 오는 압박감, 퍼즐 조각이 없어졌을 때의 실망감, 더 이상 들어갈 자리가 없는데도 남아 있는 골치 아픈 퍼즐 조각 등에 대해 말한다.

보통 연사들은 정해진 시간보다 할 말이 더 많다. 선택을 해야 한다는 뜻이다. 퍼즐 조각 100개를 맞출 시간에 1,000개의 퍼즐 조각을 던져주면 안 된다. 메시지에서 몇 개의 메인 아이디어 이상으로 더 많은 것을 던져주려고 하지 말라. 완성해야 할 그림을 떠올려라. 당신의 '퍼즐 상자 뚜껑'에는 어떤 그림이 있는가? 당신의 목표는 청중이 주의를 딴 데로 돌리거나 당황하지 않도록 필요한 퍼즐 조각을 모두 채워 넣고, 여분의 조각을 없애 가면서 그림을 완성하는 것이다.

잘 알겠지만 모든 연사가 필요한 만큼만 할 말을 골라내지는 않는다. 예를 들어 하버드 로스쿨의 유명 교수인 펠릭스 프랑크푸르터Felix

Frankfurter는 1939년부터 1962년까지 미연방 대법원 판사로 근무했다. 그는 직업상 종종 연설할 일이 있었는데 청중이 알아듣기 쉽게 메시지를 전달하지 못하는 것으로 유명했다. 그의 아내이자 작가 겸 편집자인 매리언Marion은 종종 그의 연사로서의 한계를 지적했다. "펠릭스의 연설에는 잘못된 점이 딱 두 가지 있다. 다른 길로 샌다는 것, 그리고 다시 주제로 돌아오는 것이다."

콘텐츠의 퍼즐을 함께 맞추자

당신이 주제에서 벗어나 -그리고 다시 주제로 돌아갔을 때!- 청중들이 실망하는 모습을 보고 싶지 않다면, 메시지 퍼즐을 디자인하는 기술을 좀 더 다듬어야 한다. 청중이 당신의 생각을 따라오고, 당신이 그리고 싶어 하는 그림을 보길 바랄 것이다. 이를 위해서는 콘텐츠를 만들 때 따라야 할 9가지 단계가 있다.

1. 청중에서부터 시작하라

훌륭한 콘텐츠는 청중을 이해하는 것에서 시작된다. '준비의 법칙(4장)'에서 나는 연설을 하기 전에 먼저 주최 측에 전화를 걸어 주최 조직과 청중, 행사에 관해 물어본다고 말했었다. 그들에 대해 알려면 그들이 사용하는 마케팅 용어와 관심사 외에도 그들에게 동기를 부여하는 것이 무엇인지, 필요로 하는 것은 무엇인지 알고 이해해야 한다. 청중을 모르고 그들에게 맞춘 콘텐츠를 제작하지 못하면 청중의 관심을 끌지 못한다. 다음의 이야기에 나오는 아버지처럼 말이다.

네 살 아이가 자동차 뒷좌석에서 사과를 먹고 있었다. 아이는 사과를 한 입 베어 물고는 잠시 그대로 들고 있었다. 아이가 물었다.

"아빠?"

"응?"

"사과가 왜 갈색이 됐어요?"

아빠가 대답했다.

"음. 사과 껍질을 베어 물면 안쪽 부분이 공기와 접촉하고 산화되어 분자 구조가 변하고 그러면 다른 색으로 변하는 거야."

긴 침묵이 흐른 뒤, 아이가 조심스럽게 물었다.

"아빠, 지금 저한테 말씀하신 거예요?"

나는 커뮤니케이션 전문가이자 작가인 낸시 두아르테^{Nancy Duarte}가 청중에 대해 한 말을 좋아한다. "청중은 당신 아이디어의 결과물을 결정짓는 주인공이다. 그러므로 청중에 대해 온전히 알아야 한다. 청중의 입장이 되어 그들의 삶을 세심하게 관찰하라."

훌륭한 콘텐츠는 청중을 이해하는 것에서 시작된다.

연사가 청중의 입장이 되어 보는 것도 중요하지만 그보다 더 중요한 것이 있다. 청중이 연사를 실제보다 더 성공한 사람으로 여긴다면, 다시 말해 청중의 마음에 '그는 나와는 다른 사람'이라는 '거리감'이 존재한다면, 그것을 없애야 한다는 것이다.

최근에 나는 내 친구 크리스 호지스Chris Hodges와 이야기할 기회가 있었다. 그는 '성장하는 리더'라는 목사들의 대규모 연례행사를 주최한다. 5천 명의 청중을 대상으로 한 강연을 준비하던 그가 나에게 조언을 구했다. 크리스는 대단히 현실적이고 겸손한 사람이었지만 세계에서 가장 크고 영향력 있는 교회의 설립자 겸 리더였다. 분명 청중이 그에게 '거리감'을 느낄 것이라고 생각했기에 내가 해줄 조언은 간단했다. 나는 그가 목사로서 어떻게 일을 시작했는지부터 이야기하면 좋을 것 같다고 제안했다.

"처음에는 어떻게 해야 할지 몰랐고 시도한 일이 항상 잘된 건 아니었다고 이야기하세요. 처음에는 당신도 해답보다 질문이 많았고 당신 교회가 세상에서 가장 영향력이 큰 교회가 될 거라고는 생각조차 해본 적 없다고 말해주세요."

나는 왜 이런 충고를 했을까? 청중이 크리스에게서 자신의 모습을 보길 바랐기 때문이다. 청중이 현재의 위치에서 크리스가 이룬 성공의 단계까지 가는 명확한 길은 없다. 그는 청중의 입장이 되어 자신의 처음을 돌아보아야 한다. 그리고 그 자신도 처음에는 지금의 청중과 같은 위치에 있었다고 알려주어야 한다. 그렇게 했을 때 목사들은 크리스가 자신들을 이해한다고 느낄 것이다. 그리고 이해받는다고 느낀 사람들은 그의 메시지에 마음을 열 것이다. 메시지를 준비할 때는 항상 청중이 누구인지 파악하고 그들의 관점에서 볼 때 주제가 어떨지를 생각해야 한다.

> **나는 나의 강점 분야에서 비로소**
> **지식뿐 아니라 도덕적 권위도 갖게 된다.**

2. 당신의 강점 분야에 머물러라

청중에 대해 파악했다면 이제 그들에게 무엇이 필요한지에 대한 감을 잡아야 한다. 청중에게 무엇을 줄 것인가? 이때 당신이 갖고 있지 않은 것을 주려고 하면 위험하다. 그것은 연사에게는 재앙이다. 그런 문제를 피하려면 당신이 강점을 갖고 있는 분야에 머물러야 한다.

나는 내가 강점을 가진 분야에 관해서만 말을 하고 글을 쓴다. 내가 잘 알고, 잘할 수 있는 다음의 여덟 가지 주제에 집중한다.

- 커뮤니케이션
- 리더십
- 지원Equipping
- 태도
- 관계
- 성공
- 의의
- 신앙

이것이 내가 잘 알고 이야기할 수 있는 분야들이다. 나의 강점 분야에서는 지식만이 아닌 도덕적 권위도 갖게 된다. 그 분야에서 나 자신을 증명해냈기 때문이다.

당신의 강점 분야는 무엇인가? 당신이 가장 잘하는 것은 무엇인가? 당신은 어느 분야에서 뛰어난 기술과 천부적 재능을 보이는가? 당신은 어디에서 강력한 직관력을 보이는가? 당신은 어떻게 최고가 되어 사람들을 돕고 그들에게 가치를 부여하게 되었는가? 바로 그곳이 당신이 사람들에게 영향력을 발휘할 수 있는 분야다. 과거의 성공은 당신의 말에 신뢰를 더해줄 것이다.

3. 논지를 정립하라

로버트 프로스트Robert Frost는 말한다. "세상의 절반은 할 말이 있지만 하지 못하는 사람들이고, 나머지 절반은 할 말이 없는데도 계속 말하는 사람들이다." 그런 운명에 처하지 않으려면 메시지에 당신만의 논지를 정립해야 한다.

> **세상의 절반은 할 말이 있지만 하지 못하는 사람들이고,**
>
> **나머지 절반은 할 말이 없는데도 계속 말하는 사람들이다.**

논제는 메시지의 핵심을 포함하는 주제가 되는 생각으로, 한 문장으로 표현할 수 있다. 강연이나 글쓰기로 소통하려고 할 때에는 반드시 당신만의 논제를 정립해야 한다. 강연을 따라가기 가장 힘든 경우는 연사가 메시지를 전달하는 과정에서 중심 아이디어를 찾아가는 경우다. 자기가 하는 말의 논점이 뭔지도 모르는데 다른 사람이 그걸 어떻게 알아차리겠는가? 논제는 퍼즐 박스 위에 그려진 그림이라고 할 수 있다. 모든 퍼즐 조각을 제자리에 맞추면 보이게 될 그림이다. 예를 들어 이 책의 논제는 '커뮤니케이션의 법칙을 배우고 연습하면 더 나은 화자가 될 수 있다'이다.

때로 나는 논제를 먼저 세우고 글을 쓰기 시작한다. 청중이 누구인지 알고, 그들에게 무엇이 필요한지 알고, 내가 그들에게 무엇을 줄 수 있는지 알고 나면 그때 논제를 만든다. 또 어떤 때는 직관을 따르기도 한다. 논제가 정해지기 전에 리서치를 시작하고 아웃라인을 만들기도 한다. 어느 쪽이든 메시지를 완성할 시점에는 논제가 무엇인지 정확히 파악되어야 한다.

4. 리서치를 하라

다음 단계는 리서치를 하고 아웃라인을 만드는 것이다. 둘 중 어느 것을 먼저 해도 상관없지만, 나는 항상 리서치부터 시작한다. 리서치는 사고력을 자극하고 창의력에 불을 지핀다. 게다가 아웃라인부터 서툴게 만드는 것보다 뭐가 되었든 리서치부터 시작할 때 작업 속도가 훨씬 더 빠르다.

콘텐츠는 리서치하는 만큼 좋아진다.

나는 논지를 뒷받침할 소재를 모으는 것으로 리서치를 시작한다. 먼저 이야기나 인용문, 생각, 아이디어, 예시들을 한데 모은다. 일을 처음 시작했을 때는 그런 작업이 힘들었다. 그래서 '자료 저장 시스템'을 만들게 된 것이다. 나는 매일 좋은 콘텐츠를 읽고, 찾고, 저장한다. 메시지를 쓸 준비가 되면 나를 기다리고 있는 소재 중 쓸 만한 것을 골라낸다. 요즘에는 인터넷 덕분에 바로 접근할 수 있는 소재들이 한도 끝도 없이 많다. 그래서 예전과는 다른 문제에 직면하게 된다. 이제는 소재를 찾는 일이 어려운 것이 아니라 당신의 메시지에 딱 맞는 소재를 찾아내는 것이 관건이다.

커뮤니케이션 주제에 관해서도 특별히 리서치를 해야 하겠지만, 당신의 가치관과 스타일에 적합한 훌륭한 소재는 끊임없이 찾아두어야 한다. 파일 폴더나 전자 시스템을 활용해 그런 소재를 캡처하고 저장하라. **당신의 콘텐츠는 리서치하는 만큼만 좋아진다.**

5. 아웃라인을 만들어라

메시지 작성에 있어 또 하나 중요한 부분은 아웃라인이다. 아웃라인은 연설의 뼈대가 된다. (책을 쓸 때도 마찬가지다.) 좋은 아웃라인은 메시지를 단단하게 만들고 하나로 엮어준다. 예를 들어 이 책의 뼈대는 열여섯 개의 법칙이다. 그 뼈대에 살을 붙인다. 독자들은 책의 목차를 보며 뼈대를 파악하고 책을 사고 싶은지, 읽고 싶은지 판단한다. 하지만 연설을 할 때 청중은 뼈대를 볼 수 없다(인쇄물을 나눠주거나 스크린에 띄우지 않는 이상). 그래서 청중이 듣고 따라오기 쉽게 아웃라인을 만들어야 한다. 나는 항상 말하려는 요지에 번호를 매긴다. 또 아웃라인에 지속성과 리듬감을 만들려고 노력한다. 그러면 청중이 강연 도중에는 만족감을 경험하고, 끝났을 때는 완료된 느낌을 받게 된다.

몇 가지 예를 들어보겠다. 30년 전, 나는 '사람들에 대해 내가 아는 다섯 가지'라는 종교 기반의 메시지를 만들었다. 원고를 쓸 때 단어의 음절을 반복해 운율을 만들어서 읽을 때도 재미를 더했다. 그래서 조금 길어지긴 했지만, 효과는 있었다.

1. 모두가 누군가가 되고 싶어 한다.
2. 아무나가 되려고 태어난 사람은 아무도 없다.
3. 누구나 아무나를 도와 누군가가 되게 할 수 있다.
4. 아무나 누군가를 도와 누군가가 되게 할 수 있다.
5. 신은 모두를 사랑해 우리가 누군가가 되게 한다.

또 다른 예를 들어보겠다. 성공에 관한 강의였는데 나는 사람들의 기억에 쏙쏙 박히도록 각 항목에 운율을 만들었다. 내가 가르친 내용은 다음과 같다. 성공이란,

- 삶의 목적을 아는 것
- 잠재력을 최대로 끌어올리는 것
- 사람들을 위해 씨앗을 뿌리는 것

이 아웃라인은 나중에 《나의 성공 지도》라는 책의 기반이 되었다. 또 어떤 때는 항목들을 기억하기 좋게 머리글자 맞추기를 활용하기도 한다. 한번은 'PLAN AHEAD(미리 계획하라)'라는 글자를 활용해 메시지의 아웃라인을 만들었다.

행동 과정을 미리 정하라(**P**redetermine a course of action).

목표의 레이아웃을 정하라(**L**ayout your goals).

우선순위를 정하라(**A**djust your priorities).

핵심 인물을 알려라(**N**otify key personnel).

받아들일 시간을 주어라(**A**llow time for acceptance).

행동에 나서라(**H**ead into action).

문제를 예측하라(**E**xpect problems).

항상 성공을 향하라(**A**lways point to the successes).

매일 계획을 돌아보라(**D**aily review your plan).

이 메시지는 거의 40년 전에 만들었는데도 머리글자 덕분에 아직도 내용을 기억한다.

아웃라인을 만들 때는 각 항목을 관련 없는 내용의 묶음이라고 생각하지 말라. 기억에 남게 만들어라. 좋은 아웃라인은 각각 돋보이는 동시에 전체의 흐름이 있어야 한다. 훌륭한 아웃라인은 그 자체로 전체를 한데 묶는 고리가 되며 이야기의 흐름을 예측하게 해준다. 아이디어나 표현 자체로 놀라움을 주기도 한다. 훌륭한 아웃라인을 만들려면 기술이 필요하지만 계속 노력하고 메시지를 작성할 때마다 발전하려고 애쓰면 누구나 그 방법을 마스터할 수 있다.

6. 뼈대에 살을 붙여라

소설가이자 교수 겸 비평가인 C. S. 루이스C. S. Lewis는《오독》에서 말한다. "어떤 예술 작업에서든 가장 먼저 요구되는 일은 자신을 양보하는 것이다. 보고, 듣고, 수용하라. 자신은 옆으로 치워두어라." 그가 비평 활동에 관해 쓴 이 내용은 다른 사람에게 전달할 메시지를 만들 때에도 같은 관점으로 적용된다. 메시지를 만들 때부터 전달 시에 생길 모든 가능성을 열어두어야 한다. 나는 이를 위해 세 단계의 사고를 거쳐 메시지에 접근한다.

1. **느껴라**: 이 콘텐츠는 내게 어떻게 영향을 미쳤는가?
2. **양보하라**: 이 콘텐츠의 주인공은 내가 아니다. 청중이다.
3. **공유하라**: 이 콘텐츠는 어떻게 청중에게 긍정적인 영향을 미쳤는가?

이를 마음에 새겼으면 이제 메시지의 몸통 만들기에 몰두할 준비가 된 것이다.

나는 주로 미리 짜둔 아웃라인에 그동안 리서치해둔 것들을 끼워 넣으며 살을 붙이기 시작한다. 스토리와 인용문, 일화, 정보 등으로 각 항목을 꾸미고 내 경험담도 추가한다. 필요하다면 위치를 바꾸고 표현을 수정한다. 내 목표는 청중에게 기억에 남고 마음이 움직이는 경험을 선사하는 것이다.

《체험의 경제학》을 집필한 조지프 파인 2세Joseph Pine II와 제임스 길모어James H. Gilmore는 사람들이 수동적인지 능동적인지, 혹은 경험 '흡수형'인지 경험 '몰두형'인지에 따라 경험하는 과정이 어떻게 달라지는지 묘사한다. 그들은 경험을 오락, 교육, 도피, 심미의 네 영역으로 나눈다.

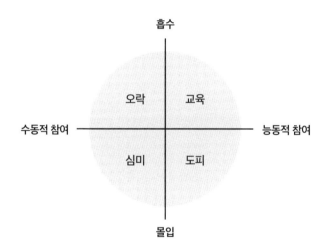

오락은 수동적으로 경험을 흡수하는 사람들에게서 나타난다. 콘서트를 관람하거나 책을 읽을 때가 그렇다. 교육적 경험도 정보를 흡수하는 데 집중되어 있지만, 이때 참가자들은 몸과 마음, 혹은 둘 다 능동적으로 참여한다. 교실에서 기술을 배우는 사람 혹은 운동장에서 축구를 배우는 사람이 그렇다. 도피적 경험에는 몰입과 능동

두 가지가 모두 나타나는데 테마파크를 방문하거나 카지노에서 게임을 하거나 컴퓨터 게임을 하는 경우가 그렇다. 심미적 경험은 몰입은 하지만 수동적으로 참여해서 그들의 신체적 환경에 아무런 영향을 미치지 않는다. 예를 들어 그랜드 캐니언을 구경하거나 미술품 전시를 볼 때가 그렇다.

사람들은 배우기 위해 교육적 경험을, 활동하기 위해 몰입적 경험을, 느끼기 위해 오락적 경험을, 그곳에 존재하기 위해 심미적 경험을 찾는다. 하지만 파인과 길모어는 이렇게 말한다. "가장 풍부한 경험은 네 가지 영역을 전부 포괄하는 경우다. 경험 체계의 정중앙 '스윗 스팟'에 해당하는 경험이다." 청중이 할 수 있는 가장 풍부한 경험도 마찬가지다. 그래서 나는 원고의 아웃라인을 작성할 때 다음의 네 영역을 모두 포함하려고 노력한다. 나는 이런 식으로 적용한다.

- **교육**(배우기): 내 콘텐츠에서 배울 수 있는 부분은 어디인가?
- **몰입**(하기): 내 콘텐츠에서 상호작용할 수 있는 부분은 어디인가?
- **오락**(느끼기): 내 콘텐츠에서 감정을 느낄 수 있는 부분은 어디인가?
- **심미**(존재하기): 내 콘텐츠에서 소통할 수 있는 부분은 어디인가?

다양한 방식을 추가할수록 청중은 더 많은 경험을 하고, 커뮤니케이션은 더 큰 영향력을 가지며 기억하기 쉬워진다.

> **모든 메시지는 비행기로 비행하는 것과 같은 과정을 거친다.**
> **어딘가로 이동하려면 이륙했다가 다시 착륙해야 한다.**

7. 아이디어의 활주로를 만들어라

모든 메시지는 비행기로 비행하는 것과 같은 과정을 거친다. 어딘가로 이동하려면 이륙했다가 다시 착륙해야 한다. 커뮤니케이션의 성공은 그 두 가지에 달려 있다. 이륙하지 못하면 청중과 함께 날지 못한다. 착륙하지 못하면 결국 추락하고 만다. 어느 쪽이 되었든 당신의 커뮤니케이션은 청중에게 닿지 못하고 당신이 만든 콘텐츠는 헛수고가 된다.

제대로 이륙하는 방법에는 몇 가지가 있다. 나의 경우는 다음의 방법을 활용해 활주를 시작한다.

- 질문
- 인용
- 예측
- 시사 문제
- 역사적 지표
- 발전에 대한 약속
- 마음의 소통

- 청중의 이해에 호소

　나는 메시지를 만들 때 첫 5분 동안 이 중에 적어도 네 가지를 활용하려고 한다. 내가 매번 활용하는 것은 '마음의 소통'과 '청중의 이해에 호소'하는 방법이다. 때때로 연설을 시작하기 전에 "제 이름은 존입니다. 저는 여러분의 친구입니다"라고 말하는 이유는 사람들과 마음의 소통을 하고 싶기 때문이다. 내가 그들을 위해 그곳에 갔고, 그들을 소중히 대하고 있음을 알아주길 바라기 때문이다. 또 나는 가끔 청중의 이해에 호소하기 위해 이렇게 말한다. "오늘 아침에 여러분에 대해 생각하면서, 여러분에게 어떻게 하면 가치를 부여할수 있을지에 대해 고민했습니다." 다시 한번 말하지만, 나의 목표가 그들을 돕는 것이고 그 자리에 온 사람들을 기쁘게 해주고 싶다는 것임을 청중이 알아줬으면 하기 때문이다.

　활주로는 강력한 이륙을 위해서도 필요하지만 부드러운 착륙을 위해서도 필요하다. 나는 '착륙' 작업을 소홀히 하는 연사들을 너무 많이 봐왔다. 어떤 강연은 연료가 떨어진 비행기처럼 갑자기 멈춰버린다. 어떤 사람은 파일럿들이 '접지 후 이륙' 연습을 하듯, 착륙할 것처럼 하다가 다시 이륙해버린다. 상공에서 배회하다가 다시 착륙 준비를 하다가 또다시 이륙해버리기도 한다. 이렇게 하면 청중은 지치고, 혼란스러워하고, 실망한다.

　가장 좋은 방법은 비행기를 어디에 착륙시킬지를 정확히 알고 집중해서 끝내는 것이다. 구체적인 방법은 다음과 같다.

- 말하는 내용을 점검하고 요약하라.
- 행동 계획을 제시하라.
- 청중에게 행동에 나설 힘을 실어주어라.

사람들이 당신의 메시지를 명확히 이해하고, 무엇을 해야 할지를 알고, 그것을 하는 데 필요한 영감을 받았다면, 당신은 그들에게 가치를 부여할 수 있을 것이다. 그리고 청중은 도움을 받고 힘을 얻어 돌아갈 수 있을 것이다.

> **여행 가이드의 제1법칙 : 일행을 놓치지 말라.**
> **이것은 연사에게도 적용된다.**

8. 전환을 계획하라

최근에 한 친구가 내게 사진 한 장을 보내왔다. 사진 속에서는 한 여행 가이드가 자신의 여행객들이 뒤처지지 않도록 표지판을 높이 들고 걷고 있었는데, 실은 아무도 그를 따르고 있지 않았다. 단 한 명도! 여행 가이드의 제1법칙은 '일행을 놓치지 말라'이다. 이 지침은 연사에게도 해당된다. 그리고 청중을 놓치는 가장 빠른 길은 다음 내용으로의 전환을 어설프게 하는 것이다.

나는 이 전환 과정을 '공중그네'라고 부른다. 한 아이디어에서 다른 아이디어로 부드럽게 넘어가는 일은, 잡고 있던 공중그네의 손잡이를 놓고 맞은편 공중그네의 손잡이를 잡는 것과 같다. 45분 동안 강연을 하다 보면 네 번에서 여섯 번 정도 공중그네를 갈아탈 순간이 온다. 붙잡고 있던 그네의 손잡이를 놓고 다음으로 넘어가야 하는 그네의 손잡이를 성공적으로 붙들어야 하는 지점이다.

나의 경우 매끄러운 전환에 가장 도움이 된 방법은, 주요 논점에 숫자를 매겨 그 번호의 순서대로 넘어가는 것이다. 그러면 이행 과정이 명확하고 청중이 따라오기도 쉽다. 하지만 종종 잠시 말을 멈추는 방법도 활용한다. '멈추기'는 대화에 있어 다음 주제로의 전환을 가장 잘 인지시켜주며 강연에서 역시 효과가 크다. 그런데 왜 많은 연사가 이 방법에 실패할까? 침묵을 피하려고 하기 때문이다. 그들은 침묵하는 순간, 청중에 대한 통제권을 잃는다고 생각한다. 하지만 멈추기의 효과는 강력하다. 멈추기를 폭넓게 활용하는 방법에 대해서는 '체인지업의 법칙(14장)'에서 설명하기로 한다. 그러니 여기서는 자세한 말은 하지 않고 그 방법을 자주 활용하라고만 이야기하겠다.

나는 무대에서 이야기 전환을 할 때 여러 기술을 활용하지만 그런 방법을 일일이 원고에 적어두지는 않는다. 무대 위의 한 곳에 서 있다가 다른 곳으로 이동하기도 하고, 표정을 활용하기도 한다. 말의 속도나 리듬에 변화를 주기도 하고, 일어서거나 앉는다. 가장 좋은 것은 청중과의 소통이나 상호작용의 결과로 나타나는 전환이다. 그러나 강연 경험이 아주 많은 게 아니라면, 전환 시기에 활용할 방법을 원고에 표시해두는 것도 좋다.

9. 울림을 주는 문장을 활용하라

마지막 퍼즐은 만들기에 가장 어렵지만 그만큼 영향력이 큰 것으로, 사람들의 마음과 영혼에 울림을 주는 문장을 활용해 완성한다. 마크 트웨인은 말했다. "'거의 맞는' 단어와 '딱 맞는' 단어는 천지 차이다. '라이트닝 버그(반딧불이)'와 '라이트닝(번개)'의 차이와 같다."

나는 콘텐츠를 준비할 때 기억에 남는 문장을 만들려고 애쓴다. 사람들이 내가 하는 말을 전부 기억하지 못한다는 것을 잘 알기 때문이다. 하지만 적합한 단어를 사용하면 사람들은 문장 하나, 표현 하나라도 기억해 '가져갈' 것이다. 게다가 거기서 멈추지 않고 그 문장을 다른 사람들에게 들려줄 것이다.

그게 바로 훌륭한 연사의 특징이다. 나는 케네디가 했던 모든 연설을 기억하지는 않지만, 이 문장만은 똑똑히 기억한다. "나라가 당신을 위해 무엇을 할 수 있는지 묻지 말고, 당신이 나라를 위해 무엇을 할 수 있는지 물어라." 케네디는 그냥 "당신은 미국을 위해 무엇을 할 수 있는가?"라고 말할 수도 있었다. 하지만 대신에 그는 기억에 길이 남을 단어들로 문장을 만들었다.

소설가 조셉 콘래드Joseph Conrad는 말했다. "말은 나라 전체를 움직이게 하고 사회적 기틀이 뿌리내린 마르고 거친 땅을 윤기나게 한다. 내게 적합한 단어와 적합한 억양을 주어라. 그러면 내가 세상을 움직이겠다." 이에 관한 기가 막힌 예시가 있는데 1941년 12월 8일 프랭클린 루즈벨트 Franklin D. Roosevelt가 한 연설이 그렇다. 그 전날 정오, 대통령은 일본이 진주만을 공격했다는 보고를 받았다. 그날 오후 내내 피해 상황과 현황에 대한 단편적인 보고만 속속 들어왔다. 루즈벨트는 그날 저녁까지 다음 날 의회에 가서 전쟁 선포를 할지 말지를 결정해야 했다.

평소에는 루즈벨트가 연설문을 작성하는 데 사흘에서 열흘 정도가 걸렸고 연설문 작가 여럿이 동원되었다. 하지만 이번에는 비서인 그레이스 툴라 한 명만 불러 말했다. "앉아요, 그레이스. 내일 의회에 갈 겁니다. 메시지를 작성해야 해요. 짧은 메시지가 될 거예요."

그는 읊기 시작했다 "어제, 1941년 12월 7일, 세계 역사에 남을 이날에 미합중국은 일본 제국의 해군과 공군으로부터 고의적이며 기습적인 공격을 당했습니다." 그는 망설이거나 수정하지 않고 500단어가량의 메시지를 완성했다.

루즈벨트는 원고를 받고 나서 거의 수정하지 않았다. 단지 '세계 역사에 남을 이날'을 '치욕으로 남을 이날'이라고 고쳤을 뿐이다. 그리고 이 문장이 연설문에서 가장 큰 울림을 주는 부분이 되었다. 훗날 이 연설은 '치욕의 날 연설'로 불리게 되었고 수백만의 미국인들은, 심지어 그 당시에 태어나지 않은 후대의 사람들까지도 루즈벨트의 이 말을 인용할 정도로 회자되었다.

또 다른 훌륭한 예시는 마틴 루터 킹의 '나에게는 꿈이 있습니다'

연설이다. 여기서 그는 "나에게는 꿈이 있습니다"라고 시작되는 문장을 여덟 번이나 반복해 사용했다. 지금도 어디 가서 그 문구를 말하면 사람들은 바로 인종 평등과 화해로 더 나은 세상을 그리자는 그의 연설문을 인용하고 있음을 알아차릴 것이다. 킹 목사는 반복의 중요성을 잘 알고 있는 교사처럼 문장을 반복한다. 하지만 그다지 반복처럼 느껴지지 않는 건, 전달 과정이 창의적이고 열정으로 가득하기 때문이다. 훌륭한 연사들을 공부하라. 그들의 메시지는 창의적이고 강력한 방식으로 쓰였기 때문에 문장의 표현 하나 하나가 살아 있는 것을 느낄 수 있다.

　나는 몇 년 동안 울림을 만드는 표현을 쓰는 것을 목표로 삼았다. "때로는 이기고 때로는 진다"와 같은 문장에 창의성을 더해 "때로는 이기고 때로는 배운다"라는 잘 만든 문장으로 바꾸는 것을 좋아한다. 그리고 항상 기억하기 쉽게 만들려고 노력한다. 그래서 "성공에는 힘든 노력이 요구된다"보다는 "지금 수고하고 나중에 즐겨라"라거나 "올라가고 싶다면 포기하라"라고 말한다. 어느 날 작가 겸 디렉터, 프로듀서인 타일러 페리Tyler Perry와 대화하던 중에 그가 더 이상 열심히 일할 필요가 없을 때에도 계속 일하고 있다고 말했을 때 내가 말했다. "그만둘 수 있을 때는 그만둘 수 없다." 나는 그 문장이 오래도록 마음에 남아 있었다. 그래서 어느 해에 기록적인 성과를 올린 회사에서 강연할 때 이렇게 말했다. "여기까지만 오려고 여기까지 온 것은 아니다."

　어떤 종류의 발표를 하든 우리는 말을 많이 한다. 그리고 들은 말은 대부분 금세 잊어버린다. 하지만 의도적으로 울림을 주는 문장을 만들면, 사람들은 듣는 즉시 감동을 받고 그중 일부는 연설이 끝난 후에도 오래도록 기억한다.

연설 준비 작업을 끝낸 후에도 내 일은 끝나지 않는다. 나는 노트를 보며 다음의 세 가지 질문을 통해 전체 메시지를 평가해본다.

- **내가 하는 말은 나 자신에게 어떤 감동을 주는가?** 내가 감동하지 않으면 청중도 감동하지 않는다.
- **어떻게 독특하고 색다르게 만들 것인가?** 기억에 오래 남는 발표자나 연사는 극히 드물다. 우리는 기억에 남는 강연을 만들어야 한다.
- **어떻게 더 나은 원고를 만들 것인가?** 강연이 시작되기 전까지 원고를 최대한 수정하라.

콘텐츠를 열심히 만들고 모든 메시지가 최고가 되도록 노력한다면 '콘텐츠의 법칙'이 제대로 작동하기 시작할 것이다. 가치 있는 것을 말하면 사람들은 귀 기울이기 시작한다. 그것은 굉장한 만족감을 준다. 하지만 계속 분투하고 배우고 성장하기를 멈추지 말라.

의미 있고 공감 가는 메시지를 남기려면 매일 새로운 것을 배워라. 계속 리서치하고 탐구하라. 계속 질문하라. 새로운 경험을 하라. 매일 읽고 저장하라. 당신이 하는 일을 사랑하라. 가르치고 싶은 분야의 내용을 항상 업데이트하라. 나아지려고 노력하는 만큼 콘텐츠도 좋아진다. 당신이 계속해서 성장한다면 재능은 절대 바닥나지 않을 것이고, 늘 가치 있는 콘텐츠를 만들게 될 것이다.

가치 있는 것을 말하면 사람들은 귀 기울이기 시작한다.
계속 분투하고 배우고 성장하기를 멈추지 말라.

제3장

어떻게 말하는가?

07 / 소통의 법칙

청중이 전부다

작가들은 글을 쓸 때 자기 책의 어떤 부분은 다른 부분보다 특히 더 중요하다는 것을 알고 있다. 모든 아이디어의 비중이 똑같지는 않다. 어떤 아이디어는 다른 아이디어보다 더 값어치가 있다. 예전의 작가들은 책에서 강조하고자 하는 부분에 특별히 표시를 하지는 않았다. 중요 아이디어를 발견하고 그 부분에 표시를 해두는 일은 독자들의 몫이었다.

요즘은 좀 다르다. 그래서 나도 최대한 명확하게 표시를 하려고 한다. **'소통의 법칙'은 지금까지의 메시지 중 가장 중요한 부분이다.**

왜 그럴까? 커뮤니케이션에서는 청중이 전부이기 때문이다. 너무 많은 연사가 콘텐츠에만 중점을 둔다. 소통보다 콘텐츠가 더 가치 있다고 생각한다. 하지만 그건 사실이 아니다. 콘텐츠와 소통이 모두 중요하긴 하지만, 좋은 연사라면 소통이 콘텐츠보다 훨씬 더 중요하다는 사실을 잘 알 것이다. 그리고 훌륭한 연사는 강연에서 청중이 전부임을 안다. 그게 바로 '소통의 법칙'이다.

소통할 것인가?

누군가가 다른 사람에게 이야기하는 것을 가만히 듣고 있으면 그들이 어디에 가치를 두고 있는지 바로 알 수 있다. 연사 자신, 혹은 콘텐츠, 혹은 청중.

> 자신에게 초점을 맞추는 연사는 **주목을 받으려고 한다.**
> 콘텐츠에 초점을 맞추는 연사는 **정보를 제공한다.**
> 청중에게 초점을 맞추는 연사는 **소통한다.**

서로 소통하기 전까지는 연사와 청중 간에 장벽이 존재한다. 콘텐츠가 아무리 좋아도 먼저 소통하려 하지 않으면, 사람들은 소통할 때만큼 콘텐츠를 받아들이지 않는다. 소통이 없으면, 콘텐츠에 관심은 보일지 몰라도 거기서 영감을 얻지는 못하는 것이다. 사람들은 훌륭한 콘텐츠를 가지고 전혀 소통하지 않는 연사보다는, 평균치의 콘텐츠를 가지고 소통하는 연사에게서 더 많은 것을 얻어 간다. 사람들은 당신이 얼마나 알고 있는지에는 관심이 없다. 당신이 청중을 얼마나 신경 쓰는지 알 때까지는. 그 문제를 해결하려면 소통해야 한다. 연사가 청중과 소통하며 훌륭한 콘텐츠까지 갖고 있다면 홈런을 칠 것이다!

> **사람들은 훌륭한 콘텐츠를 가지고 전혀 소통하지 않는 연사보다는, 평균치의 콘텐츠를 가지고 소통하는 연사에게서 더 많은 것을 얻어 간다.**

인간의 본성에 대해 생각해보면 더욱 이해가 갈 것이다. 인생에서 우리가 될 수 있는 모든 것, 해낼 수 있는 거의 모든 것이 다른 사람과 함께, 혹은 다른 사람들을 통해 이루어진다는 말이 사실이라면, 소통하고 관계를 형성하는 능력은 우리가 배울 수 있는 가장 중요한 기술이라고 할 수 있다. 소통하는 부부는 계속 함께 살 가능성이 크다. 아이들과 소통하는 부모는 아이들과 긍정적인 관계를 유지할 확률이 높다. 팀원들과 소통하는 리더는 더 생산적인 팀을 만들 가능성이 크다. 그리고 청중과 소통하는 연사는 청중의 마음을 파고드는 연설로 그들에게 가치를 더해 줄 가능성이 훨씬 크다.

요즘 들어 소통하는 능력은 더욱 중요해졌다. 이제는 화상 커뮤니케이션이 더 빈번해졌기 때문이다. 화상 강연을 하면 사람들의 관심이 다른 데로 쏠리거나 이동하는 등 집중하기가 어렵다. 나도 화상으로 라이브 강연을 할 때면 그런 점을 느낀다. 영상을 보는 사람들은 창문으로 안을 들여다보는 관찰자처럼 수동적이고 열정이 없다. 나는 그들을 방 안으로 '들어오도록' 내가 할 수 있는 일을 하면서 함께하려고 노력한다. 상대가 자신을 보고 있다는 것을 알게 하고 서로 연결된 느낌이 들게 하려고 한다.

최근 젊은 사업가 엄마들을 대상으로 줌 미팅을 주최했다. 한 아이 엄마가 무릎에 아이를 앉히고 강의를 듣고 있었는데 아이가 몸을 비비 꼬며 울기 시작했다. 아이 엄마는 당황했다. 나는 이런 상황을 모르는 척 하거나 강연을 계속하는 대신, 그녀에게 말을 걸었다. 나는 그녀에게 이름을 묻고 아이가 몇 살인지 물었다. 또 다른 아이들도 있는지 물었다. 그러고는 좋은 엄마가 되려는 바람과 자신의 커리어를 위해 배우고 성장하려는 그녀의 의지를 칭찬하며 3분 정도 대화를 나눴다. 다른 사람들도 줌 채팅으로 그녀가 존경스럽다고 말해주었다. 나중에 그녀는 이러한 경험에 대해 처음엔 당황스러웠지만, 자신을 포용해주어 고마운 마음이 들었다고 말했다.

가상으로 커뮤니케이션을 할 때는 가능한 모든 방법을 동원해 소통해야 한다. 코로나 팬데믹 동안에 한 CEO 친구는, 이제 그의 회사 직원들과 직접 만나서 하던 미팅을 못하게 되었다며 실망감을 내보였다. 그는 자신이 한 말에 대한 피드백을 받는 것에 익숙했다. 그런데 스크린으로는 제대로 소통하지 못한다고 느낀 것이다. 그가 조언을 구하기에 내가 대답했다. "직원들에게 피드백이 그립다고 말씀하세요. 전화번호를 알려주고 문자를 보내달라고 하세요." 그는 내가 말한 대로 했고 온라인 커뮤니케이션에 있어서도 더 이상 고립감을 느끼지 않았다. 그는 다시 직원들과 연결되어 있고 소통하고 있다고 느꼈다.

사람들과 소통하는 것, 특히 강연 중에 소통하는 일은 내게 무척 큰 충족감을 준다. 나는 강연 전에, 강연 중에 그리고 강연을 하고 난 후에도 그 부분에 초점을 맞춘다. 강연하기 전에 먼저 나 자신에게 묻는다. '어떻게 청중과 소통할까?' 강연하는 중에는 이렇게 묻는다. '나는 지금 청중과 소통하고 있는가?' 그리고 강연이 끝나면 '나는 청중과 소통했는가?' 하고 묻는다. 이 질문들에 긍정적인 답변을 할 수 없다면 그 강연은 성공적이었다고 할 수 없다. 진정으로 소통하지 못한 것이다.

내가 소통하는 법을 배운 방법

나는 57년 동안 연사로 활동해왔다. 하지만 내가 청중과 소통하는 강연을 한 것은 47년밖에 되지 않는다. 나는 사람들과 소통하는 법을 배워야 했다. 당신도 할 수 있다! 강연하면서 청중과 소통하는 방법을 배우는 데 10년이나 걸렸지만, 젊었을 때에 사람들과 소통하는 방법의 기초를 다질 수는 있었다. 나는 내가 몇 년에 걸쳐 배운 것을 '소통의 법칙'을 통해 공유하려고 한다. 그러니 여러분은 그 법칙을 배우는 데 나만큼 오래 걸리지는 않을 것이다.

나는 학창 시절에 소통의 가치를 배웠다

초등학교 3학년 때 나의 담임 선생님은 잘 가르치시긴 했지만, 소통을 잘하는 분은 아니었다. 그분은 학생들과의 연결고리를 찾지 못했다. 그래서 우리는 선생님으로부터 지식은 얻었지만, 인간적으로 좋아하지는 않았다.

그다음 해에는 모든 게 달랐다. 이번 담임 선생님은 내가 가장 좋아하는 선생님이 되었다. 그녀는 잘 가르칠 뿐 아니라 우리와 잘 소통했다. 우리는 지식도 얻고 선생님도 사랑했다. 초등학교 4학년은 내가 가장 좋아했던 시기였다. 더 많이 배워서가 아니라 선생님과의 소통 때문이었다.

초등학교를 졸업하고 중학교에 진학하면서는 처음으로 과목마다 다른 선생님들에게서 배우게 되었다. 대부분의 학생처럼 나도 어떤 과목은 다른 과목보다 더 좋아했다. 어떤 과목이냐에 따른 차이가 아니었다. 그 수업을 고대하게 되느냐 마느냐를 결정짓는 건 거의 선생님이었다. 선생님이 우리와 소통하면 우리는 그 학문과 소통했다.

나중에 대학에 가서는 더 많은 과목에 대한 선택권이 주어졌다. 나는 매 학기 친구들과 어떤 강의를 들을지 이야기를 나누었는데, 우리는 항상 좋아하는 교수님들의 수업을 고르고, 피하고 싶은 교수님들의 수업은 빼는 방식으로 시간표를 짰다. 최고의 교수님들은 나에게서 최선을 끌어내주었다. 나는 대학 시절 내가 좋아했던 교수님이 학생들과 소통하던 것처럼 하려면 어떻게 해야 할지에 대해 생각하기 시작했다.

배려가 곧 소통이다.

그동안 만났던 최고의 선생님과 최악의 선생님들을 떠올려 보라. 최고의 선생님들은 어떤 점이 훌륭했는가? 그 선생님들이 얼마나 아는 게 많은지, 그 과목에 얼마나 신경 쓰는지보다 분명히 그 이상의 뭔가가 있었을 것이다. 뭐가 그들을 그렇게 특별하게 만들었는지를 생각해보라. 그들이 좋았던 점을 배우고 당신의 커뮤니케이션을 위해 사용하라. 배려가 곧 소통이다.

다른 사람을 먼저 배려하는 것이 성공의 열쇠임을 가르쳐주신 아버지

내가 오하이오 기독교대학교의 신입생이었을 때, 아버지는 그곳의 학장이었다. 어느 날 아버지는 나와 내 친구 네 명을 데리고 여행을 갔다. 여행지에 도착한 첫째 날 밤, 아버지는 다음 날 하고 싶은 활동을 의논해보라고 말씀하셨는데, 선택지는 두 가지였다. 아버지가 각 활동에 관해 설명해주고 나서 투표를 했는데 나는 다수결에서 밀렸다. 남은 기간, 나는 하고 싶은 대로 못 한 것 때문에 기분이 나빠져서 뚱하니 투덜대기만 했다. 그리고 그런 나의 태도와 이기심 때문에 함께 여행 간 사람들의 기분까지 망쳐버렸다.

집으로 돌아온 날 저녁, 아버지는 나를 앉혀두고 긴 대화를 시작했다. 그때 아버지는 나에게 네 가지 사실을 가르쳐주셨다.

1. 내가 주인공이 아니다. 다른 사람들이 주인공이다. 그러니 자

신을 극복하라!

2. 미성숙한 사람은 자신의 관점에서만 바라본다.

3. 성숙한 사람은 다른 사람의 관점에서 바라본다.

4. 미성숙한 사람은 성공하는 경우가 거의 없고 큰 인물이 되지 못한다.

그 가르침을 강조하고 내가 제대로 이해했는지 확인하기 위해 아버지는 한 달 동안 벌을 주었다. 당시에 나는 아직 부모님 집에서 지내고 있었기에 아버지는 매일 내게 숙제를 내주었다. 매일 누군가에게 가치를 더하는 무언가를 하고, 한 달 동안 매일 저녁 식사 시간에 보고하는 것이었다. 그건 효과가 있었다. 나는 30일 동안 사람들과 소통하는 방법을 연습하면서 그게 왜 중요한지를 배울 수 있었다.

당신은 어떻게 하고 있는가? 나처럼 자신을 극복해야 할 필요가 있는가? 다른 사람이 주인공임을 깨달았는가? 다른 사람의 관점에서 바라보려고 노력하는가? 다른 사람들과 커뮤니케이션하는 동안 그렇게 하려고 노력하는가?

한 사람과 대화하든, 그룹에서 이야기하든, 대중 앞에서 연설하든 가장 중요한 것은 소통하는 일이다.

소통을 위한 열쇠

다른 사람들과 커뮤니케이션을 하고 싶으면 소통하는 방법을 배워야 한다. 한 사람과 대화하든, 그룹과 이야기하든, 대중 앞에서 연설하든 소통이 가장 중요하다. 다음의 다섯 가지 실천 방법을 기억한다면 당신도 해낼 수 있다.

1. 당신이 주인공이 아님을 깨달아라

대중 연설에 관해서 말하자면 내 인생은 축복받았다고 할 수 있다. 내 커리어를 수행하는 동안 전 세계를 여행할 기회가 있었고, 수백만 명의 사람들 앞에서 강연할 수 있었다. 7만 5천 명을 수용하는 스타디움에서도 강연을 해보았다. 또 토스트마스터즈Toastmasters의 최고상인 골든 그레이블을 수상했고, 전미연설가협회 명예의전당에 입성하기도 했다. 내가 알기로 나는 그 두 가지 영예를 모두 안게 된 8인 중에 한 명이다. 강연할 빌딩 벽면에 6층 높이로 달린 내 사진을 본 적도 있다. 이러한 강연 능력 덕분에 미국 대통령 집무실에 초대받아 대통령과 면담도 했다. 그리고 일 년에 백 번도 넘게 중요한 행사에서 기조연설을 했다. 하지만 나는 어디에 가든, 무엇을 하든 내가 주인공이 아니란 걸 잘 안다. 주인공은 청중이다. 청중이 전부다.

> **빅픽처 원칙 : 세상은 나 한 명만 제외하고는 모두 다른 사람들로 구성되어 있다.**

전 세계 스탠드업 코미디언 중에 가장 유명하며 내가 가장 좋아하는 코미디언 중 한 명인 제리 사인펠드Jerry Seinfeld는 바로 이러한 점에 대해 매우 잘 이해하고 있다. 수백만의 사람들이 텔레비전을 통해 그를 본다. 돈을 내고 그의 라이브 쇼를 보러 오는 사람들이 얼마인지는 파악하기도 힘들 정도다. 그는 종종 주인공으로 소개되지만, 그는 자신이 주인공이 아님을 잘 안다. 그는 코미디에 대해 이렇게 말한다. "청중을 위해서 한다면 괜찮다. 하지만 자신을 위해서 쇼를 한다면 어느 지점에 이르러서는 문제가 된다. 청중도 다 안다. 그들도 느낀다. 그리고 청중은 그런 것을 좋아하지 않는다." 달리 말하면 당신은 주인공이 아니다. 청중이 전부다. 자신을 극복하라! 내가 《함께 승리하는 리더》에서 '빅픽처 원칙'에 관해 말한 것처럼, 세상은 딱 한 명만 제외하고는 다른 사람들로 구성되어 있다.

알다시피 나는 목회자다. 주일마다 설교하는 목사로 시작했다. 나는 나의 메시지를 중요하게 여겼다. 하지만 나의 메시지 혹은 당신의 메시지가 얼마나 중요하든 간에 우리는 자신에 대한 올바른 관점을 유지해야 한다. 이해를 돕기 위해 내가 설교에서 즐겨 활용하던 예시를 들려주겠다.

첫 종려 주일이었다. 예수가 나귀를 타고 에루살렘에 왔다. 어마어마하게 몰려든 사람들이 "호산나! 호산나!"를 외쳤다. 어떤 사람들은 겉옷을 벗어 길에 펼쳤다. 어떤 이들은 종려나무 가지를 흔들었다. 나귀가 귀를 쫑긋 세우고 파리를 내쫓으며 말했다. "음. 날 이렇게 지극정성으로 받들 줄은 몰랐네."

예전에 내가 설교할 때마다 누군가 다가와 말했다. "와! 정말 굉장한 설교였어요!" 신도들이 내게 "호산나"를 외치지는 않았지만, 나는 늘 내 자신에게 예수를 태운 나귀일 뿐이라고 되뇌었다.

당신이 얼마나 훌륭한 사람이든, 당신의 메시지가 얼마나 중요하든, 스스로에게 당신은 주인공이 아님을 주지시켜라. 그 점을 이해해야 청중과 소통하는 문이 열린다. 청중에게 깊은 인상을 심어주거나 뽐내려고 그 자리에 선 것이 아니다. 그렇게 하면 청중과의 거리만 더 멀어질 뿐이다. 그 거리를 줄이는 것을 목표로 삼아라.

2. 첫인상을 최고의 인상으로 만들어라

심리학자들에 따르면 사람들은 7초 만에 상대방을 가늠하고 좋아할지 말지를 결정한다. 이 말은 일대일로 만난 사람뿐 아니라 연사에게도 적용된다. 이 '7초 테스트'에 대해 생각해보자. 처음 몇 초는 매우 중요하다. 상대는 먼저 머릿속으로 당신에게 좋아할 만한 사람 혹은 별로일 것 같은 사람이라는 딱지를 붙이고 나면, 당신이 하는 모든 말과 행동을 그 필터를 거친 후에 받아들일 것이다. 사람들은 당신이 마음에 들면 당신에게서 최고를 볼 것이다. 당신을 좋아하지 않으면 그 반대일 것이다.

사람들과 일대일로 소통할 때 나는 《작은 시작: 신뢰를 얻는 25가지 심리 기술》에서 쓴 '30초 법칙'을 실천하려고 노력한다. 대화를 나눈 지 30초 안에 소통하고 있는 사람에게 힘이 되는 말을 하려고 노력한다. 내 딸 엘리자베스가 어렸을 때 언젠가 내게 다음과 같은 말을 한 적이 있다. "아빠, 저는 아빠가 사람들을 만났을 때 그들의 눈을 보면서 긍정적인 말을 건네는 모습이 너무 좋아요." 그 말은 나를 진정 웃음 짓게 해주었다.

대부분의 사람들은 누군가를 처음 만나면 자신이 어떻게 보일지, 다른 사람이 자신을 어떻게 인식할지에만 신경을 쓴다. 하지만 우리는 정확히 그것과 정반대로 해야 한다. 상대에게 집중해야 하는 것이다. 여배우 리사 커크Lisa Kirk가 다음과 같이 말한 것도 어찌 보면 당연하다. "다른 누군가에 대해 말하는 사람은 험담꾼이고, 자신의 이야기를 하는 사람은 지루한 사람이며, 당신에 관한 이야기를 하는 사람은 똑똑한 대화자다."

> **"대화할 때, 다른 누군가에 대해 말하는 사람은 험담꾼이고,**
> **자신의 이야기를 하는 사람은 지루한 사람이며,**
> **당신에 관한 이야기를 하는 사람은 똑똑한 대화자다."**
> – 리사 커크Lisa Kirk

몇 년 전 나는 몰도바Moldova에서 사업가들을 대상으로 하는 대규모 강연 행사에 초청받았다. 시작하기 전, 나는 행사를 기획하고 참석자 유치를 담당하고 있는 책임자 리더 1백여 명과 만남을 가졌다. 근처 룸에 모였는데 우리에게는 행사 시작까지 30분이 채 안 되는 시간이 주어졌다. 그들은 내게 스피치를 해달라고 요청했다. 원래는 그들에게 감사 인사를 하고 싶었지만 그들의 기대에 가득 찬 얼굴을 보니 25분 동안 혼자 이야기하는 것보다 더 좋은 것이 떠올랐다.

"이 행사를 가능하게 해주셔서 감사합니다. 여러분에게 이야기를 좀 해달라는 요청을 받고 왔지만 스피치는 5분만 해도 괜찮을까요? 제 이야기보다는 여러분 한 명 한 명과 사진을 찍을 수 있으면 좋을 것 같네요." 사람들은 방방 뛰며 환호했다. 그 순간 나는 내 자신이 주인공이 아님을 스스로 잘 알고 있다는 사실을 사람들이 알아주길 바랐던 것 같다. 그리고 그들은 정말 알아주었다. 덕분에 나는 좋은 첫인상을 심어주었고 우리는 소통할 수 있었다.

3. 그들의 세상을 의도적으로 이해하려고 노력하라

소통에 실패할 때면 내 이야기를 듣는 사람들의 얼굴에 '그래서 뭐?'라고 생각하는 게 다 드러나 보인다. 하지만 제대로 소통하면 '저도요!' 하고 생각하는 게 보인다. 어떻게 하면 사람들에게 영감을 줄 수 있을까? 의도적으로 그들의 관점에서 바라보고 그들의 세계를 이해하려고 노력하라.

내 친구 짐 론Jim Rohn은 리더십에 관해 강연할 때 종종 이렇게 말한다. "사람들을 당신이 바라는 곳으로 데려가려고 하기 전에, 당신이 먼저 그들이 지금 있는 곳으로 가라." 강연할 때 청중과 소통하려고 하기 전에 먼저 청중을 발견해야 한다. 사람들을 '발견'하려고 의도적으로 노력하라는 말은, 사람들의 세상을 이해하려고 노력함으로써 그들과의 공통점을 찾으라는 뜻이다. 그러면 그들이 있는 위치에서 함께 소통할 수 있을 것이다.

> "사람들을 당신이 바라는 곳으로 데려가려고 하기 전에
> 당신이 먼저 그들이 있는 곳으로 가라."
> - 짐 론

《함께 승리하는 리더》라는 책에서 나는 '교환의 법칙'에 관해 썼다. 사람들을 다른 자리에 데려다놓으려 하지 말고 우리가 먼저 그들의 자리로 가야 한다는 뜻이다. 일대일이든, 그룹이든, 이것은 소통의 필수 법칙이다. 나는 강연을 하기 전에 여러 가지 방식으로 이를 위한 작업을 한다. 최대한 청중에 대해 알아내려고 하고 정신적, 감정적으로 그들의 자리에 서려고 노력한다. 그들의 희망과 꿈을 가늠하면서 내가 전하는 메시지가 그들에게 직접 가닿기를 원한다. 나는 물리적으로도 그들과 같은 자리에 서려고 한다. 가능하면 청중이 자리에 앉기 전, 강당으로 들어가 이제 곧 사람들로 가득 찰 청중석의 한 자리에 앉아서 무대를 올려다보며 사람들이 쳐다볼 나 자신을 그려 본다. 주인공은 내가 아님을 되새긴다. 주인공은 청중이다. 또 가능하다면 백스테이지에서 무대로 올라가지 않고 청중과 함께 앉아 있다가 무대에 오르는 편을 선호한다. 감정적으로 그들과 소통한다고 느끼면 마침내 강연할 준비가 된 것이다.

2019년 나는 호레이쇼 앨저Horatio Alger 어워드를 수상했고 호레

이쇼 앨저 협회 회원이 될 거라는 소식을 들었다. 어렸을 때부터 아버지가 호레이쇼 작가의 책을 자주 보여줘서 나는 그가 친숙하게 느껴졌다. 나는 주인공들이 기업가 정신을 발휘해 이뤄내는 성공담을 좋아했다. 하지만 호레이쇼 앨저 협회의 회원이 되는 것은 그보다 훨씬 더 흥분되는 일이었다. 이 비영리 단체는 1947년에 설립되어 어려운 환경에 있는 유망한 젊은이들을 돕고 그들의 성취를 인정하는 일을 해왔다. 협회는 1984년부터 3만 5천 명이 넘는 학생들에게 2억 4천 5백 만 달러 이상의 대학 장학금을 지원했다.

시상식 날 저녁, 다른 일곱 명의 수상자와 함께 협회의 회원들과 게스트들에게 짧은 감사 연설을 하게 되어 있었다. 그 행사는 의상부터 장소(미연방대법원), 프로그램까지 모두 격식이 갖춰져 있었다. 심지어 감사 연설까지 전부 대본으로 옮겨졌고 리허설도 했다. 하지만 대기실에서 다른 사람들의 연설을 듣고 있다 보니, 나는 오히려 그해에 장학금을 받게 될 젊은이들에게 관심이 쏠렸다. 모두가 어려운 환경에서 자랐고 엄청난 역경을 겪었지만, 열심히 공부해서 고등학교를 성공적으로 마치고 장학금을 받아 이제 대학에서 꿈을 이어가게 된 아이들이었다.

내 차례가 되어 무대 위로 올라갔지만 리허설 때 했던 연설은 하지 않기로 했다. 대신에 나는 발코니에 앉아 있던 고등학생들을 올려다보았다. 그리고 잠시 협회 측에 상을 준 것에 대한 감사 인사를 하고 나서 말했다. "오늘 밤의 진짜 주인공은 이 학생들입니다. 허락해주신다면 학생들과 몇 분간 대화를 나누고 싶습니다."

그 후 10분 동안 나는 아이들에게 말했다. 너희들이 너무나 자랑스럽고 얼마나 믿음직스러운지 모른다고 말했다. 나는 그들이 인생의 어려움을 극복하고 학교에서 뛰어난 성과를 거둔 방식에 대해 칭찬을 해주었다. 그들에게 성공의 길을 향해 이미 좋은 출발을 했다고 말했다. 삶은 쉽지 않다는 것을 이미 배웠고, 그 많은 어려움에도 불구하고 성과를 이뤘기 때문이라고. 발언을 마치고 나서는 그들에게 박수를 쳐주었다. 그러자 모든 청중이 자리에서 일어나 발코니에서 미소 짓고 있던 아이들을 향해 돌아서서 5분 동안 기립박수를 쳐주었다. 정말 아름다운 장면이었다.

청중이 다시 무대를 향해 돌아섰을 때 나는 사라진 뒤였다. 사람들이 아이들을 향해 박수칠 때를 이용해 무대에서 내려온 것이다. 처음에는 모두가 놀란 표정이었다. 하지만 그들은 곧 깨달았다. 그 밤의 주인공은 아이들이라는 사실을. 그들은 다시 박수를 쳤다.

연설이 다 끝나고 시상식도 끝났을 때 나는 발코니로 올라가 학생들과 조금 더 시간을 보냈다. 모두 웃으며 함께 사진을 찍었다. 결코 잊을 수 없는 밤이었다.

커뮤니케이션이라는 말 자체가 다른 사람들에게 말을 할 때 서로 공통분모를 찾는 일이 얼마나 중요한지에 대한 힌트를 준다. 'Communicate'는 라틴어 'Communicatus'에서 온 것으로, '전하다, 나누다' 혹은 말 그대로 '공통점을 만들다'라는 뜻이다. 소통하려면 공통점을 형성해야 한다. 공통점이 커질수록 효과적인 커뮤니케이션을 할 수 있는 잠재력도 커진다.

4. 인간적으로 다가가라

앞서 말한 소통에 필요한 세 가지 실천 방법을 연습한다면, 자신이 아닌 청중에게 초점을 맞추는 데 도움이 될 것이다. 당신이 주인공이 아니라는 사실을 깨달았으면 다른 사람에게 집중하며 좋은 인상을 심어주려 노력하고, 사람들을 이해하고 소통하기 위한 기초를 마련해야 한다. 다음의 두 가지 연습 사항은 당신이 사람들에게 다가갈 때 어떤 준비가 필요한지를 알려줄 것이다.

사람들에게 감정적, 지적, 물리적으로 다가가기 위해 할 수 있는 것부터 시작하라. 커뮤니케이션은 장벽을 허무는 일이다. 예를 들어, 나는 강연을 하러 무대에 올라가면 의자에 앉아 탁자나 악보대에 노트를 올려놓는다. 내가 편안해야 사람들도 편안함을 느끼고 안정된 상태로 내 말에 귀를 기울일 수 있다. 나는 나 자신을 잘 알고 있고, 나 자신과의 관계에도 문제가 없다. 스스로 편안함을 느끼면 다른 사람들이 당신을 편하게 대하는 데 도움이 된다. 나는《함께 승리하는 리더》에서 이것을 '접근성의 원칙'이라고 불렀다. 강연할 때 당신이 불편하면 청중도 그것을 느껴 집중이 어려워지고 당신의 말에 담긴 메시지를 놓친다. 강연할 때 긴장되더라도 그 사실을 말하지 말라. 그렇지 않으면 청중은 당신을 걱정해주어야 한다고 느낀다. 걱정을 야기하는 연사는 청중에게 큰 자신감을 심어줄 수 없다. 인간적으로 다가가려면 자신의 모습 그대로 편안해지는 법을 배워라.

접근성의 원칙: 먼저 스스로 편안함을 느끼면 사람들 또한 당신을 편하게 대할 것이다.

강연을 시작하며 "제 이름은 존입니다. 저는 여러분의 친구입니다"라고 말할 때 사람들은 강연이 편안한 대화처럼 이루어지리라 짐작하게 될 것이다. 나는 종종 거기서 한발 더 나아가 말한다. "셋을 세면 여러분의 이름을 말해주세요." 청중은 자신의 이름을 소리쳐 말하고 그러면 내가 대답한다. "만나서 반갑습니다." 내가 뭘 하는 걸까? 장벽을 없애기 위해 인간적으로 다가가는 중이다. 나는 청중들이 나를 '연사'가 아닌 친구로 생각해주길 바란다. 청중이 내 얘기에 귀 기울일 때, 내가 그들에게 일방적으로 말하는 게 아니라 함께 대화하고 있다고 느끼길 바란다.

또 나는 내 말 속에 그들을 포함하고 수용하기 위해, '우리가', '우리를', '우리의'라고 말한다. 우리가 함께하는 이 대화에서는 우리가 같은 수준에 있지 않다고 말하는 듯한 언어(기술 용어나 비즈니스 전문용어 등)는 사용하지 않는다. 나는 의도적으로 나를 열어 보이고 진심으로 다가가려고 노력한다.

인간적으로 다가가고 진실해지려는 이러한 노력 덕분에 때로는 재미있는 상황이 연출되기도 한다. 몇 년 전, 볼티모어에서 강연할 때였다. 나는 청중과 대화하려고 무대 위를 돌아다니다가 무대 옆 난간에 앉았다. 그런데 엉덩이가 난간에서 몇 인치쯤 미끄러졌고 바지가 찢어지는 느낌이 들었다. 일어서서 손으로 살짝 바지를 만져보

앉더니 역시나 찢어져 있었다.

"이런!" 나는 소리치고 재빨리 다시 난간에 앉고는 청중에게 말했다. "바지가 찢어졌어요. 아무래도 새 바지가 필요할 것 같네요. 절 도와주실 분 계신가요? 허리는 40인치, 파란색으로요. 바지를 사다 주시면 제가 바지값을 드리고 제 책도 몇 권 드릴게요."

청중 중에 한 여성분이 일어나 소리쳤다. "제가 할게요." 그녀는 청중의 박수를 받으며 자리를 떠났다. 그리고 나는 일어나서 강의를 계속했는데 찢어진 바지가 청중에게 보이지 않게 계속 무대에서 게걸음으로만 움직였다. 나의 과장된 동작에 청중은 깔깔 웃으며 즐거워했다. 이런 인간적인 행동이 아마도 우리가 더욱 가깝게 소통하는 데 도움이 되었을 것이다.

5. 카리스마를 키워라

소통하기 위해 취해야 할 마지막 행동은 카리스마를 기르는 것이다. 그러면 "그게 가능해?" 하고 궁금해하는 사람도 있을 것이다. 특히 자신에게 카리스마가 부족하다고 느낀다면 더욱 그럴 것이다. 하지만 좋은 소식은, 카리스마는 선택이라는 것이다. 내가 이것을 이해하는 데 도움을 준 사람은 내 친구 댄 릴랜드Dan Reiland였다. 나는 카리스마는 개성이며 태어날 때부터 가지고 있거나 가지고 있지 않은, 타고나는 것이라고 생각해왔다. 댄은 카리스마란, 타인에게 집중하며 초점을 맞추는 사람들에게서 나타나는 것임을 가르쳐주었다. 그때부터 나는 카리스마의 원칙을 가르치기 시작했다. '카리스마의 원

칙: 사람들은 자신에게 관심 있는 사람에게 관심을 보인다.'

다른 사람에게 집중할 때, 현재에 충실하고 자신감을 표출하며 따스한 분위기를 형성함으로써 당신 안의 카리스마를 키울 수 있다.

카리스마 있는 연사는 온전히 현재에 충실하다

강당에 들어서며 청중에게 인사할 때 당신의 생각을 가장 잘 표현하는 말은 무엇인가? "내가 여기 왔노라" 혹은 "당신들 거기 있구나?"인가? 다른 사람들에게 100퍼센트 집중하는 사람은 카리스마를 발산한다. 그들은 다른 사람들에게 그가 이 세상에 존재하는 유일한 인물인 것처럼 느끼게 한다. 그들은 현존한다. 다른 사람들에게 관심을 두는 것은 좋은 연사에게 필요한 필수 조건이다.

> **카리스마는 자신보다 타인에게 집중하는 사람들에게서 나타난다.**
> - 댄 릴랜드

앞서 대통령 집무실에서 미국 대통령을 만난 적이 있다고 했는데 그는 빌 클린턴Bill Clinton 대통령이었다. 여태까지 내가 대화를 나눠본 사람 중에 그처럼 온전히 대화에 충실한 사람은 없었다. 그는 계속해서 나와 눈을 맞추며 대화를 했는데 심지어 유리잔을 들어 물을 마시는 동안에도 계속 시선을 떼지 않았다. 우리가 대화하는 동안 정보 요원이 두 번이나 집무실에 들어와 이제 다음 일정을 위해 출발해야 한다고 알렸다. 정보 요원이 다시 방에 들어왔을 때 클린

턴은 나를 데리고 옆방으로 자리를 옮겨, 30분 동안 방해받지 않고 대화를 이어갔다. 미국의 대통령은 그런 식으로 나를 중요한 사람이라고 느끼게 해주었다.

나는 일대일로 누군가와 대화할 때 그곳에 오롯이 존재하기 위해 의식적으로 노력한다. 의도적으로 함께 있는 사람에게 가치를 부여할 방법을 찾는다. 그들과 함께 있는 동안 나는 그들의 것이다. 나는 절대 대화 중에 휴대전화를 들지 않는다. 휴대전화에 메모할 때만 예외인데, 그럴 때라도 상대에게 지금 문자를 읽거나 전송하는 게 아니라 메모를 하는 중이라고 알려준다.

강연 중에는 다른 방식으로 내가 온전히 여기에 충실하고 있음을 보여준다. 나는 이것을 '4F(Feel, Felt, Found, Find)'라고 부르는데 강연 중에 '느낌을 느끼고, 찾는 것을 찾는 것'에 집중한다.

1. 나는 청중의 '느낌'을 감지하고 그들의 느낌을 인정하고 존중하려고 한다.
2. 나도 그들과 같은 식으로 '느꼈던' 일을 공유한다.
3. 내가 '찾은 것' 중 도움이 되었던 것을 공유한다.
4. 청중이 그들의 삶에 도움이 되는 것을 '찾도록' 돕는다.

이것은 청중의 세계를 이해하고, 그들이 있는 곳에서, 그들에게 가치를 더해 주겠다는 표현이다. 그리고 이것이 현실적인 카리스마다.

카리스마 있는 연사는 자신감을 내비친다

사형제 폐지론자인 헨리 워드 비처Henry Ward Beecher 목사는 말했다. "방 안에 들어오는 것만으로 그곳을 밝혀주는 사람을 본 적 있습니까…? 삶이 너무나 환하고 멋지고 친절하고 기쁨에 넘쳐 그 존재만으로 즉시 좋은 사람이라고 느끼게 되는 사람들 말입니다." 나는 이 것이 카리스마 있는 자신감에 대해 묘사한 것이라고 생각한다. 그런 자신감은 전염된다.

연사들의 자신감은 어디서 나올까? 메시지에 대한 자신감, 함께하는 이 시간이 청중의 삶에 긍정적 영향을 미칠 것이라는 자신감에서 나온다. 자신감은 다음에서 비롯된다.

- 사람들에게서 최선을 믿는 것
- 콘텐츠에 담긴 메시지가 자신에게 도움이 되었음을 아는 것
- 청중에게도 도움이 될 것임을 아는 것
- 청중의 반응이 긍정적일 거라고 믿는 것

이 부분에서 자신이 있으면 사람들과 소통하기 쉬워지고 메시지를 전달하기도 훨씬 쉬워진다. 당신이 어떤 주제에 관해 사건 파일을 만드는 것이 아니라, 사람들과 관계를 형성해 그들을 돕고 있음을 기억한다면 변화를 만들어낼 수 있다.

맥스웰 리더십 협회는 일 년에 몇 차례씩 '인터내셔널 맥스웰 컨퍼런스IMC'라고 하는 훈련 행사를 주최해 새 코치와 연사들에게 자격

중을 교부한다. IMC가 열릴 때마다 나는 90분간 '리더들이 가졌으면 하는 DNA'를 주제로 강연한다. 나는 모두에게 말한다.

우리는 가치 있는 사람이고
사람들의 가치를 소중하게 여기며
사람들에게 가치를 더한다.

나는 모든 연사와 코치들에게 이런 가치를 갖길 원한다고 말한다. 그러면서 그들이 영향력을 발휘할 수 있도록 자신감을 주려고 노력한다. 왜 그럴까?

가치 있는 사람이 되려면 자신이 먼저 자신감을 가져야 한다.
사람들의 가치를 소중히 여기려면 타인에 대해 자신감을 가져야 한다.
사람들에게 가치를 더하려면 자신이 그들에게 하는 봉사에 자신감을 가져야 한다.

자신과 타인에 대해 자신감을 갖되, 그 자신감이 사람들의 가치를 더하는 일에 초점이 맞춰져 있으면 매력적인 존재가 될 수 있다.

카리스마 있는 연사는 온기를 만든다
당신이 사람들을 좋아하면 그들도 알아차린다. 사람들은 사랑받길 좋아한다. 그들은 자신에게 호감을 갖고 있는 당신의 존재에서 온기와 편안함을 느낀다. 사람들은 자신이 받아들여지고, 가치 있게 여겨지고, 주목받고, 중요한 인물로 여겨진다고 느낀다. 다시 말해 특별한 존재가 된 것처럼 느낀다. 온기는 소통을 이루어내고 뭔가 좋은 일이 일어날 것 같은 환경을 만든다.

　다른 사람에게 집중하고 그들에게 가치를 더하는 데 초점을 맞추면서 자신에 대해, 그리고 그들을 도울 수 있는 자신의 능력에 대해 자신감을 가지면 서로 마음 깊이 소통할 수 있다. 소통을 위해 완벽해질 필요는 없다. 너무 완벽해지고 매끄러워 보이려고 하면 오히려 소통에 방해가 된다. 실제로 완벽하지 않은 연사, 완벽하지 않은 연설에는 사랑스러운 무언가가 있다. 연사가 자신의 불완전함에 익숙해질 때 사람들은 그 경험에 끌린다. 그래서 사람들은 당신의 '인간성'을 받아들인다.

　NFL 팬이라면 존 메이든John Madden을 잘 알 것이다. 그는 소통하는 연사의 훌륭한 본보기다. 그는 종종 헝클어진 모습을 보이고, 몸집은 '곰'만 하다. 애널리스트 크리스틴 브레넌Christine Brennan은 그에 대해 이렇게 말한다. "그는 상냥하고 친절하며 똑똑하고 '사랑스런 사람'이다." 그의 언어는 때로 별나다. 때로 전문 해설가라기보다는 그냥 한 명의 팬처럼 보인다. 그는 완벽하지 않으며 오히려 자신을 웃음거리로 삼기도 한다. 하지만 풋볼과 풋볼 선수, 풋볼 팬들을 사랑한다. 사람들도 그러한 그의 진심을 느끼기에 그에게 공감하고 그를 사랑한다. 그는 자신이 주인공이 아님을 잘 알았기에 대중과 소통할 수 있었다.

훌륭한 연사가 되고 싶다면 언제나 청중에게 초점을 맞추고, 메시지를 전할 때마다 당신의 최고를 선사할 수 있어야 한다. 그리고 절대로 잊지 말라. 연사는 청중이 전부임을 알아야 한다. 이것이 바로 '소통의 법칙'이다.

08 / 레버리지의 법칙

좋은 연사는 자신의 강점을 끌어내고 활용한다

내 인생의 기쁨 중 하나는 리더들과 연사들에게 멘토 역할을 해주는 것이다. 나는 25년 넘게 그 일을 해왔고 몇몇 굉장한 사람들이 스피치와 리더십 분야에서 성장하는 데 도움을 주는 특권을 누리기도 했다. 90년대 후반에 내가 멘토링을 시작한 사람 중에는 12스톤12Stone 교회의 설립자인 케빈 마이어스Kevin Myers도 있었다. 내가 그를 처음 만난 건 그가 이제 막 커리어를 시작했을 때였다. 하지만 내가 그에게 멘토링을 해준 것은 그가 어느덧 30대 중반으로, 이미 대단한 연사가 되어 있을 때였다.

당시 케빈은 '홈런 라이프'라는 콘셉트의 강의를 만들었다. 그는 성공적인 삶을 사는 것을 야구 경기의 주루 플레이에 비유했는데, 그 메시지가 많은 사람에게 도움이 될 수 있을 것 같다고 판단한 나는 우리 회사에서 주관하는 두 행사에 그를 연사로 초청했다. 하나는 텍사스의 엘 파소에서 열린 리더십 컨퍼런스였고, 다른 하나는 최근에 시작한 카탈리스트 컨퍼런스의 메인 연사 요청이었다. 카탈리스트는 그 후 참가자 1만 2천 명이 넘는 대규모 행사로 성장했다. 하지만 훗날 케빈의 연설은 나와 케빈이 예상했던 것과는 전혀 다른 방향으로 진행되었다. '레버리지의 법칙'은 바로 거기에서 탄생했다.

누구에게나 '엘 파소'의 순간은 있다

케빈의 경험과 레버리지 법칙의 힘을 제대로 이해하려면 그의 이야기를 직접 들을 필요가 있다. 그래서 나는 케빈에게 그 경험을 직접 들려달라고 요청했다.

존에게 연설을 부탁받은 것 자체가 대단한 일이었다. 나는 사십 대를 목전에 두고 있었고 존은 나의 멘토였으며 삶은 별 탈 없이 흘러가고 있었다. 엘 파소EL PASO와 카탈리스트Catalyst에서 열리는 리더십 컨퍼런스에 연사로 초청받고 나니 내 인생은 더욱 아름다워보였다. 나는 겸손한 마음으로 이 영광을 누렸고 날아갈 듯 행복했으며 열의도 넘쳤다. 마이너리그에서 메이저리그로 콜업된 기분이었다. 나는 우선 우리 팀에 좋은 기회가 될 거라는 생각이 들었고, 다음으로는 개인적으로도 좋은 경력을 쌓을 기회라고 생각했다. 나는 18년 동안 매주 직업적으로 강연을 해왔지만, 이번 경험은 내 커리어 사상 가장 중요한 강연이 될 터였다.

컨퍼런스 당일이 되었다. 나는 존과 우리 팀원들과 함께 비행기를 타고 엘 파소로 갔다. 꽤 흥분되었다. 존이 늘 그렇듯 다정하고 긍정적인 말로 나를 소개했고 나는 단상으로 올라갔다.

이미 같은 메시지로 연설을 한 적이 있었지만, 처음 하는 것처럼 열심히 준비했다. 나는 코미디언 브라이언 레간^{Brian Regan}이 종종 들려주던, 어린이 야구리그 시절의 형편없던 실력에 대한 에피소드에서 영감을 얻은 이야기로 첫 5분 동안 유머로써 청중을 사로잡을 계획이었다. 모두가 '인생에서 홈런을 치고 싶어 한다'는 본격적인 이야기로 넘어가기 전에 들려줄 농담으로는 꽤 훌륭한 아이디어 같았다. 청중을 한바탕 웃게 해준 후에 인생을 뒤바꿀 만한 콘텐츠로 연타석 안타를 칠 계획이었다. 굉장한 연설이 될 거라고 생각했다.

하지만 그렇지 않았다.

연설을 시작하고 5분 동안, 강당은 쥐죽은 듯 고요했다. 나는 소통에 실패했을 뿐만 아니라 청중에게도, 나에게도 무의미한 시간이라는 생각이 들기 시작했다.

나는 흔들리기 시작했다. 다른 접근을 시도해보았지만, 이번에도 '헛스윙'이었다. 당황했고 땀이 나기 시작했다. 그들에게 나는 링 위에서 참패를 당하고 있는 종합격투기 선수 같아 보였을 것이다. 우주의 블랙홀로 빨려 들어가는 기분이었다.

나는 그때까지 수천 번을 강연했지만 단 한 번도 무대 위에서 당황한 적이 없었다. 그러니까 '단 한 번도' 말이다. 결국 나는 강연을 중단했고 어찌할 바를 몰랐다.

"죄송합니다." 나는 청중에게, 그리고 존에게 말했다. "하지만 잘 안 되는군요. 강연을 촬영 중인데 여러분에게 도움이 되지 못했네요. 한 번만 다시 갈까요? 핵심 내용 위주로 다시 촬영하겠습니다." 농담이 아니라 정말 그 정도로 안 좋았다.

그래서 나는 그냥 즉흥적으로 해보기로 했다. 나는 거의 20년 동안 강연을 해왔다. 토론 팀에서도 잘했었고 고등학교 때는 무대에 서서 연기도 했다. 스스로 그런 쪽으로는 타고난 재능이 있다고 생각했기 때문에 즉흥 연설을 시작했다.

하지만 이번에도 먹히지 않았다. 그 후 30분을 또 말아먹었다. 마침내 연설이 끝나고 나는 동정의 박수를 받으며 무대에서 내려왔다.

그것은 지금까지 내 인생에서 유일한, 최악의 연설 경험으로 기억된다. 나는 생전 처음 왜 대중 연설이 사람들에게 가장 큰 두려움의 대상인지 이해가 갔다. 그때를 생각하면 지금 이 글을 쓰는 순간에도 민망하고, 속이 울렁거리고 다시 패닉에 빠져들 것처럼 땀이 나기 시작한다. 나는 존에게 실패를 안겼고 청중에게 도움을 주지 못했다. 엄청나게 큰 기회를 날려버렸고 자신감은 박살이 나버렸다.

애틀랜타로 돌아오는 비행기에서 존은 자애로운 표정으로, 하지만 의아해하며 말했다.

"으음… 케빈, 전에는 무대에서 이렇게 블랙홀에 빠져본 적이 없었죠? 이런 식으로 소통에 완전히 실패한 경험은 한 번도 없었죠?"

나는 그렇다고 대답했지만 뭐라고 말했는지도 기억이 안 난다. 혼자만의 생각에 빠져 존이나 다른 누구의 얼굴을 쳐다보지도 못했다. 앞으로 어떻게 나아가야 할지 알 수 없었다. 다행히 존은 '레버리지의 법칙'에 대해 가르쳐주기 시작했다. '좋은 연사는 자신의 강점을 끌어내고 자주 활용한다'는 법칙이었다. 그때부터 나는 정기적으로 존과 만나 자세한 내용을 배우기 시작했다. 그리고 나는 매주 내 강연에 그 법칙을 활용했고 즉시 그 효과가 나타나는 것을 볼 수 있었다. 하지만 존과 나 둘 다 마음속으로는 다가올 카탈리스트 행사에 대해 걱정하지 않을 수 없었다. 카탈리스트에서는 엘 파소에서보다 훨씬 더 큰 무대에 서게 될 터였다.

어느 날 점심을 먹으면서 존이 말했다. "케빈, 카탈리스트에서의 강연을 어떻게 해야 할지 잘 모르겠어요. 당신은 훌륭한 연사고 강연 메시지도 강력해요. 하지만 엘 파소에서의 일이 반복되도록 놔둘 수는 없어요." 존의 팀은 내가 또다시 실패할 위험을 무릅쓰고 싶어 하지 않았다. 존도 그랬고, 나도 그랬다!

내가 대답했다.

"음, 존. 그동안 레버리지의 법칙을 적용해봤는데 연사 목록에서 제 이름을 뺐으면 싶은 생각도 들었어요. 그 생각을 하면 압박감이 좀 줄어드니까요. 하지만 다른 생각으로는 다시 강연을 해보고 싶어요. 2루타, 3루타, 아니 누가 알겠어요, 기적적으로 홈런을 치게 될지? 하지만 그건 어디까지나 존이 결정할 일이에요. 저는 어느 쪽이든 만족해요."

존이 왜 나를 카탈리스트 같은 중요한 행사에 다시 연사로 세우기로 결정했는지는 모른다. 어쨌건 아주 큰 위험을 감수한 결정이었음은 확실하다. 내가 존이었다면 하지 말라고 했을 것 같다. 하지만 그는 내게 청신호를 보내주었다.

누구에게나 '카탈리스트'의 순간은 있다

마침내 카탈리스트에서 내 이름이 소개되고 나는 수천 명의 청중 앞으로 걸어 나갔다. 존과 그의 팀은 숨을 크게 들이마셨을 것 같다. 강연 준비를 하는 동안, 엘 파소의 기억 때문에 때때로 몸이 뻣뻣하게 굳는 걸 느꼈지만 떨쳐내려고 애썼다.

이번에는 다른 사람의 연설에서 참조한 유머로 이야기를 시작하는 대신, 나만의 강점인 '감정에 호소하기'부터 시작하기로 했다. 나는 초기에 리더십에 관련해서 겪었던 어려움, 완전한 실패를 경험한 몇 년 동안 그만두고 싶었던 순간들에 관해 이야기했다. 그리고 내가 세운 단체의 문을 닫기로 한 결정과 관련된 이야기도 들려주었다. 심지어 과거에 나는 미시간으로 돌아가 예전 상사에게 전에 하던 일을 다시 할 수 있는지 묻기도 했다. 하지만 그는 내게 애틀랜타로 돌아가 계속 시도하라고 말했었다. 강당에 있던 거의 모든 사람이 내 이야기에 공감하는 것을 느낄 수 있었다. 그들은 이미 나와 같은 경험을 했거나 혹은 그 순간과 같은 경험을 하고 있었던 것이다. 그 후에 나는 그들에게 해결책을 제시해주었고 그 경험은 내 인생의 홈런이었다.

그날 일어난 일은 마라톤 선수들이 말하는 '러너스 하이(중강도 이상의 달리기를 할 때 일정 시점이 지나 박진감과 희열을 느끼며 몸이 가벼워지고 날아갈 것 같은 상태에 도달하는 것-옮긴이)' 혹은 프로 운동선수들이 말하는 무아지경에 도달한 것 같았다. 소통이 이루어졌고 청중은 나를 받아들였고 나의 메시지는 홈런을 쳤다! 나는 기립박수를 받으며 무대에서 내려왔다. 그날 나는 '레버리지의 법칙'의 힘을 체감할 수 있었다.

자신의 목소리를 찾아라

레버리지의 법칙은 케빈의 강연을 다른 수준으로 끌어올렸다. 레버리지 법칙은, 연사에게 자신의 강점을 발견하고 종종 활용하도록 하며 최고 중의 최고를 끌어내도록 해준다. 강점을 찾으면 자신의 목소리를 찾을 수 있다. 그때부터 당신의 강연은 당신에게 꼭 맞는 옷처럼 자연스러워진다. 소설가 도리스 모트맨Doris Mortman은 말한다. "당신의 존재에서 평안을 얻을 때까지는 결코 당신이 가진 것에 만족하지 못할 것이다." 연사로서 성장하고 싶다면 먼저 당신에게 있어 가장 자연스럽고 근본적이라고 할 수 있는 제1의 강점을 깨닫고 그것을 커뮤니케이션에 활용해야 한다.

▌ 강점을 찾으면 자신의 목소리를 찾을 수 있다. ▐

누구나 삶의 각기 다른 영역에서 자신의 강점을 활용하는 법을 알고 있지만, 이것을 커뮤니케이션에 적용할 수 있다는 사실은 종종 잊곤 한다. 젊었을 때는 나도 마찬가지였다. 앞서 말한 대로 나는 다른 연사들을 모방하는 것에서부터 시작했지만 성공적이지 못했다. 나는 다른 연사들을 보면서 자문했다. 저들은 "내가 원하는 어떤 점을 가지고 있는가?" 사실 나는 나의 청중을 보며 이렇게 물었어야 했다. "저들이 원하는 것 중 내가 가진 것은 무엇인가?" 다른 사람을 모방하는 것은 그만두고 나만의 진실된 목소리를 발견하고 나서야 내 메시지는 무게를 갖고 영향력을 높일 수 있었다.

성공으로 나아갈 때 자신의 강점을 찾아 지렛대로 활용하지 못한다면 어떤 일이 벌어질까? 자신의 약점을 보완하려고 노력하게 된다. 하지만 그 방법은 보나 마나 실패다. 1940년, 당시 오하이오주 신시내티 공립학교 장학사였던 조지 레아비스George H. Reavis가 쓴 〈동물학교〉라는 우화가 그 점을 잘 보여준다.

옛날 옛적…

동물들은 '새로운 세상'의 문제에 직면하여 대담한 시도를 해보기로 했다. 학교를 세우고 달리기, 나무 오르기, 수영, 날기 등의 활동으로 구성된 커리큘럼을 만들었다. 커리큘럼의 원활한 집행을 위해 모든 동물은 전 과목을 이수해야 했다. 오리는 수영에 뛰어났다. 심지어 교사보다도 잘했다. 하지만 날기 과목은 겨우 통과하는 수준이었고 달리기는 젬병이었다.

오리는 달리기가 느렸기 때문에 방과 후에도 학교에 남아야 했고, 달리기 연습을 위해 수영 연습은 빠져야 했다. 그렇게 계속하다가 오리발이 상하는 바람에 수영마저도 평균 수준으로 떨어지고 말았다. 하지만 학교에서는 평균 정도만 하면 괜찮았기 때문에 오리 자신을 빼고는 아무도 수영 수준이 떨어진 것에 대해 걱정하지 않았다.

토끼는 달리기는 1등이었지만 수영은 엉망이었기 때문에 방과 후 수업을 들어야 했다.

다람쥐는 나무 오르기는 무척 잘했지만 날기 수업에서 실망스러운 모습을 보였다. 다람쥐가 평소에 하던 것처럼 나무 위에서 나는 것 대신에 선생님이 바닥에서부터 나는 것만 시켰기 때문이었다. 너무 많이 연습해서 다리에 쥐가 날 정도였다. 결국, 오르기는 C, 달리기는 D를 받았다.

독수리는 심각한 문제아여서 징계를 받았다. 오르기 과목에서는 다른 동물들을 다 밀어뜨리며 나무에 올랐고 자기 방식만 고수했기 때문이다.

다른 사람을 모방하는 것은 그만둬라.
자기만의 진실된 목소리를 발견하고 나서야 메시지는 비로소
무게를 갖고 영향력을 높일 수 있다.

레아비스 이야기의 결말은 다음과 같다. 다른 동물들이 약점을 메꾸려고 노력하는 사이, 전 과목에서 평균 점수를 받은 장어가 전교 1등이 되었다.

실제로 사람들은 평균을 갈망하지 않는다. 아무도 그저 그런 연사를 고용하거나 영감을 주지 못하는 리더를 따르고 싶어 하지 않는다. 누구도 적합하지 않은 사람에게서 가르침을 받고 싶어 하지 않는다. 사람들은 참여하고 영감을 받고 가르침을 받고 즐기고 싶어 한다…. 연사로서 자신의 최고를 보여주고 싶다면, 당신의 강점에서 시작해 자신이 가진 재능을 활용하고 거기에 기술과 지식을 더한 그 모두를 한데 모아 연습해야 한다. 그 모든 요인들이 당신의 영향력에 증폭기가 되어줄 것이다.

소통을 위해 당신의 강점을 활용하라

그렇다면 어떻게 강점을 활용할 수 있을까? 우선, 자신에 대해 알아야 한다. 자기객관화가 되어 있는 사람이라면 남들보다 한발 앞서 있는 셈이다. 확신이 없다면 다음의 세 가지 영역에서 자신의 능력을 살펴보는 것에서부터 시작해보자.

1. 소통에 가장 큰 도움을 줄 강점을 찾아 활용하라

자신의 강점을 활용하는 가장 좋은 방법은 '소통의 네 가지 주요 연결점(마음, 도움, 유머, 희망)'을 고려하는 것이다. 엘 파소에서 케빈은 유머로 소통을 시도했다. 케빈이 좋은 유머 감각을 갖고 있었을까? 그렇다. 그가 강연할 때 유머를 활용할까? 그렇다. 성공적으로 해냈을까? 그것 역시 그렇다. 유머가 소통을 위한 그의 최대 강점인가? 아니다. 마음이다. 케빈은 청중과 마음을 나눌 때 가장 잘 소통한다. 나의 조언은, 연설할 때 자신이 가진 최고의 강점으로 소통하며 주어진 시간의 99퍼센트를 이끌고, 중간중간 그 강점으로 다시 돌아오라는 것이다.

마음

마음이란 무엇인가? 감정적 소통이다. 그 사람의 마음이 느껴지는 커뮤니케이션은 진실되고 인간적으로 다가온다. 연약하고 열려 있다. 당신의 마음에서 나와 사람들의 마음에 호소하는 것이다. 그것은 조작이 아닌 공감으로부터 나온다. 진실되지 않은 방식으로 다른 사람의 감정을 움직이려고 하면 잘 풀리지 않는다. 그들도 다 꿰뚫어 보기 때문이다. 하지만 당신이 꾸밈이나 겉치레 없이 진실한 모습을 내보이면 그들의 마음을 끌어당기고 서로 유대를 맺고 신뢰 관계를 형성할 수 있다. 그러한 접근은 사람들이 마음을 어루만져준다.

케빈은 나와 엘 파소 경험을 이야기 한 이후에, 자신의 최대 강점은 마음을 통한 소통임을 깨달았다. 그래서 카탈리스트 강연에서는 오프닝 방식과 중점에 변화를 주었다. 그는 과거의 좌절과 리더십의 실패에 대한 경험, 재정적 파산, 망가져 가는 결혼 생활에 관한 이야기로 강의를 시작했다. 자신이 인생에서 어떻게 삼진 아웃을 당했는지 솔직하게 이야기했다. 유머도 활용했을까? 물론이다. 청중도 감정적 긴장감을 내려놓을 재미있는 순간이 필요하다. 그의 강연이 청중에게 도움이 되었을까? 그렇다. 그의 메시지 대부분은 사람들에게 도움을 주려는 것이었다. 그래서 그들에게 희망을 심어주었을까? 그렇다! 그가 연설을 끝냈을 때 청중은 그의 가르침을 자신의 삶에 적용한다면 자신도 인생에서 홈런을 칠 수 있을 것이라고 믿게 되었다. 그는 사람들의 마음을 울리는 강점으로 강연을 이끌어갔고 중간중간 잊지 않고 다시 그 방식으로 돌아갔다.

도움

도움이란, 사람들의 삶을 향상시킬 실제적인 도구를 제공함으로써 그들에게 가치를 더하는 일이다. 사람들이 보는 것, 생각하는 방식, 하는 일에 변화를 가져올 수 있도록 지원한다는 뜻이다. 무형의 아이디어를 소개하는 것도 구체적인 '도구'에 해당한다. 연사가 청중에게 제대로 도움을 줬을 경우에 청중은 자신이 어떻게 변화할지, 어떻게 성장할지, 어떻게 발전할지를 깨닫게 되고 앞으로 걸어 나갈 수 있게 된다. 이러한 도움은 아주 유익하다.

　내가 만든 아웃라인은 대부분 실질적인 도움들로 가득하다. 그것은 동기를 부여하는 '발언자(단순히 말하는 사람)'가 아닌, 동기를 부여하는 '스승'이 되고자 하는 나의 바람에서 비롯된 것이다. 몇 년 전, 대부분의 사람들은 세미나나 컨퍼런스가 끝났을 때 부푼 가슴을 안고 걸어 나가지만, 배운 내용과 그 적용 방법은 기억하지 못한다는 내용의 글을 읽었다. 나는 스스로 내 강연은 너무 영감을 주고 동기를 부여하는 데에만 초점을 맞추고 있었음을 깨달았다. 그래서 그때부터는 내가 가르치는 모든 것에 좀 더 실용적인 적용 방법을 추가하기 시작했다. 강연의 포인트를 사람들을 돕고 싶은 나의 '바람'에서 다른 사람들을 돕는 '방법'으로 바꾼 것이다.

유머

타고난 사람이 아닌 이상, 유머는 '네 가지 소통을 위한 강점' 중에서 가장 어려운 요소이다. 유머가 있다는 것은 삶의 재미있는 면 혹은 부조리한 면을 볼 줄 아는 뜻이다. 뜻밖의 반전을 이용해 웃음을 안기는 일이다. 청중을 웃게 하면 청중과 소통할 수 있다. 유머가 당신의 강점이라면, 그것을 활용해 정문을 통과하지 않고 뒷문으로 단번에 사람들에게 다가갈 수 있을 것이다. 유머는 즐거움을 주는 장치다.

내 친구 스티브 하비Steve Harvey는 연사들에게 선천적으로 유머러스한 사람이 아니라면 함부로 유머를 사용하지 말라고 말한다. 나는 아주 좋은 충고라고 생각한다. 그가 하려는 말은, 억지웃음을 끌어내려고 하지 말라는 것이다. 하지만 스티브가 말한 타고난 재능을 갖지 못한 사람이라도 강연에 유머의 요소를 넣을 수는 있다. 어떤 연사들은 농담을 하고 어떤 이들은 청중을 놀린다. 어떤 이들은 짧은 한마디로 웃음을 선사한다. 또 어떤 이들은 웃긴 사진이나 만화를 활용한다. 유머를 활용하는 방법은 다양하다.

나는 특히 자조적 유머를 들려줄 때 청중을 금방 웃게 만든다.

하지만 주로 활용하는 유머는 내가 수집한 재미있는 이야기를 들려주거나 표정 혹은 바디랭귀지를 활용하는 것이다. 당신의 강연에 유머를 적절히 끼워 넣고 어떤 반응이 나오는지 살펴보라.

희망

소통의 네 번째 방법은 사람들에게 희망을 주는 것이다. 사람들에게 생명을 불어넣어 오늘보다 내일 그들의 삶이 더 나아질 것이라 알려주는 것이다. 그것은 사람들에게 가능성을 보여주고 그 가능성을 믿도록 영감을 주고 그 가능성에 도달하도록 도움을 주는 일이다.

나는 소통을 위해 이 네 가지 방법을 모두 사용하지만, 나의 가장 큰 강점은 희망을 주는 것이라고 생각한다. 나는 사람들에게서, 그리고 사람들을 위해서 크나큰 가능성을 본다. 나는 그들이 더 나은 삶을 살 수 있다고 믿고, 내가 그들과 나누는 것이 그들을 더 나은 삶으로 이끈다고 확신한다. 사람들에 대한 나의 희망은 참으로 거대해서 나는 그것을 사람들과 나누고 싶다. 그래서 내가 전하는 모든 메시지는 희망으로 가득하다.

네 가지 소통 방법 중에서 당신이 가진 최고의 강점은 무엇인가? 이 글을 읽으면서 당신은 이미 알아차렸을 것이다. 그렇지 않다면 지금부터 찾아보라. 자신에게 다음의 질문을 던져 보자.

- 네 가지 소통 요소 중 나에게 가장 쉬운 것은 무엇인가?
- 내가 강연할 때 가장 효과가 좋은 방법은 무엇인가?

- 네 가지 요소 중 강연이 끝난 후 사람들이 가장 인정해준 것은 무엇인가?
- 네 가지 요소 중 무대에서 '마법 같은 순간'을 경험했을 때 사용한 방법은 무엇인가?

아직 확신이 서지 않는다면 당신의 강연을 녹화해서 다시 보거나 녹음해서 들어보라. 혹은 강연이 끝난 후 당신에게 피드백을 주는 친구에게 이렇게 물어보라. "강연 중 어느 부분이 가장 인상 깊었는가? 어떤 부분이 가장 기억에 남는가? 어떤 부분이 가장 재미있었는가?" 이 질문들은 스스로 자신의 강점을 파악하는 데 힌트가 될 것이다. 자신의 최대 강점이 무엇인지 알았다면 이제 그것을 자주 활용하면서 말 그대로 당신의 강점으로 만들어라.

2. 당신을 성공으로 이끌어줄 타고난 재능을 레버리지로 활용하라

당신이 찾은 강점은 분명 당신의 커뮤니케이션 능력을 향상시켜줄 큰 부분이지만, 그게 전부는 아니다. 더 나은 연사가 되기 위해서는 당신이 가진 다른 재능 역시 최대한 많이 활용해야 한다.

《위대한 나의 발견 강점혁명》이라는 책에서 톰 래스Tom Rath는 모든 인간은 아직 발견하지 못한 숨겨진 재능을 갖고 있다고 말한다. 그 힘을 활용하면 성공할 수 있다는 것이다. "당신이 원하는 모든 것을 이룰 수는 없지만, 지금보다 훨씬 더 많은 것을 이룰 수 있다." 그가 말하는 성공 공식은 다음과 같다.

재능 (타고난 사고, 감정, 행동 방식)

×

투자 (시간을 투자한 훈련, 기술 개발, 지식 쌓기)

=

강점 (끊임없이 완벽에 가까운 퍼포먼스를 제공하는 능력)

나는 강연을 할 때마다 의도적으로 내 재능을 활용한다. 나의 가장 큰 다섯 가지 강점은 전략적, 극대화, 호소력, 행동력, 달성력이다. 나는 이런 강점들을 강연할 때 어떻게 활용할까?

전략적

'준비의 법칙(4장)'에서 언급했던 '큰 메시지'는, 전략화에서의 나의 강점을 잘 보여준다. 다시 설명하자면 나의 '큰 메시지'의 구성 요소는 다음과 같다. 나는 매번 강연할 때마다 청중을 생각하며 스스로에게 묻는다.

- 나는 청중이 무엇을 보길 원하는가? **그들의 가능성**
- 나는 청중이 무엇을 알길 원하는가? **그들의 가치**
- 나는 청중이 무엇을 느끼길 원하는가? **권력**
- 나는 청중이 무엇을 하길 원하는가? **적용하고 증폭시키기**

나는 메시지를 만들고 청중이 반응하길 바라는 방식에 나의 전략 능력을 활용한다.

극대화

극대화하는 사람들은 모든 일에 최선을 다하고 싶어 하며, 다른 사람들 역시 최선을 다하도록 돕고 싶어 한다. 이것은 강연을 하는 데 있어 매우 높은 동기부여가 된다. 나는 사람들이 성공을 갈망하도록 독려하고 싶고 성공을 위한 최선의 길을 보여주고 싶다.

호소력

호소력을 가진 사람들은 다른 사람을 설득하는 데 선천적인 재능을 갖춘 셈이다. 누구나 타인과 소통하는 법을 찾을 수 있지만, 호소력이 있는 사람은 좀 더 빨리, 쉽게 해낸다. 나는 강연을 할 때마다 이 것을 레버리지로 활용한다. 더 빨리 소통할수록 더 일찍 사람들에게 도움을 줄 수 있다.

행동력

행동을 촉구하는 사람들은 행동 지향적이다. 일을 완수하는 것을 좋아하고 다른 사람들이 일을 완수하도록 돕는다. 당연히 행동하지 않으면 어디에도 다다를 수 없다. 행동도 능력이기 때문에 나는 항상 사람들에게 행동을 촉구하는 것으로 내 강연을 마무리한다. 나는 청중들에게 강연의 메시지를 적용하고 확장시킬 것을 독려한다. 자신이 깨달은 것을 삶에 적용하고 더 많이 노력함으로써 다른 사람들도 그렇게 할 수 있도록 도우라는 것이다.

> **"당신이 원하는 모든 것을 이룰 수는 없지만,**
> **지금보다 훨씬 더 많은 것을 이룰 수는 있다."**
> – 톰 래스

달성력

이 유형의 사람들은 일에 착수하기 위해 다른 사람으로부터 동기를 부여받을 필요가 없다. 그들은 태생적으로 동기부여가 되어 있고 성취하는 것을 사랑한다. 나는 달성가로서 매일 자신에게 '오늘은 어떤 목표를 달성할 것인가?' 하는 질문으로 하루를 시작하고, '오늘은 무엇을 달성했는가?'라는 질문으로 마무리한다. 이런 태도는 매번 사람들에게 메시지를 전할 때마다 긍정적인 결과를 얻는 데 도움이 된다. 이 책을 쓰게 된 것도 이런 태도 덕분이었다.

당신이 더 나은 연사가 되는 데 도움이 되는 타고난 재능은 무엇인가? 청중의 이익을 위해 활용할 수 있다면 어떤 강점이든 소통의 자산이 될 수 있다. 자신에 대해 잘 모르겠다면 연구하라. 《위대한 나의 발견 강점혁명》을 읽고 자평해보라. 혹은 앞서 소개했던 애니어그램을 연구하라. 자신을 이해하는 데 도움이 되는 것이라면 뭐든 활용해보라. 그러고 나서 강연할 때 당신의 재능을 활용할 방법을 찾아라.

3. 당신의 기술을 지렛대 삼아 다른 사람들의 성공을 도와라

'기대의 법칙(9장)'에서는 내가 어떻게 'CLEAR(커뮤니케이션, 리더십, 지원, 태도, 관계)' 기술을 체계화했는지 알 수 있을 것이다. 나는 이 다섯 가지 영역이 가장 잘 개발된 나만의 기술이라고 생각한다. 내가 사람들에게 전하는 모든 내용은 이 다섯 가지 영역 중 하나에 해당한다.

당신의 경우는 어떤가? 당신이 갈고닦은 지식, 경험, 기술, 성공은 어느 분야인가? 커리어 초기라면 아직은 어느 분야인지 모를 수도 있다. 하지만 경험이 많은 사람이라면 알고 있어야 한다. 강연할 때 이 전문 영역들을 두드려라. 그리고 그 영역에서 사람들의 성공에 도움이 될 것들을 전하라. 목록을 만들고 그림을 그려라.

이제 여러분은 레버리지의 법칙을 이해했으니, 좋은 연사는 자신의 강점으로 승부하고 자주 활용한다는 사실을 알게 되었을 것이다. 스티브 하비Steve Harvey는 '유머'를 가장 많이 활용한다. 그게 그의 강점이기 때문이다. 하지만 그는 유머 외에 정서 지능도 무척이나 뛰어나다. 그는 직관적으로 그런 재능을 소통에 활용한다. 청중에게서 웃음을 얻어내지만, 종종 가르치는 지혜도 나눈다.

돈 예거Don Yaeger 같은 사람들도 생각해보자. 그는 스포츠 일러스트 작가 겸 편집자였다가 연사가 되었다. 돈은 내가 아는 최고의 스토리텔러 중 한 명이다. 그는 스포츠에 대해 잘 알고 그 지식을 강연에 활용하지만, 항상 '마음'으로 소통한다. 그가 강연할 때면 사람들은 이미 그가 웃음과 눈물을 동시에 자아내리라는 사실을 잘 알고 있다.

버락 오바마 전 대통령은 가장 큰 소통의 도구로 '희망'을 활용한다. 그는 항상 희망으로 승부를 걸고 희망으로 되돌아간다. 희망은 그의 선거 캠페인의 주요 테마이기도 했다. 포스터에는 그의 얼굴 이미지와 함께 글자로 박히기도 했다. 그는 이 나라가, 세계가 더 나은 곳이 될 것임을 믿도록 사람들에게 영감을 주었고 선거에 당선되었다.

마하트마 간디 같은 세계 변혁가는 연설에서 '도움'을 활용했다. 그는 사람들에 대한 자신의 이해, 변호사로서의 훈련, 가난한 자들과의 협력, 대영제국에 관한 지식을 지렛대 삼아 인도 국민들이 독립을 쟁취하도록 도왔다.

당신의 어떤 강점이든 레버리지 삼아 더 나은 커뮤니케이션에 활용해야 한다. 자신의 이익을 위해서가 아닌 사람들의 이익을 위해서 말이다. 나는 여러분이 자신만의 강점에 대해 생각하고, 그것을 발견하고 그것에 의지할 수 있게 되기를 바란다. 좋은 연사가 되어라. 강점을 활용해 승부하라. 그게 바로 '레버리지의 법칙'이다.

09 / 기대의 법칙

당신이 말하고 싶어 안달이 날 때,
청중도 듣고 싶어 안달이 난다

스스로 전하고자 하는 메시지에 대한 기대가 없는 연사의 말을 빨리 듣고 싶어서 안달이 날 사람이 있을까? 혹시 그런 경험을 한 기억이 있는가? 아마 없을 것이다. 그런 일은 일어나지 않기 때문이다. 왜일까? 연사가 자신의 주제에 대해 열정이 없으면 청중도 열정을 가질 수 없기 때문이다. 반대로 연사가 열정을 갖고 있으면 청중도 갖게 된다. 그래서 나는 이렇게 말한다. 당신이 말하고 싶어 안달이 날 때, 청중도 듣고 싶어 안달이 난다. 이것이 바로 '기대의 법칙'이다.

못 기다려!

기대는 내가 가장 좋아하는 단어 중 하나다. 내 인생은 끊임없는 기대로 채워져 있기 때문일 것이다. 나는 어렸을 때 항상 아침 일찍 잠에서 깨었고, 잠이 깨자마자 침대에서 일어났다. 내가 잠들어 있는 동안 뭔가를 놓쳤을까 봐 걱정되었기 때문이다. 나의 기대감은 항상 보통 수준을 넘어서 있었다. 지금도 그렇다. 나는 무언가 멋진 일이 일어날 거라고 믿는 데서 오는 흥분감을 사랑하고, 다른 사람들에게도 그런 기대감을 심어주는 일을 사랑한다.

살면서 긍정적인 기대감을 경험했던 순간을 떠올려 보자. 특별한 생일날이나 무언가의 첫날, 꿈에 그리던 휴가, 크리스마스일 수도 있겠다. 나는 어렸을 때 추수감사절 저녁 식사가 끝나자마자 산타가 우리 집에 선물을 가져올 날만을 기다리며 하루하루 날짜를 세었다. 그런 기대감은 크리스마스에만 맛볼 수 있는 비법 소스 같은 것이다. 기대는 커뮤니케이션의 특별한 비법 소스다.

당신이 자리에서 일어나 강연을 시작하기 전, 청중의 마음도 이와 비슷할 것이다. 그들도 각자의 인생 역사, 해당 주제에 대한 태도, 참석 이유, 당신에 대한 지식, 그 순간이 오기까지의 상황 등을 바탕으로 각자 기대를 갖는다. 청중은 아마도 다음의 감정들을 느낄 것이다.

- 두려움: 당신이나 당신의 메시지에 대한 부정적인 예상
- 무관심: 당신이나 당신의 메시지에 대한 중립적인 예상

- 호기심: 당신이나 당신의 메시지에 대한 잠정적인 예상
- 기대: 당신이나 당신의 메시지에 대한 긍정적인 예상

연사로서 우리는 모든 청중이 강연에 대해 높은 기대를 갖기 바라지만 현실은 그렇지 않다. 그래서 우리가 연사로서 할 일은 기대감을 조성하고 필요한 것을 전달하는, 우리가 할 수 있는 일을 하는 것이다. 그 일에 성공해서 기대감을 유지할 수 있다면 청중은 자리에 계속 앉아 있을 테고 당신이 계획한 여정의 모든 단계를 함께 밟아갈 수 있을 것이다.

당연히 그렇게 되지 않을 때도 있다.

연사로서 나에게 가장 끔찍했던 재앙은 몇 년 전 다른 연사의 대타로 서게 되었을 때 일어났다. 어느 날 아침, 집에서 일하던 중에 대규모 행사를 주관하는 업체로부터 급한 전화를 받았다. 그날 크리스토퍼 리브Christopher Reeve(영화 〈슈퍼맨〉의 주인공으로 유명한 영화배우)가 마지막 기조연설을 하기로 되어 있었는데 아파서 불참하게 되었다는 소식이었다. 그들은 나에게 당장 보스턴까지 비행기를 타고 와서 오후에 대타를 해줄 수 있는지 물었다. 나는 하겠다고 했다. 그때는 9·11테러 이전이어서 비행기에 오르는 절차가 간소했다.

나는 비행기 티켓을 예매하고 미친 듯이 달려가 옷을 입고 가방을 싸고 어떤 주제로 연설할지를 정했다. 다행히 제시간에 공항에 도착할 수 있었다. 공항에서 나를 태운 차가 강연장 뒤편에 멈춰 섰을 때 나를 제외한 모든 연사가 연설을 마친 상태였다. 백스테이지

에서 누군가 달려와 내게 서둘러 마이크를 꽂아주었다. 무대 입구에 섰을 때 주최 측의 누군가가 나를 소개하려고 무대로 올라가고 있었다. 그의 입에서 맨 처음 나온 말은 크리스토퍼 리브가 아파서 오지 못했다는 것이었다. 청중은 그 순간까지도 크리스토퍼 리브가 못 온다는 사실을 몰랐던 것이다. 나는 한방 얻어맞은 기분이었다. 그들은 여태까지 슈퍼맨을 볼 거라는 기대감에 가득 차서 자리에 앉아 있었다. 그런데 키가 크고 잘 그을린 피부에 잘생긴 영화배우가 비극적 사고로 인해 감화를 주는 인생을 살게 된 이야기 대신, 갑작스럽게 중년에, 과체중에, 어디서 듣도 보도 못한 연사, 다시 말해 나를 맞이하게 된 것이다.

내가 무대로 걸어 나갈 때 모든 이들의 얼굴에서 실망감이 비쳤다. 몇몇은 그래도 예의상 힘 빠진 박수를 보냈다. 많은 사람이 자리에서 일어나 내 쪽으로 등을 돌리고 나가버렸다. 지금 다시 그날을 떠올려 보니 여배우 헬렌 헤이즈Helen Hayes의 이야기가 생각난다. 그녀는 어느 추수감사절에 처음으로 칠면조 요리를 하고는 남편과 아들에게 말했다. "내가 난생처음 만든 칠면조 요리야. 요리가 별로면 아무도, 아무 말도 하지 마. 우리는 그냥 아무 말 없이 테이블에서 일어나 식당에 가서 먹는 거야." 그녀가 부엌에서 칠면조 요리를 가지고 돌아왔을 때, 남편과 아들은 코트를 입고 모자를 쓴 채 식탁에 앉아 있었다.

그날 내가 연사로 무대에 섰을 때 나의 시작점도 이와 똑같았다! 나는 청중을 사로잡기 위해 갖은 애를 썼지만 내 연설에 대한 기대감이 마이너스에서부터 시작됐다는 패널티는 무시할 수 없었다. 그 날 그나마 가장 큰 성공이라고 한다면, 연설 도중에 강당을 빠져나간 사람은 없었다는 사실이다.

기대감 조성하기

나는 기대감을 사랑하고 커뮤니케이션에서 역시 기대감이 얼마나 큰 효과를 발휘하는지 잘 알고 있다. 그래서 커리어 초기부터 기대감을 조성할 방법들을 찾기 시작했고, 사람들의 기대에 부응하는 데 그치지 않고 기대치를 넘어서는 강연을 하고자 노력해왔다. 나는 여러 커뮤니케이션 기술을 활용해보았는데 그중 일부는 효과가 있었다. 이 장의 마지막에서 그 부분을 여러분에게 공유하려고 한다. 하지만 그중 가장 큰 발견은 청중에게 기대감을 조성하는 일은 대부분 나 자신의 마인드셋에 달려 있다는 것이다. 청중이 신나길 바라면 내가 먼저 신이 나야 한다. 계속 발전하려는 태도를 가져야 하고, 매일 더 배우려는 열정을 갖고 더 나은 직업의식을 가져야 하며 다른 사람들에게 더 많은 것을 나누는 일에 신이 나야 한다. 그래서 나는 매번 강연할 때마다 스스로 더 높은 기대치를 가졌고 청중도 그런 기대감을 알아차렸다.

여러분도 연사로서 성장 마인드셋을 갖기 바란다. 성장하길 멈추지 말고 당신의 포지션을 '전문가' 수준에 고정하려 들지 말라. 스스로에 대한 기대치를 계속해서 높여라. 당신의 기대와 기술에 대한 감각을 계속 상향 조정하다 보면, 청중의 반응도 함께 올라갈 것이다. 당신의 강연 시간이 늘어갈수록 청중의 기대감은 상승할 것이다. 당신이 좋은 사람이 되면 청중의 기대감도 좋아질 것이다. 당신이 놀라운 사람이 되면 청중의 기대감은 더욱 높아질 것이다. 그들은 언제나 호감이 가거나 놀라운 사람의 이야기를 듣는 것을 기대하기 때문이다.

관점: 어떻게 보는지가
어떻게 하는지를 결정한다

당신의 기대감에 변화를 주고 싶다면 먼저 관점을 바꿔야 한다. 우리는 자신이 되고 싶어 하는 모습으로 바뀌어간다. 아래의 커뮤니케이션에 대한 세 가지 관점을 읽으면서 당신이 스스로를 어떻게 바라보고 있는지 생각해보기 바란다. 각각의 관점을 포용하고 수용하라. 우리가 무언가를 바라보는 방식을 바꿀 때, 우리가 바라보는 그 무언가도 변화하기 때문이다.

1. 개인적 관점: 스스로 잘 해낼 수 있다고 믿어라

당신의 가장 첫 번째, 그리고 가장 중요한 청중은 바로 자신이다. 당신이 가진 가장 중요한 커뮤니케이션의 도구는 혼자 있을 때 자신에게 하는, 자신에 관해서 하는 말이다. 자신에게 무슨 말을 건넬 것인가? '난 강연을 잘 못할 것 같아'라고 한다면 당신이 실제로 청중 앞에 섰을 때 사람들은 당신에게 강한 의문을 품을 것이다. 대신 당신이 '멋진 강연이 될 거야'라고 생각한다면 청중은 '그렇게 지루하지 않은 것 같은데'라거나 '얼마나 걸리려나?' 하고 생각하게 될 것이다.

▌ 우리가 바라보는 방식을 바꾸면 대상도 변화한다. ▐

의구심은 어디서 나올까? '못할 것 같다'라는 생각은 자신을 믿지 않는 데서 시작된다. **자존감과 수행 능력은 실제로 긴밀한 관계에 있다. 자기 자신을, 강연을 잘 해내는 자신의 능력을 믿어야 한다.** 심리학자 윌리엄 제임스William James는 말한다. "일에 대한 의구심을 성공적인 결말로 바꿀 유일한 방법은 할 수 있다는 믿음에서 시작된다."

당신은 자신에 대해, 그리고 자신의 커뮤니케이션 능력에 대해 스스로에게 뭐라고 말하겠는가? 나는 나 자신에게 계속 이렇게 말한다. '나는 사람들을 가치 있게 여기고 가치를 부여하는, 가치 있는 사람이다.' 어떤 이들은 이런 것을 '확언'이라고 부른다. 나는 '날마다 들려주는 자기 가치 표현'이라고 부른다. 이 말은 내가 나 자신과 나의 의도에 대해 어떻게 생각하는지를 설명해준다. 나는 매일 그 말대로 살려고 노력한다. 당신도 자신에게 들려줄 말을 찾아 반복해보라. 새내기 연사가 직면하는 어려움 중 하나는 의지할 만한 경험이 많지 않다는 것이다. 경험이 없어 자신감이 부족하다면, 혹은 강연을 한다는 생각만으로도 겁이 난다면 《콰이어트》의 저자인 수전 케인Susan Cain의 이야기가 도움이 될 것이다.

> 심리학자들은 수년간 두려움의 소멸 과정을 연구했다. 그들은 정확히 어떻게 해야 하는지 안다. 거기에는 투지와 에너지가 필요하다. 그 과정은 고통스러울 수 있지만, 마법은 아니다. 올바른 접근법은 감당할 만한 수준으로 아주 조금씩, 두려움에 자신을 노출시키는 것이다… 거기서부터 사람들은 점점 더 도전적인 상황에 직면해나간다. 작지만 야무지게 성공을 쌓아가면서 두려움의 원인이 생각보다 별 것 아니구나 하고 느껴지도록 뇌를 훈련하는 것이다. 잔뜩 긴장한 대중 연설가는 연단에 설 때 깊은 협곡 위 외나무다리를 건너는 것처럼 느낀다. 하지만 마이크를 들고 연단에 서도 끔찍한 일이 일어나지 않는다는 것을 뇌가 학습하면 몸이 더 이상 도피라는 신호를 보내지 않을 것이다.

자신감은 기대의 큰 부분을 차지한다. 케인이 설명한 작은 승리들이 자신감을 높이고 두려움을 줄여줄 것이다. 작은 연설에서의 성공 경험을 통해 큰 승리를 쟁취하라.

2. 연설 관점: 당신에게 줄 것이 있음을 믿어라

내 성격의 별난 점은 극도로 낙관적이고 모든 면에서 최선을 보려고 한다는 것이다. 이런 성격에는 부정적인 측면도 있는데 사각지대가 있다는 것이다. 특히 내가 사람들을 바라보는 방식에서 그렇다. 하지만 긍정적인 면은 내가 좋아하는 것에 대해서는 엄청 고무된다는 것이다. 나와 가까운 친구와 동료들은 내가 늘 현재 작업 중인 강연이나 책에 대해 "여태까지 것 중에서 최고"라고 말한다며 놀린다.

그럴 때 그들은 말한다. "정말? 백 권도 넘는 책 중에 이게 최고야?" 내 대답은 항상 '그렇다'이다. 나는 계속해서 성장하며 배우고 있기 때문에 늘 사람들에게 더 많이, 더 나은 것을 줄 수 있다고 믿는다. 그리고 매번 책을 쓸 때마다 나의 전부를 쏟아붓는다. 그러니 당연히 늘 지금 작업 중인 책이 최고라고 생각한다. 강연도 마찬가지다.

처음 강연을 시작했을 때도 나는 매번 현재 내가 준비하고 있는 강연이 여태까지 것 중에 최고라고 믿었다. 그건 괜찮았다. 다만 여전히 그다지 만족스럽지 못하다는 게 문제였다. 나는 기술과 자신감이 부족했고 나 자신과 나의 연설, 청중에 대해 긍정적인 기대를 갖지 못했다. 나의 이상적인 희망과 실제로 해낼 수 있는 능력과는 현실적인 괴리가 있었다. 하지만 천천히 연습을 해나갈수록 점점 나아졌다. 실력이 향상되면서 기대감도 자라났고, 기술이 발전하니 청중의 신뢰 또한 커졌다.

가르치는 일이 내가 가장 원하는 일임을 깨달은 것이 큰 도움이 되었다. 나는 사람들이 성공하도록 돕고 싶었고 수년간의 경험을 통해 사람들에게는 다섯 가지 특별한 영역에 있어서 배움이 필요하다는 결론에 이르렀다. '레버리지의 법칙(8장)'에서도 언급한 내용이지만 다시 설명해보겠다.

나의 첫 발견은 '태도'의 중요성이었다. 부모님은 매일 나와 내 형제들에게 그 점을 강조하셨다. 또 나는 내 인생 초반에 '관계'의 중요성을 깨달았다. 나는 아버지와 어머니의 사랑을 경험했고, 두 분이 관계를 발전시켜나가는 방식에서 사람들을 가치 있게 여기는 모습을 지켜봐 왔다.

내 커리어를 시작한 지 몇 년 지나지 않아 이번에는 '리더십'이 성공에 있어 얼마나 중요한 것인지를 깨달았다. 나는 모든 일이 리더십에 의해 좌지우지된다는 사실을 발견했다. 그래서 리더십을 키우기 위해 노력했고 얼마 지나지 않아 사람들에게도 이것에 대해 가르치기 시작했다. 그때 나는 '지원equipping'의 힘을 깨달았다. 다른 사람들에게 리더십을 위한 지원을 시작하자 나의 리더십, 효율성, 성공은 완전히 새로운 단계로 올라갔다. 내 퍼즐의 마지막 조각은 커리어 초기부터 준비해온 '커뮤니케이션' 영역이었다. 직업상 필요 때문에 시작한 것이 이제는 다른 사람들의 발전에 도움이 되는 나의 가장 큰 기술이자 무언가가 된 것이다.

이 다섯 가지의 앞 글자를 모으니 'CLEAR'라는 단어가 만들어졌고 그 말은 내가 가장 많이 강의하는 다섯 분야를 대표하는 말로 쓰이게 되었다. 그 다섯 분야는 커뮤니케이션(Communication), 리더십(Leadership), 지원(Equipping), 태도(Attitude), 관계(Relationship)다. 나는 이 다섯 가지가 명백한(CLEAR) 성공을 거두는 데 꼭 필요한 분야라고 믿는다. 이 다섯 분야를 배우고 발전시키면 더 충만하고 성공적인 삶을 살 수 있으며, 목표를 이루고 더 나은 세상을 만들 수 있다.

당신이 아는 분야 중에서 다른 사람들을 도울 수 있고, 가르칠 수 있는 분야는 무엇인가? 그것을 파악하려고 시도해보았는가? 나의 오랜 글쓰기 파트너인 찰리 웨첼Charlie Wetzel은 전문 연사들에게서 각자 자신이 가르쳐야 할 소명이 있다고 느끼는 핵심 주제가 있다는 사실을 발견했다. 그들은 3개 내지 7개의 주제를 계속해서 반복해 가르치면서, 각각의 주제 안에서 다른 방식의 표현을 통해 동일한 것을 가르치고 있었다. 나의 주제는 'CLEAR'로 대표된다. 케빈 마이어스Kevin Myers의 주제는 하나님에게로의 연결, 기질, 커뮤니티, 능력이다.

이처럼 한 연사의 커리어를 통틀어 진행했던 강연의 메시지를 조사해보면 주제별 '바구니'가 하나씩 있다는 것을 알 수 있을 것이다. 최고의 연사는 그런 아이디어들을 몇 년에 걸쳐 새로운 방식으로 소개하는 창의적인 방법을 발견하는 데 뛰어난 기술을 갖고 있다.

당신의 주제는 무엇인가? 그 주제를 알고 그에 대한 확신을 기반으로 강연의 메시지를 작성한다면 자신감과 기대감은 높아질 것이다. 그리고 청중은 그러한 당신의 확신을 느끼고 그 기대를 나누어 가질 것이다. 당신의 흥분 수준이 청중의 흥분 수준을 결정한다는 것을 잊지 말라.

내가 다른 사람과 나눌 가치가 있는 것을 갖고 있기 때문에 강연해야 한다고 생각하는 것과, 사람들이 가치 있다고 믿기 때문에 강연해야 한다고 생각하는 것은 하늘과 땅 차이다.

3. 청중 관점: 청중이 할 수 있다고 믿고 그들의 삶을 발전시키길 원하라

내가 다른 사람과 나눌 가치가 있는 것을 갖고 있기 때문에 강연해야 한다고 생각하는 것과, 사람들이 가치 있다고 믿기 때문에 강연해야 한다고 생각하는 것은 하늘과 땅 차이다. 이것이 당신이 갖기를 바라는 '청중의 관점'이다. 적은 청중은 있어도 의미 없는 청중은 없다. 연사가 그렇게 생각할 뿐. 이 내용은 앞서 '소통의 법칙(7장)'에서 이야기했고 '가치 더하기의 법칙(15장)'에서 더 깊이 다룰 것이다. 그러니 여기서는 더 자세히 말하지 않겠다. 다만 강조하고 싶은 내용은, 사람들에 대한 우리의 태도가, 우리가 사람들을 다루는 방식을 결정한다는 것이다.

심리학자 겸 작가인 트래비스 브래드베리Travis Bradberry는 이러한 내용을 입증하는 연구 결과를 내놓았다. 그는 이렇게 쓰고 있다.

> 교사들이 일부(무작위 추출) 아이들에 대해 똑똑하다고 말할 때 해당 아이들은 학급에서뿐만 아니라 IQ 테스트에서도 더 나은 성과를 낸다.

실제로 우리는 다른 사람들을 믿을 때 그들에게서 최고를 끌어낼 수 있다. 또한 이러한 연구 결과는 우리가 누군가를 믿을 때 다음의 일이 일어난다는 것을 보여준다.

• 우리는 실패할 거라고 생각하는 사람보다 믿는 사람들을 더

잘 대우한다.
- 우리는 실패할 거라고 생각하는 사람보다 믿는 사람들에게 성공 기회를 더 많이 준다.
- 우리는 믿는 사람들에게 다른 사람들보다 더 정확하고 도움이 되는 피드백을 준다.
- 우리는 믿는 사람들에게 시간을 투자하는 것이 더 낫다고 믿기 때문에 그들을 더 많이 가르친다.

그 사람들에게 나의 노력을 기울일 가치가 있다고 믿고, 나의 강연이 도움이 될 것이라고 예측할 때 그들도 그것을 느끼고 긍정적으로 반응할 것이다. 우리가 그렇게 믿지 않으면 청중도 별다른 반응을 보이지 않는다. 나는 최근에 이를 실감했다. 친구들과 함께 노르망디를 여행할 때였다. 제2차 세계대전의 전쟁터 몇 군데를 방문하게 됐다. 우리의 가이드는 '청중 관점'이란 게 전혀 없는 사람이었다. 60분 동안 우리를 무시하면서 그가 얼마나 많이 아는지를 증명하는 게 목적인 것 같았다. 그는 적어도 30번쯤 우리에게 질문을 던졌는데, 가이드만 알고 있고 우리는 대답할 수 없는 질문들이었다. 이곳을 방문하기 전 기대에 차 있던, 배울 준비가 되어 있던 여행객들은 점점 의기소침해지고 관심이 없어졌다. 가이드가 질문하려고 할 때마다 친구들은 고개를 숙이거나 시선을 다른 곳으로 돌려버렸다.

> **당신이 똑똑해 보이려고 청중에게 답할 수 없는 질문을 던지고 답을 알려주는 일은 절대로 하지 말라. 그러면 청중과의 거리는 더욱 멀어질 뿐이다.**

투어가 끝났을 때 나는 친구들을 한데 모아놓고 가이드의 기술과 그들의 반응을 분석하게 하며 우리의 경험을 커뮤니케이션과 관련된 교훈으로 삼았다. 나는 이렇게 결론지었다. "당신이 똑똑해 보이려고 청중에게 답할 수 없는 질문을 던지고 답을 알려주는 일은 절대로 하지 말라. 그러면 청중과의 거리는 더욱 멀어질 뿐이다."

기대감을 어떻게 조성할까?

기대감에 대한 올바른 마인드셋을 갖췄다면 이제 청중에게 기대감을 심어주는 연습을 해야 한다. 즉시 사용할 수 있는 네 가지 방법을 소개한다.

1. 수도꼭지를 틀어라

서부극 소설을 여러 권 집필한 베스트셀러 작가 루이스 라무르Louis L'Amour는 작가들에게 이렇게 충고한다. "무슨 일이 있어도 글을 쓰기 시작하라. 수도꼭지를 틀어야 물이 흐른다." 이 말은 기대감을 조성하고 싶어 하는 연사들에게도 해당된다. 강연에 초대받은 순간부터,

원고를 작성하고, 강연을 준비하고 청중 앞에 나서는 순간까지 당신의 기대감은 계속 흘러넘쳐야 한다. 다른 누구도 아닌 당신만이 수도꼭지를 틀 수 있다.

> **무슨 일이 있어도 글을 쓰기 시작하라.**
> **수도꼭지를 틀어야 물이 흐른다.**
> - 루이스 라무르

강연 요청을 받았을 때 감정은 어떤가? 흥분? 두려움? 긴장? 기대감의 수도꼭지를 틀고, 잘 해낼 수 있다고, 사람들을 도울 수 있다고 믿는 것이 제대로 된 길을 가는 첫걸음이라는 사실을 잊지 말라. 기대는 자기 수양의 핵심이기 때문이다. 자꾸 수도꼭지 트는 일을 미룬다면 뭔가 긍정적인 일이 일어날 거라는 기대가 없기 때문일 수 있다. 하지만 당신의 강연이 사람들에게 변화를 만들어낼 거라고 기대한다면 빨리 준비하고 싶어서 안달이 날 것이다.

나는 항상 그렇게 느낀다. 나는 매일 강연을 준비하거나 책을 쓰는 데 시간을 할애한다. 매일! 대개 오전 5시 반에 일어나 책상에 앉아 일을 시작한다. 여행을 할 때도 어디에 있든지 시간이 날 때마다 글을 쓴다. 나의 기대 수도꼭지는 항상 켜져 있다. 나는 아침마다 기대감에 가득 찬 채 잠자리에서 일어난다. 내가 쓰는 것, 말하는 것이 사람들의 삶에 긍정적인 변화를 만들어낼 수 있다고 믿기 때문이다.

기대의 수도꼭지를 틀면 창의력의 물도 함께 흘러내린다. 원고를 쓰는 동안 더 많은 아이디어가 솟아난다. 그러면 메시지를 준비하는 일에 더 신이 날 것이다. 그 결과 당신은 잔뜩 설레는 상태로 무대에 오르게 되고 강연도 술술 풀릴 것이다. 당신의 메시지에 대한 반응으로 사람들이 행동을 취하면 가능성의 샘이 솟구칠 것이다. 그 모든 일은 당신이 수도꼭지를 트는 순간 시작된다. 준비를 시작할 기회를 기다리지 마라. 먼저 준비하고 기회를 찾아라.

준비를 시작할 기회를 기다리지 마라.

먼저 준비하고 기회를 찾아라.

2. 곧 좋은 '음식'이 나온다는 사실을 알 수 있게 식탁을 세팅하라

강연을 들으러 오는 청중은 훌륭한 식당에 오는 사람들과 같다. 최근에 나는 세계 최고의 식당 중 하나인 콘테 카를로의 '루이 15세' 식당에서 아내, 친구들과 함께 저녁 식사를 할 기회가 있었다. 우리의 기대치는 엄청 높았는데, 그도 그럴 것이 식당 주인이 세계적인 셰프 알랭 뒤카스Alain Ducasse였고 미슐랭 3스타를 받은 식당이었기 때문이다.

식당으로 들어가는 순간부터 우리는 눈이 휘둥그레졌다. 식탁은 정갈한 도자기 그릇과 아름다운 꽃들로 장식되어 있었고, 하프 연주자가 부드러운 음악으로 분위기를 돋우었다. 지배인이 와서 인사를 했고 우리가 즐길 수 있는 환상적인 코스들을 소개하며 우리의 기대치를 높여주었다. 또한 여러 직원들이 우리의 필요를 충족시켜

주려고 대기하고 있었다. 첫 코스 요리가 나왔을 때 직원은 우리 앞에 놓인 음식이 무엇인지, 어떻게 만들어졌는지 설명해주었다. 음식은 아름다워보였고 맛있었다. 음식을 즐기면서 우리의 대화는 다음 코스에 대한 기대로 가득 찼다. 그런 기대감은 코스 전체가 끝날 때까지 이어졌다. 정말 두고두고 기억에 남을 경험이었다.

연사인 당신은 셰프이자 지배인, 서빙 직원을 하나로 뭉쳐놓은 존재와 같다. 메뉴에 대해 잘 알고 전체적인 서비스를 통제해야 한다. 청중을 위해 분위기를 조성하고, 다음에 나올 것에 대한 신호를 준다. 그 모든 것이 청중으로 하여금 당신이 다음에 어떤 '음식'을 내올지 기대하게 만든다.

연사로서 청중에게 강연 내용에 대한 힌트를 주고 기대감을 갖게 하는 것만큼 즐거운 일도 없다. 나는 이러한 기대감을 조성하기 위해 종종 다음의 문장들을 사용한다.

- 저는 오늘 아침, 잠에서 깨어날 때부터 여러분과 만날 생각에 무척 설레었습니다.
- 전에 한 번도 강연한 적 없는 내용을 오늘 여러분과 나누려고 합니다.
- 이번 강연은 여러분만을 위해 만든 것입니다. 이 내용은 여러분에게 처음 소개하는 내용입니다.
- 옆 사람을 쳐다보면서 이렇게 말해보세요. "오늘 당신은 무언가를 배워갈 겁니다."

- 지금부터 들려드릴 이야기는 여러분의 인생을 바꿀 수 있습니다.
- 오늘 강연에 대한 저의 기대 수준은 10입니다. 얼마나 신이 나는지 모릅니다. 옆 사람을 보고 말해보세요. "이 강연을 듣게 돼서 정말 신나요!"
- 몇 분 후에 여러분께 성공의 '비결'을 알려드리겠습니다.
- 자신에게 물어보세요. '우리가 함께하는 이 시간 동안 내게 일어날 최고의 일은 무엇일까?' 이 강연을 듣는 동안, 그걸 찾을 수 있는지 보세요.

이런 문장들은 청중의 경험에 있어 정교한 도자기나 아름다운 꽃, 우아한 인사와 같다. 이러한 것들은 코스 음식을 서빙하거나 사람들이 음식을 먹기 전에 긍정적인 기대감을 갖도록 만들어준다. 여러분도 자신의 개성과 스타일에 맞는 문장들을 찾아 자신만의 스타일대로 기대감을 높이는 데 활용하기 바란다.

3. 배수구가 아닌 분수대가 되어라

다른 사람을 어떻게 대해야 하는지에 대해 말할 때 많이 쓰는 표현이 있다. "배수구가 아닌 분수대가 되어라." 이것은 야구선수 렉스 허들러가 한 말이다. 그 말은 우리가 강연할 때 다른 사람들을 어떻게 대해야 하는지를 잘 표현해준다. 내 친구이자 '성장하는 리더들Growing Leaders'의 설립자 겸 CEO인 팀 엘모어Tim Elmore는, 우리가 삶에 있어 어떻게 사람들의 분수대 혹은 배수구가 될 수 있는지에 대해 다음과 같이 말한다.

분수대와 배수구는 정반대의 기능이 있다. 분수대는 물이 넘쳐흐르고 배수구는 물을 완전히 비워낸다. 다른 사람과의 관계에서 사람들은 대부분 분수대나 배수구가 된다. 다른 사람들에게 흘러가서 흘러넘치게도 하고 다른 사람의 에너지를 말려버리기도 한다. 여러분은 아마도 두 종류의 사람들을 모두 만나 본 경험이 있을 것이다. 다른 사람의 삶에 활력을 더하는 사람도 있고, 바짝 말려버리는 사람도 있다.

강연을 준비할 때는 자신이 분수대라고 생각해야 한다. 다른 사람에게 줄 수 있는 사람이 되어야 한다. 우리는 사람과의 관계에서 플러스가 되기도 하고 마이너스가 되기도 한다는 사실을 잘 안다. 마이너스가 되면 사람들이 당신을 피할 것이다. 플러스가 되면 사람들을 끌어들이고 기대감을 심어줄 것이다. 여러분은 전 세계에서 유명한 분수의 이름을 떠올려 볼 수 있을 것이다. 내 머릿속에 떠오른 이름들은 다음과 같다.

- 로마의 트레비 분수
- 시카고의 크라운 분수
- 서울의 반포대교 달빛무지개 분수

- 제네바의 젯또 분수
- 바르셀로나의 몬주익 매직 분수
- 모스크바의 인민 친선 분수
- 제다의 파드 왕의 분수

하지만 유명한 배수구의 이름을 댈 수 있는 사람은 없을 것이다. 왜일까? 유명한 배수구는 없기 때문이다!

삶의 어떤 것보다 당신의 기대가 현실을 결정한다.

내가 배수구가 아닌 분수대라는 것을 확신하기 위해 나는 내 태도를 모니터링한다. 내 태도가 안 좋아지면 배수구가 된다는 것을 알기 때문이다. 좋은 태도보다 더 전염성이 강한 것이 딱 하나 있는데 그건 바로 나쁜 태도다. 청중에게 기대감을 심어주고 싶으면 좋은 태도를 보이고 긍정성으로 흘러넘칠 준비를 하라.

4. 예스를 기대하는 삶을 살아라

기대하는 것과 경험하는 것 사이에 큰 관련이 있음을 잘 알 것이다. 삶의 어떤 것보다 당신의 기대가 현실을 결정한다. 당신이 인생의 모든 사람과 도전, 기회에서 '아니오'를 기대한다면, 실제로 그런 답이 돌아올 것이다. 삶에서 항상 '예'라는 답을 기대한다면, 실제로 그 답을 얻을 것이다. '예'를 기대하는 삶을 산다면, 거의 무한에 가깝게 가능성을 믿는 삶을 경험하게 된다. 왜 그럴까? 연구 결과에 따르면 자신을 믿는 사람들은 뇌를 더 많이 활용한다. 다양한 관점으로 문제에 접근하고 필요한 모든 접근 방식을 수용하기 때문에 문제 해결 능력이 훨씬 뛰어나다.

> "무언가를 소망한다면, 부나 권력이 아닌 가능성에 대한 열정적
> 인 감각, 젊고 열정적인 가능성을 보는 눈을 소망하라.
> 쾌락은 실망감을 주지만 가능성은 절대 실망시키는 법이 없다."
> – 쇠렌 키에르케고르Søren Kierkegaard

나는 늘 '예스'를 기대하며 강연을 한다. 나는 늘 그렇게 살아가기 때문이다. 나는 노먼 빈센트 필Norman Vincent Peale의 《노먼 빈센트 필의 긍정적 사고방식》, 데이비드 슈워츠David J. Schwartz의 《크게 생각할수록 크게 이룬다》, 로버트 슐러Robert Schuller의 《불가능은 없다》 등의 책을 읽으며 자랐다. 이 책들은 모두 내가 풍요로운 사고를 하고 '예스 마인드셋'을 갖는 데 영향을 주었다. 나는 우리 모두가 이 예스 마인드셋으로 가능성과 희망, 인내, 해답, 인생의 옵션, 성공을 얻을 수 있을 거라고 믿는다. 믿기 때문에 그런 내용으로 강연을 하는 것이다.

누군가는 내가 너무 긍정적인 사고나, 자신에 대한 믿음을 강요한다고 생각할지 모르지만, 사실 이런 것들은 아무리 강조해도 지나치지 않다. 철학자 키에르케고르는 말한다. "무언가를 소망한다면,

부나 권력이 아닌 가능성에 대한 열정적인 감각, 젊고 열정적인 가능성을 보는 눈을 소망하라. 쾌락은 실망감을 주지만 가능성은 절대 실망시키는 법이 없다."

내가 여러분에게 소망하는 것도 바로 이것이다. 나는 여러분이 가능성을 보길 소망한다. 사람들에게 메시지를 전하는 일을 기대하길 바란다. 세계적으로 유명한 건축가 프랭크 로이드 라이트^{Frank Lloyd Wright}처럼 되길 바란다. 그는 자신의 작품 중 걸작으로 꼽을 작품이 무엇이냐는 질문을 받자 이렇게 말했다. "다음에 하게 될 작품." 나는 여러분이 강연 무대에 오를 때마다 청중에게 느껴질 만큼의 강한 기대감을 갖고 있어서, 청중이 매 순간의 경험을 즐기고 유익한 것들을 얻어 가기를 바란다. 당신이 말하고 싶어 안달이 날 때 청중도 듣고 싶어 안달이 날 것이다. 이것이 바로 '기대의 법칙'이다.

10 / 간결함의 법칙

좋은 연사는 복잡한 것을 간결하게 말한다

NFL 그린 베이 팩커스 팀의 코치였던 빈스 롬바르디Vince Lombardi가 코치 협의회에 모습을 드러냈다. 여러 코치들이 공격과 수비 전략에 대해 이야기하는 자리에서 저마다 복잡한 전술을 뽐냈다. 그때 롬바르디는 팀 전략에 관한 질문을 받고 이렇게 대답했다. "제게는 딱 두 가지 전술밖에 없습니다. 공격 전술은 간단합니다. 우리가 볼을 가지면 상대 팀을 무너뜨리는 것입니다! 수비 전술도 비슷합니다. 상대 팀이 공을 가지면 상대 팀을 모조리 무너뜨리는 것입니다!"

나의 강연 전략도 이와 비슷하다. 메시지를 최대한 간결하게 전달하는 것이다. 무대에 오르고 의자에 앉아 청중과 소통하려고 할 때, 나의 목표는 계속해서 간결하게, 자연스럽게, 이해하기 쉽게 콘텐츠를 전달하는 것이다. 왜냐하면, 연사는 복잡한 것을 간결하게 말하는 사람이기 때문이다. 그게 바로 '간결함의 법칙'이다.

당신은 누구에게 잘 보이려 하는가?

나는 처음 강연을 시작했을 때 이 간결함의 법칙에 대해 알지도, 이해하지도 못했다. 대학교 신학생 시절 스피치 강의를 많이 들었지만, 그 어떤 교수님도 심플한 커뮤니케이션의 가치에 대해 알려주지 않았다. 워런 버핏은 말한다. "비즈니스 스쿨에서는 어렵고 복잡한 것을 잘했다고 칭찬하지만 실전에서는 간결함이 훨씬 낫다." 내가 다닌 대학도 마찬가지였다. 교육에 종사하는 많은 사람이 간단한 것을 복잡하게 만드는 데 가치를 부여한다. 그들은 그것에 우등생 배지를 수여하고 자신들이 가르치는 과목의 어려움, 아이디어의 복잡성, 사용하는 어휘의 모호함으로 깊은 인상을 남기려고 한다. 그리고 자신들을 따라 하는 학생들에게 좋은 점수를 준다.

내가 대학에 다닐 때 졸업반의 학생들은 교수와 학생들로 가득한 예배당에서 연설을 해야 했다. 자기 차례가 되면 교수님들 앞에서 자신이 가진 모든 스피치 기술을 선보여야 했기에 모두 그날을 두려워했다. 당시 발표 준비를 할 때 내가 확신할 수 있었던 것은 간결한 것과는 최대한 거리를 두어야 한다는 점이었다.

운명의 날이 왔고, 나는 '죄악과 신자 자격의 불일치성'이라는 제목의 메시지를 전달했다. 나는 신학의 토끼굴을 파고 내려가 어려운 문제들을 파헤치고 복잡한 개념들을 소개했다. 그리고 그러한 노력에 대한 보상으로 올해의 졸업 연설상을 받았다. 교수님들은 좋아했고 학생들은 지겨워 죽으려고 했다.

안타깝게도 이러한 훈련의 영향은 졸업 후 내 첫 목회지인, 인디애나주에서 가장 빈곤한 동네의 농부들로 이루어진 커뮤니티로까지 이어졌다. 그 첫해 동안 나는 대학교 교재로 사용하던 그리스 신약 성서를 가지고 신도들을 가르쳤다. 처음에는 감조차 없었지만 조금씩 내가 신도들과 소통하지 못하고 있음을 깨닫게 되었다. 나는 신도들이 대학을 갓 나온 애송이한테 난해한 단어들로 가득한 설교를 듣고 싶어 하지 않는다는 사실을 깨달았다. 그들은 전설적인 작곡가 할란 하워드Harlan Howard가 자신이 사랑하는 음악에 대해 말하는 것 같은 설교를 원했다. "컨트리 뮤직은 단 3개의 코드와 진실로 만들어졌다." 신도들은 그들에게 도움이 되는 무언가를 간결하게 전달해주길 원했다.

당신의 청중이 누구든 −농부든, 사업가든, 학부모든, 관리자든, 서비스 산업 종사자든, 기술자든, 유권자든, 예술가든, 학생이든 − 참여하고 싶어 한다. 그들은 당신의 말을 이해하고 싶어 하고, 당신이 그들에게 전한 메시지를 통해 긍정적인 무언가를 할 수 있기를 원한다. 뽐내려고 하지 말라. 소설가 겸 극작가인 클레어 부스 루스Clare Boothe Luce는 다음과 같이 말한다. "복잡함의 극치는 간결함이다."

나는 청중에게 깊은 인상을 심어주려고 하다가 그들을 잃음으로써 이러한 교훈을 얻었다. 그 후 메시지를 간결하게, 실용적으로 만듦으로써 나의 청중을 되찾을 수 있었다.

> **"컨트리 뮤직은 단 3개의 코드와 진실로 만들어졌다."**
> - 할란 하워드

간결한 접근

간결함은 커뮤니케이션뿐만 아니라 삶의 어느 영역에서나 훌륭한 원칙이다. 1950년부터 1966년까지 보스턴 셀틱 농구팀의 코치로서 훌륭하게 팀을 이끌었던 레드 아워백Red Auerbach의 전기를 읽었을 때 나는 '늘 간결하라'는 그의 철학에 꽂혔다. 누군가 아워백에게 챔피언십에서 우승한 마법의 공식이 무엇인지 묻자, 그는 웃으며 답했다. "우리의 성공 비밀은 '간결함'이다. 복잡한 것은 없다. 실제로 우리의 플레이 방식은 일곱 가지뿐이고, 빌 러셀Bill Russell은 그 일곱 가지 플레이 때마다 볼을 터치한다." 간결함은 분명 그에게 잘 통했다. 아워백은 보스턴팀의 코치를 맡는 동안 NBA 챔피언십에서 아홉 번 우승했다.

또한 간결함은 삶에 접근하는 훌륭한 방식이다. 나는 다음의 다섯 가지 영역에 주의를 집중함으로써 하루하루 삶의 모든 측면에 있어 이 아이디어를 적용하려고 애쓴다.

- **가치**: 가치는 나의 기반이다. 나는 그 위에 서고 그것을 위해 일어선다. 가치를 알고 있을 때 의사결정은 더욱 간결해진다.
- **원칙**: 원칙은 나의 '북극성'이다. 내 삶을 어떻게 이끌어야 하는가에 대한 신조와 가이드 라인이 되어준다.
- **우선순위**: 나는 늘 우선순위를 기억하고, 주요한 일을 주요한 일로 유지한다. 매일 가장 중요한 일이 무엇인지를 알고 그것을 실천하는 일은 하루하루를 효율적으로 살아가는 데 있어 중요하다.
- **시스템**: 계획하고 조직화하여 체계적인 방식으로 일하는 것은 목표를 달성하는 데 도움이 된다. 시스템은 내가 바라는 목표 지점에 빠르게 도달하게 해주고 시간을 최대한 활용할 수 있게 해주는 고속도로와 같다.
- **의도**: 의도성은 나를 매일 선한 의도에서 선한 행동으로 건너가게 해주는 다리다. 의도는 내가 하는 일에 집중하게 해주고 효율성을 가져다준다.

나는 내가 믿는 일, 내가 하는 일을 간결하게 만드는 데 평생을 쏟아부었다. 나이가 들수록 믿는 것의 가짓수는 줄어들지만 믿음은 깊어진다는 사실도 깨달았다. 강연을 간결하게 만드는 일이 내 인생도 간결하게 만드는 데 도움이 된 걸까, 아니면 내 인생을 간결하게 만드는 일이 강연을 간결하게 만드는 데 도움이 된 걸까? 그건 나도 모른다. 하지만 그 두 가지는 분명 서로 영향을 미쳤고 내 삶은 여러 방면에서 향상되었다.

간결한 커뮤니케이션

몇 년 전 알게 된 재미있는 이야기를 들려주려고 한다. 의사소통에 있어 간결함에 가치를 두지 않으면 이 이야기 속 사람처럼 될 수도 있다. 한 남자가 열기구를 타고 가다가 길을 잃은 것을 깨달았다. 고도를 낮추자 저 밑에 한 여자가 보였다. 그는 조금 더 아래로 내려가 소리쳤다. "실례합니다. 저 좀 도와주실래요? 한 시간 전에 친구와 만나기로 약속했는데 여기가 어딘지 모르겠어요." 아래에 있던 여자가 대답했다. "당신은 열기구 안에 있고 지상에서 30피트 상공에 떠 있어요. 북위 40도에서 41도 사이, 서위 59도에서 60도 사이 지점에 있습니다."

열기구에 탄 남자가 말했다.

"엔지니어이신가 보군요."

여자가 대답했다.

"맞아요. 어떻게 아셨죠?"

열기구에 탄 남자가 대답했다.

"뭐, 당신이 하는 말은 기술적으로는 맞지만, 그 정보를 어떻게 활용해야 할지 전혀 모르겠고 저는 여전히 길을 잃은 상태인데요. 솔직히 당신 말은 전혀 도움이 되지 않아요. 제 여정을 지연시키는 데 일조했다면 모를까."

아래에 선 여자가 말했다.

"당신은 경영인인가 보군요."

열기구에 탄 남자가 말했다.

"맞아요. 어떻게 아셨죠?"

여자가 대답했다.

"뭐, 어디로 가야 할지, 어디로 가고 있는지도 모르고, 뜨거운 공기의 양이 많아서 높이 떠오르긴 했는데 어떻게 나아가야 하는지도 모르고 다른 사람이 당신 문제를 해결해주길 기대하고 있죠. 사실 당신은 우리가 만나기 전부터 정확히 당신이 있던 지점에 그대로 있어요. 다만 이제 당신은 그걸 제 잘못으로 돌리고 있을 뿐이죠."

내 친구 케빈 마이어스의 이야기는 '레버리지의 법칙(8장)'에서 읽었을 것이다. 그는 여러 해 동안 커뮤니케이션에 대해 연구했고 젊은 연사들의 커뮤니케이션 능력 향상을 위해 종종 멘토 역할을 해주었다. 그는 레버리지의 법칙과 더불어 단순화된 것, 복잡한 것, 간결한 것의 차이에 관해 가르친다. 그 내용의 일부를 여러분에게도 알려주고 싶다.

1. 단순화된 것: 얕고 빠름

일부 연사들이 메시지를 간결하게 만들지 못하는 이유는 단순화된 것을 두려워하기 때문이다. 단순화된 것이란, 어떤 문제나 상황의 본래의 복잡성을 무시하고 너무 쉬운 해결책을 제시하려는 것이다. 대개 대화를 나누다가 상대방의 고민에 답변이랍시고 종종 그런 식으로 말하는 사람들이 있다. 어떤 사람이 리더십에 대한 고민이나 인생에 변화를 가져올 상황에 대해 털어놓았는데 듣고 있던 사람이 이렇게 답한다. "네가 해야 할 건 딱 하나야…." 그리고 이야기를 종결해버린다. 그런 사람들은 종종 진부하거나 반만 맞다.

이렇게 말하는 사람도 본 적 있을 것이다. "당신은 나한테 직책과 직함을 내어주기만 하면 돼. 내가 리드하면 모든 게 너무 쉬워져." 그 사람은 리더십의 복잡성을 전혀 이해하지 못하고 있다. 나는 리더 포지션에 있으면서 리더십을 발휘하지 못하는 사람들을 수도 없이 봐왔다. 혹은 당신이 겪은 충격적인 일을 들려주었을 때 이렇게 말하는 사람을 본 적 있는가? "경험이 최고의 스승이야." 그런 말은 도움이 되지 않을 뿐더러 사실도 아니다. 경험이 최고의 스승이라면 모든 나이 든 사람들이 뭐든 더 잘해야 한다. 하지만 그렇지 않다. **경험은 당신이 그것을 평가하고, 그것을 통해 배우고, 삶에 그 교훈을 적용할 때에만 최고의 스승이 된다.**

단순화된 답은 대중적 사고를 수용하지만 증명된 사고는 아니다. 단순화된 것은 의문을 제기하지 않고 문제의 절반 이상은 해결되지 않은 채로 그냥 내버려두는 것이다. 그건 현실적인 답변이 아닌 그저 쉬운 답변일 뿐인 것이다. 단순화된 답은 절대 만족을 주지 못한다. 나는 그런 답에 한 번도 만족한 적이 없고, 청중도 만족하지 못할 것이다. 순진하고 경험 없는 자들만이 그런 단순화된 답을 수용한다. 효과적으로 커뮤니케이션하려면 더 깊이 들어가야 한다.

2. 복잡한 것: 깊고 느림

대부분의 사건은 복합적이다. 대부분의 문제도 복합적이다. 그러므로 해결책도 복합적이다. 단순화된 것은 모자라고 복잡한 것은 지나치다. 문제를 해결하려면 깊이 파고 들어가 질문을 던져야 한다. 정보의 숨겨진 조각들을 파헤쳐야 한다. 수십 가지에서 수백 가지 요소를 계산에 넣어야 한다. 복잡함 속에서는 길을 잃기 쉽고 그 과정은 대개 무척 느리다.

그렇다면 어떻게 복잡성을 깨부술 수 있을까? 부단한 생각을 통해서다. 나는 도전적이고 성취감을 주는 부단한 생각을 통해 복잡성을 깨부수는 과정을 찾는다. 단순화된 것의 내면을 파헤치고 복잡한 것을 깨부수려는 노력에는 많은 시간과 에너지가 소요된다. 하지만 보상은 달콤하다. 마침내 찾아오는 이해의 순간은 환상적이기까지 하다. 그 발견을 수용하고 해답을 간결하게 표현해내는 일은 또 다른 보상이다. 간단한 아이디어를 가져와 기억에 남을 만한 것으로 빚어낼 수 있다면? 홈런이다!

3. 간결한 것: 깊고 빠름

복잡한 문제와 아이디어를 파헤쳐서 간결하게 표현할 방법을 찾는 일에 대한 보상은, 혼란스러운 강연이 명쾌한 강연으로 바뀌는 것으로 나타난다. 물리학자 앨버트 아인슈타인Albert Einstein은 이런 명언을 남겼다. "간결하게 표현할 수 없다면 충분히 이해하지 못한 것이다." 이 말을 제일 먼저 한 사람이 아인슈타인인지는 확실하지 않지만, 이 말 자체는 사실이다. 어떤 아이디어를 깊이 있게 살피고, 빠르고 간결하게 전달한다면 사람들은 항상 당신의 강연을 듣고 싶어 할 것이다.

단순화된 것	복잡한 것	간결한 것
얕고	깊고	깊고
빠르다	느리다	빠르다
의문을 제기하지 않는다.	많은 의문을 제기한다.	많은 의문에 답한다.
대중적인 생각을 수용한다.	부단한 생각을 수용한다.	증명된 생각을 수용한다.
비효율적인	복잡한	멋진
해결책	해결책	해결책

그러면 이런 의구심이 들지도 모르겠다. '그럼 왜 더 많은 사람이 간결성의 법칙에서 말하는 깊고 빠른 커뮤니케이션을 하지 않을까?' 그건 매우 힘든 작업이기 때문이다. 프랑스의 수학자 겸 철학자인 블레즈 파스칼Blaise Pascal은 이렇게 썼다. "이번 해설은 평소보다 길어졌다. 짧게 줄여 쓸 시간이 없었기 때문이다." 복잡한 단계는 부단한 생각과 글쓰기를 요한다. 빠르고 깊게 전달하려면 오랫동안 천

천히 작업해야 한다. 짧게 쓰려면 긴 시간이 필요하다.

나는 메시지를 간결하게 만드는 작업을 할 때, 일단 나의 생각과 지식들을 명확히 하기 위해 최대한 모든 내용을 적는다. 그것은 이전의 사고와 아이디어, 경험들을 가늠하는 지난한 과정이다. 나는 이런 흩어져 있는 아이디어들을 더 크지만 간결한 사고로 빚어내기 위해 노력한다. 수많은 단순화된 것들을 하나의 간결한 것으로 녹여내는 과정이다. 그리고 그렇게 남은 하나가 효과적이고 의미 있는 소통을 가능하게 한다.

▌ 간결하게 표현할 수 없다면 충분히 이해하지 못한 것이다. ▌

이처럼 간결한 커뮤니케이션을 만들어내는 데 드는 노력을 모든 사람들이 이해하는 것은 아니다. 언젠가 책 출간 후 북 투어 중에 인터뷰를 하게 됐다. 진행자가 거들먹거리는 어조로 물었다.

"선생님의 책 몇 권을 읽어 봤는데 정말 단순하더군요."

내가 대답했다.

"네. 원칙들은 이해하기 쉽지만 적용하기가 그렇게 쉬운 것은 아닙니다."

애플의 공동창업자인 스티브 잡스Steve Jobs는 말했다. "무언가를 단순하게 만들고, 그 밑에 감춰진 문제를 진심으로 이해하고, 매끄러운 해결책을 생각해내는 일에는 엄청나게 힘든 작업이 요구된다." 잡스는 항상 애플의 모든 제품을 간결하게 만들기 위해 많은 노력을 기울였다. 잡스는 말했다. "이것이 오리지널 버전의 애플이다. 처음 맥을 만들 때 우리가 하려고 했던 것이다. 우리는 그것을 아이팟으로 해냈다." 잡스의 전기 작가인 월터 아이작슨Walter Isaacson은 이렇게 썼다.

돋보이는 디자인 −깔끔하고, 친화적이고, 재미있는− 은 잡스 체제에서 애플 제품의 트레이드 마크가 되었다···. 엔지니어링과 미학적 디자인은 애플을 다른 기술 회사들과 차별화했고 결국 세계에서 가장 가치 있는 회사로 만드는 데 일조했다. 애플의 신조는 간결함이다. 단순히 깔끔한 외관이나 제품의 표면, 느낌 등에서 나오는 표상적 간결함만이 아니라, 모든 제품의 핵심과 엔지리어링의 복잡성, 모든 구성 요소의 기능을 아는 데서 나오는 깊은 간결함이다.

"무언가를 심플하게 만들고, 그 밑에 감춰진 문제를 진심으로 이해하고, 매끄러운 해결책을 생각해내는 일에는 엄청나게 힘든 작업이 요구된다."
- 스티브 잡스

잡스는 이런 간결함에 대한 바람을 애플 제품의 미적 디자인에만 적용한 것이 아니라, 알려진 대로 제품 출시 이벤트에서 하는 프레젠테이션에도 적용했다. 거기에 필요한 작업은 힘들었지만 놀라운 보상이 뒤따랐다.

훌륭한 연사는 간결화에 뛰어나다

훌륭한 연사가 되고 싶다면 간결함의 법칙을 위해 많은 노력을 기울여야 한다. 자리에 앉아 강연 원고를 쓸 때마다 최대한 자주, '우리가 바라는 만큼 간결한 것은 없다'는 사실을 되새겨야 한다. 꾸준히 노력하면 복잡한 것을 간결하게 만들 수 있다. 그렇게 하려면 다음의 세 가지 원칙을 충족시켜야 한다.

1. 명료하게 말하기

강연을 준비할 때의 첫 번째 목표는 명명백백함을 갖추는 것이어야 한다. 어떤 기준을 따라야 할까? 나의 기준은 이렇다. 그 내용으로 중학교 2학년 학생들에게 강의할 수 없다면 ─그 학년 학생들이 강의를 듣고 돌아가, 다른 사람에게 그 내용을 설명해줄 수 없다면─ 충분히 간결하지 못한 것이다.

전쟁기의 영국 총리였던 윈스턴 처칠은 명료함의 대가였다. 그는 연설에 공을 많이 들였다. 1분짜리 연설문 준비에 한 시간을 쏟아부었으니까. 뛰어난 연설가였던 케네디 대통령은 명료하고 힘 있는 연설문을 작성하는 처칠의 능력에 찬사를 보내기도 했다. "어두운 날과 어두운 밤에 영국이 홀로 서 있을 때 ─대부분의 영국인이 영국의 운명에 대해 절망하고 몸을 사릴 때─ 처칠은 영국의 언어로 그들을 전장에 내보냈다."

처칠은 국가 지도자로 취임한 후, 의회에서 처음 했던 연설에서 정부의 목표를 간결하게 말했다. "여러분은 우리의 목표가 무엇이냐 물을 것입니다. 한마디로 답변하겠습니다. 승리. 무슨 일이 있어도 승리하는 것. 그 모든 테러에도 불구하고 승리하는 것. 아무리 멀고 험한 길이라도 승리 없이는 생존도 없습니다."

웨인대학교의 중등교육학 교수인 얼 켈리Earl C. Kelley의 강연을 이와 대조해보면 좋을 듯하다. 그는 교사들을 위한 책에서 서문을 썼는데 이 글은 아이러니하게도 명확성이 부족하다는 점 때문에 유명해졌다. 켈리는 그와 다른 교사들이 워크숍에서 몇 년간 연구한 내용을 다음과 같이 요약했다.

우리는 모든 문제에 답을 하는 데 성공하지 못했다. 실제로 우리는 때로 그중 어느 문제에 대해서도 완전히 답하지 못했다고 느낀다. 우리가 찾은 답은 완전히 새로운 질문들의 패키지를 만들어내는 데에만 도움이 되었다고 우리는 생각했다. 어떤 점에서는 우리는 이 정도로 혼란스러웠던 적은 없다고 느끼지만, 우리는 우리가 좀 더 높은 수준에서 좀 더 중요한 일들에 대해 혼란스러워했다는 생각이 든다.

켈리는 이 문장을 1951년에 썼다. 그 이후로 교육 분야의 커뮤니케이션에 진전이 있었을까?

강연할 때의 아이디어는 간결하고, 직접적이며, 누구나 이해할 수 있는 언어로 표현되어야 한다. C. S. 루이스C. S. Lewis는 바로 이러한 점에 대해 잘 알고 있었다. 루이스는 영문학 교수이자, 신학자, 변증론자였다. 옥스퍼드와 케임브리지에서 가르쳤고 굉장히 똑똑해서 말할 때 주변 사람들을 지성으로 압도할 정도였다. 그리고 명료함의 힘을 이해하고 있었다. 그는 자신의 에세이에서 일상 언어를 사용하는 것의 중요성에 관해 쓰고 있다.

결론짓자면 당신은 당신의 [주제]의 모든 세부 내용까지도 일상 언어로 옮겨야 한다. 그건 매우 골치 아픈 작업이며 30분 동안 할 말이 거의 없어지는 일이기도 하지만 반드시 필요한 작업이다. 또 생각을 정립하는 일에도 아주 큰 도움이 된다. 나는 자신의 생각을 일상 언어로 표현하지 못한다는 것은 생각이 명확하지 않기 때문이라고 확신한다. 일상어로 옮기는 작업을 해보면 스스로가 그 의미를 정말로 이해했는지 테스트해볼 수 있다.

처칠이 이런 말을 한 것도 전혀 놀라운 일은 아니다. "대체로 가장 좋은 것은 짧은 말이고, 무엇보다 가장 좋은 것은 오래된 말이 짧을 때다." 최고 수준의 커뮤니케이션을 하고 싶다면 언어를 최저 수준에 맞춰라. 그래야 모두가 이해할 수 있다.

> **"자기 생각을 학식이 없는 사람들이 쓰는 일상의 언어로 옮기지 못한다면 그 생각은 명확하지 않은 것이다."**
> - C. S. 루이스

2. 짧게 말하기

많은 것을 말하기 위해 길게 말할 필요는 없다. 중요한 건 당신이 사용하는 단어의 수가 아니라, 당신이 사용하는 말이 만들어내는 영향력이다. 《커뮤니케이션하고 있는가?Are You Communicating?》의 저자 도널드 월튼Donald Walton은 말했다.

- 주기도문은 56단어로만 이루어져 있다.
- 에이브라햄 링컨의 유명한 게티스버그 연설은 268단어로 만들어졌다.
- 미국의 시작을 알린 독립선언문은 1,322단어로만 이루어졌다.
- 74개의 연방 기관을 대상으로 한 설문 조사 결과, 그들은 18개월 동안 10만 2천 건의 출판물을 간행했다. 〈U.S. 퍼블리케이션 월간 카탈로그〉는 같은 기간 6만 6천 건을 발행했다. 한 관리자는 설명한다. "정부는 자료 수집 속도보다 더 빠른 속도로 자료를 발행하고 있다."(US 뉴스&월드 리포트)
- 조지 워싱턴은 역대 대통령 중 가장 짧은 취임 연설을 했다. 새 나라의 목표를 알린 그의 연설은 135단어에 불과했다. 역대 대통령 중 가장 말 많은 대통령은 특별한 점이 전혀 없었던 윌리엄 헨리 해리슨William Henry Harrison이었다. 그의 취임 연설은 9천 단어가 넘었다. 긴 연설을 하는 내내 빗속에 서 있던 해리슨은 폐렴에 걸렸고 얼마 지나지 않아 사망했다.
- 교훈: 짧게 말하라. 당신이 한 국가의 건국자라고 생각하라. 말이

너무 많으면 어떤 식으로든 당신의 생명이 끝날 수 있다.

짧게 말하려면 긴 작업이 필요하다. 우드로 윌슨Woodrow Wilson 대통령은 연설 준비에 시간이 얼마나 걸리느냐는 질문을 받았을 때 이렇게 답했다.

"연설문의 길이에 따라 다르다. 보통 10분 연설을 준비하는 데 2주가 걸린다. 30분 연설은 1주일 정도 걸린다. 원하는 만큼 오래 연설할 수 있다면 준비는 전혀 필요치 않을 것이다. 지금 당장 연설할 수도 있다."

훌륭한 연설가가 되고 싶다면 '지금 당장이라도 할 수 있는' 연설은 하지 말라. 짧고 간결한 연설을 위해 시간을 들여 작업하라.

적은 단어로 많은 말을 하는 것도 기술이다. 현명하게 단어를 선택하고 효과적인 단어만 골라야 한다. 그다지 쉬운 일은 아니다. 대통령 연설 작가인 페기 누난Peggy Noonan은, 로널드 레이건이 백악관에 도착한 직후에 맡았던 첫 연설문을 작성할 당시의 어려움에 대해 말했다. 대통령이 로즈 가든에서 올해의 교사상을 수여하면서 (중요하지 않은 일이라고 말할 사람도 있겠지만) 하게 될 아주 짧은 연설이었다. 그녀는 타자기와 씨름하는 동안 다음의 이야기를 떠올렸다.

어느 해안가 오두막집에 이런 표지판이 붙어 있다. '신선한 생선 여기서 팝니다.' 그곳은 해안가니까 당연히 신선할 것이다. 거저 주는 게 아닐 테니까 물론 판매용일 것이다. 그 표지판이 다른 곳에 있는

게 아니니까 당연히 '여기'일 것이다. 그러니 최종 표지판에는 '생선' 두 글자면 충분하다.

결국, 그녀는 연설문 작성에 필요한 규칙으로 간결함을 선택했고, 레이건은 그녀가 작성한 연설문에서 단어 하나 수정하지 않았다. 그것이 그녀의 첫 작업이었다. 나중에 '챌린저호' 비극이 일어났을 때 그녀가 레이건을 위해 쓴 연설문은 '20세기 미국 정치 연설문' 베스트 8위에 선정되기도 했다. 연설문은 단 650단어로 이루어졌지만, 비극이 일어난 후 상심한 국민의 마음을 위로해주기에 충분했다.

3. 집중

MIT 교수이자 그래픽 디자이너인 존 마에다John Maeda는 《단순함의 법칙》이라는 저서에서, 단순함으로 삶을 나아지게 할 수 있는 방법에 관해 쓰고 있다. 그의 첫 번째 법칙은 직접적으로 '줄여라'이다. 하지만 그의 열 가지 법칙 중 가장 마음에 드는 것은 마지막 법칙이다. "단순함은 뻔한 것을 빼고 의미 있는 것을 더하는 것이다." 그가 여기에서 정말로 말하고자 하는 것은 몰입이다.

모든 테드TED 강의가 18분 이하인 것에는 그 이유가 있다. 주최 측은 강연자들이 명확하고 짧은 강연만이 아닌 몰입감 있는 강연을 해주길 바란다. 몰입감 있는 강연에는 꼭 필요한 내용만 오롯이 담겨 있다.

많은 사람이 내게 강연과 책 집필에 관한 충고를 해달라고 요청한다. 내가 해줄 수 있는 최고의 조언은 거의 100년 전 한 출판사 편집자가 쓴 다음의 글로 일부 대신할 수 있을 것 같다.

> 좋은 생각이 떠올랐다면 - 줄여라!
>
> 짧고 산뜻하고 명료하게 - 줄여라!
>
> 당신의 뇌가 만들어내는 것들을
>
> 종이에 적고
>
> 당신의 노력을 출간하고 싶어지면 - 줄여라!
>
> 여분의 글자를 모두 지우고 - 줄여라!
>
> 음절은 짧을수록 좋다 - 줄여라!
>
> 의미를 분명히 한 뒤에 표현하라.
>
> 그래야 추측만 하지 않고 알아들을 수 있다.
>
> 그런 다음 친구들에게 들려주기 전에 - 줄여라!
>
> 여분의 가지를 모두 쳐내고 - 줄여라!
>
> 잘 훑어보며, 훑으며, 훑어내라 - 줄여라!
>
> 이제 더 이상의 문장을 잘라내는 건
>
> 죄라는 확신이 들 때,
>
> 원고를 보내라. 그러면 우리가 **줄이기** 시작할 것이다!

훌륭한 연설을 듣는 일은 훌륭한 저녁 식사를 하는 경험과 같다. 훌륭한 셰프는 최고의 재료만 사용하고 맛에 집중한다. 식사의 모든 요소가 뚜렷이 구분된다. 중요한 재료가 버려지는 일도 없고 불필요한 재료가 들어가는 일도 없다. 그 결과, 강렬하고 놀랍고 뼛속 깊이 만족스러운 음식이 만들어진다.

강연할 때도 이와 똑같은 철학을 따라야 한다. 메시지에 기술과 과학을 넣어 버무려라. 간결함의 법칙을 훈련할 때는 다음의 사항을 기억하라.

- 덜한 편이 더 낫다.
- 명료함이 힘이다.
- 투명함이 친절함이다.
- 모든 것은 최대한 단순해야 한다.
- 단순하게 설명할 수 없다면 아직 이해하지 못한 것이다.
- 청중에게 뽐내려고 하지 말라.
- 청중을 도우려고 하라.
- 사람들이 "그래서 핵심이 뭐야?"라고 묻기 전에 핵심에 도달하라.
- 중요한 게 무엇인지 반복해서 말하라.
- 간결하게 말하고, 천천히 말하고, 미소로 말하라.

매번 이 내용을 되새기며 준비한 후에 강연한다면, 당신의 메시지와 강연은 늘 발전할 것이다. 왜일까? 연사는 복잡한 것을 간결하게 만들어내는 사람이기 때문이다. 그게 바로 '간결함의 법칙'이다.

11 / 시각적 표현의 법칙

그냥 말하기보다 보여주며 말하기가 더 낫다

연사는 프레젠테이션의 효율을 높이기 위해 할 수 있는 모든 것을 활용해야 한다. 물론 라디오의 전성기 때처럼 오로지 100퍼센트 목소리로만 메시지를 전달할 수도 있다. 하지만 심지어 라디오에서도 음악과 음향 효과, 은유적 단어를 사용한다는 점에 주목해야 한다. 목소리만 사용할 수도 있다. 하지만 왜 그렇게 하는가? 그냥 말하기보다 보여주며 말하기가 메시지 전달에 있어 더 효과적이라는 것을 알고 있는데? 이제 '시각적 표현의 법칙'에 대해 알아보자.

이미지의 세계

나는 최근 친구인 팀 엘모어와 함께 이 법칙에 관해 대화할 기회가 있었다. 팀은 '성장하는 리더들'의 설립자이자 타고난 연사다. 그는 특히 강연에 이미지를 활용하는 기술이 뛰어난데, 물리적 이미지와 은유적 단어 사용에 강하다. 그는 현재 우리가 살아가는 환경을 다음과 같이 설명한다.

우리는 이미지로 가득한 문화적 풍요 속에 살아간다. 우리는 사진, TV, 영화, 비디오, VH1, DVD, 페이스북, 인스타그램과 함께 자랐다. 우리는 시각적 이미지의 힘에서 벗어날 수 없고 대부분은 그러기를 원하지도 않는다. 그저 음악을 듣기만 하는 게 아니라 보며 듣는 것에 익숙해졌다. 라디오는 TV로, MTV로 옮겨졌다. 음악조차도 이미지와는 떼려야 뗄 수 없게 되었다. 우리 조부모님이 자랄 때에는 즐길 거리라고는 라디오밖에 없었다. 오늘날의 아이들은 유튜브를 시청하며 자란다. 그리고 이런 시각적 확장의 페이스는 가속화되고 있다. 나는 '외눈의 베이비시터'라고 불리던 텔레비전에 익숙한 첫 세대로서 어린 시절을 보냈다. 오늘날의 청소년들은 '스크리네이저Screenagers'라고 불릴 정도로, 스크린을 보는 시간이 텔레비전에만 국한되지 않고, 노트북 컴퓨터, 비디오게임, 태블릿, 스마트폰으로까지 확장되었다. 앞으로 7년 이내에 콘텐츠의 90퍼센트는 언어가 아닌 시각 자료로, 휴대폰으로 받아보게 될 것이다.

왜 이미지를 활용한 교육이 효과적일까?

팀은 세대 변화 전문가로 지난 40년간 젊은 세대에 투자하며 헌신해 왔다. 그림을 활용해 가치를 가르치는 그의 저서 《습관들Habitudes》은 수백만 부가 팔려나갔고, 고등학교와 대학교 학생들, 미국뿐 아니라 전 세계에까지 큰 영향을 미쳤다. 책을 집필할 당시, 팀은 커뮤니케이션과 이해에 관련된 시각의 힘에 대한 조사에 많은 공을 들였다. 그의 결론 중 몇 가지를 소개하겠다.

1. 사람들 중 대다수는 시각적 학습자다

사람들의 60퍼센트는 시각적 사고를 한다. 대부분의 사람은 '코끼리'나 '빨간 소방차' 소리를 들었을 때 단어를 떠올리지 않는다. 대신 이미지를 머릿속에 떠올린다. 우리의 신체조차도 그런 시각적 신호를 먼저 수용하도록 설계되어 있다. 전문가들에 따르면 자연에서 입력되는 감각의 80퍼센트는 시각을 통해 들어온다. 아리스토텔레스가 이렇게 말한 것도 놀라운 일이 아니다. "영혼은 이미지 없이는 생각하지 않는다." 만약 당신이 사람들과 소통하고 그들이 배우는 데 도움이 되고 싶다면 시각 자료를 활용해야 한다.

2. 그림은 사람들의 머릿속에 박제된다

간혹 끔찍한 상황을 겪고 난 사람들은 이렇게 말한다. "그 장면이 계속 떠올라." 그 말에는 진실이 담겨 있다. 행동과학자들은 연구 결과, 사람들은 대부분 말보다 이미지로 더 잘 기억한다는 사실을 알아냈다. 이 같은 현상을 '그림picture 우월성 효과'라고 부른다. 팀은 그 점을 지적한다. "포스트모던 사회는 데이터 포화 상태의 세계다. 사람들은 하루에 대략 1천 개의 메시지를 처리한다. 우리가 메시지를 기억하게 하는 유일한 희망은 그림을 활용하는 것이다." 당신의 메시지를 더 많이 시각화할수록 사람들이 기억하기 쉬워질 것이다.

3. 사람들은 이미지에 더 크게 반응한다

상투적인 말 같지만 사실이다. 한 장의 그림은 1천 단어의 가치가 있다. 사람들은 TV 프로그램을 스트리밍하고 거기에 대해 친구들과 빨리 이야기하고 싶어 안달한다. 운전자들은 거리의 광고판에 끌린다. 신문에서 뉴스 기사를 읽지 않는 사람들도 여전히 만화는 찾아본다. 광고는 텍스트만이 아닌 이미지를 활용한다. 아트 갤러리들은 거장의 작품을 전시한다. 그들의 이미지는 대화거리를 생성하기 때문이다. 사람들은 이미지에 끌리고 거기에 정신적, 감정적으로 반응한다.

4. 이미지는 뇌의 창의적, 포괄적 영역에 관여한다

《새로운 미래가 온다》에서 다니엘 핑크Daniel Pink는 인간 사회는 지식 노동자가 이끄는 '정보 시대'에서 벗어나 크리에이터와 공감자Empathizer가 이끄는 '개념 시대'로 전환되고 있다고 말한다. 저서에서 그는 양쪽 뇌가 어떻게 작동하는지에 대해 광범위하게 연구한 결과를 소개한다. 그는 우뇌가 이미지와 얼굴에 대한 정보를 처리하는 데 뛰어나며, 창의적이고, 정보를 총체적으로 동시에 처리할 수 있고, 합성을 하며 큰 그림을 볼 수 있다고 말한다. 다시 말해 강연할 때 시각 자료를 활용하면 청중이 정보를 처리, 합성, 이해하는 데 도움이 될 것이다.

5. 시각 자료는 상상 속에서 이야기를 들려준다

팀은 말한다. "간단한 그림도 볼 때마다 새로운 생각을 불러일으킨다. 왜 그럴까? 그림은 이야기를 들려주기 때문이다. 우리 시대의 철학자들은 음악가, 영화제작자다. 그들은 우리 머릿속에 그림을 그리고 상상력을 촉발시킨다." 청중의 상상력에 관여하고 싶다면 수치를 제시하지 말라. 이미지를 제시하라. 이러한 점을 알았다면 연사인 우리도 프레젠테이션에 시각 자료를 최대한 많이 활용해야 한다.

이것을 찍어라!

영화감독 마틴 스코세이지Martin Scorsese는 말한다. "젊은 세대의 마인드 형성에 일찍부터 큰 영향을 미치고 싶다면 아이디어와 감정이 시각적으로 어떻게 표현되는지를 알아야 한다." 이런 시각적 표현은 영화나 비디오에만 국한되지는 않는다. 나는 연사가 강연 효과를 향상시킬 수 있는 세 가지 시각적 방법을 발견했다.

1. 동작, 제스처, 표정

연사로서 사용해야 할 첫 시각적 도우미는 바로 당신의 신체다. 당신이 하는 말의 전달력을 높이고 효율적으로 강조하려면 표정이나 제스처를 활용하는 방법을 배워야 한다. 나도 처음 강연을 시작했을 때는 지루하기 짝이 없는 연사였으나 지금은 신체 활용의 중요성에 대해 잘 알고 있다. 나는 커다란 연단 뒤에 서서 꼼짝도 없이 신도들에게 말로만 메시지를 전달했었다. 마치 연단 뒤에 숨어 있는 것 같았다. 연단은 엄청나게 컸다. 벌거벗은 채 그 뒤에 서 있었대도 아무도 알아차리지 못했을 것이다. 당시의 청중은 강연하는 나의 모습이 마치 거대한 빙하처럼 보였을 것이다. 머리만 보였고 움직임은 전혀 없었으니까.

경험이 쌓이면서 나는 좀 더 편안해지고 긴장하지 않게 되었다. 연단 뒤에서 나와 움직일 수 있을 만큼 자신감도 충분히 얻었다. 강연에 효율을 더할 수 있는 바디랭귀지도 활용했다. 더 많은 제스처를 사용하기 시작했다. 내가 더 많이 움직일수록 청중의 눈빛이 더 초롱초롱해진다는 것을 알게 되었다.

청중의 상상력을 자극하고 싶다면 수치를 전달하지 말고 이미지를 보여주어라.

어느 날 강연 중에 무대 끝에 있는 계단으로 내려갔다. 그 즉시 강당 분위기가 바뀌는 것을 느낄 수 있었다. 나는 청중과 더 친밀하게 소통하고 있음을 감지할 수 있었다. 그들을 향해 일방적으로 발언하던 내가 그들과 함께 대화를 나누고 있었다. 나는 그때를 내 머릿속에 메모해두고 나의 커뮤니케이션 도구상자에 넣어두었다.

몇 해 전에는 크리스털 성당에서 하는 강연에 초청받았다. 그렇게 큰 스크린을 띄운 곳에서 강연을 해보기는 처음이었다. 강연을 시작했을 때 군중들이 나를 바라보고 있지 않다는 것을 깨달았다. 그들은 나의 왼쪽을 바라보고 있었다. 약간 당황스러웠다. 우리가 소통하고 있지 않다고 생각했다. 하지만 얼마 지나지 않아 그들이 나를 보고 있다는 것을 깨달았다. 단지 연단 앞의 내가 아닌 커다란 스크린 속의 날 보고 있었을 뿐이다. 그 즉시 나는 연단을 벗어나 스크린 바로 아래에 섰다. 그제야 나는 청중의 시선이 가는 방향에 위치할 수 있었다.

나는 강연을 하는 중에도 무엇을 해야 할지 결정하기 위해 나 자신과 끊임없이 대화한다. 한번은 내가 재미있는 이야기를 하며 웃긴 표정을 지었더니 청중이 빵 터졌다! 스크린을 보고 있던 청중의 왁자지껄한 웃음소리가 강당을 가득 울렸다. 그때 나는 카메라의 힘을 깨달았다. 특히 대규모 집회에서는 큰 스크린이 커뮤니케이션의 효과를 더해 준다. 그 후로는 강연을 거기에 맞게 조절했고 카메라가 내 표정이나 동작을 모두가 볼 수 있게 확대해 비추는 것도 부담스럽지 않았다.

그렇게 노력한 결과, 지금은 시각적 표현을 아주 많이 활용하는 연사가 되었다. 나는 강연에 필요한 것이라면 미소를 포함해 할 수 있는 모든 것을 동원한다. 내가 항상 웃는 습관을 갖게 된 데에는 이유가 있다. 초등학교 3학년 때 거울을 보면서 '난 잘생기지 않았어' 하고 생각했던 기억이 난다. 그 순간 미소를 지어 보았더니 훨씬 괜찮아보였다. 그렇다고 상처받은 마음이 치유되지는 않았지만 도움은 되었다. 그때부터 의도적으로 계속 미소 짓는 훈련을 했고, 특히 무대에서는 더욱 자주 웃었다. 세상에는 수백 가지의 언어가 있다. 그 모든 언어권에서 공통적으로 통하는 것이 바로 미소다. 미소는 기쁜 마음으로 표현할 수 있는 모든 것을 전달한다.

> **세상에는 수백 가지 언어가 있다.**
>
> **그 모든 언어권에서 다 통하는 것이 미소다.**
>
> **미소는 기쁜 마음으로 표현할 수 있는 모든 것을 전달한다.**

또 나는 동작을 활용해 강연의 효율을 높이기도 한다. 얼마 전 칸쿤에서 강연할 때였다. 시끌벅적한 군중들은 내가 하는 모든 말에 환호해주었다. 그들의 에너지가 무척 마음에 들었지만 조금 진정시키지 않으면 소통이 힘들 것 같았다. 재빨리 생각을 정리한 나는 무대에서 내려와 청중에게 가까이 다가갔다. 그러자 곧바로 진정 효과가 나타났다. 나는 강당 안에 있던 테이블로 걸어가 거기 앉아서 대화를 나눠도 되는지 물어봤다.

그러자 사람들은 내게 집중하기 시작했다. 강당 안에 있던 3천 명의 청중 모두 가까운 테이블에 앉은 나에게 집중했고 전부 목을 빼고 쳐다보았다. 나는 그들에게 개인적으로, 직업적으로 도움이 될 원칙들에 대해 조용히 말하기 시작했다. 그러자 우리는 정서적으로 마치 친구로서 한 테이블에 둘러앉아 있는 것 같은 느낌이 들었다. 우리는 소통했다. 그리고 우리가 소통했기 때문에 청중은 내가 그들에게 전하는 메시지들을 받아들일 수 있었다.

내가 강연에서 활용하는 동작들에 대해 설명해야겠다. 나는 강조하고 싶은 말이 있을 때 퍼포먼스를 하듯 몸을 활용한다. 행위예술가가 되고 싶은 건 아니다. 나는 청중과 구별되고 싶지 않고 그들의 일원이 되고 싶다. 내가 사람들을 향해 움직일 때 사람들도 나를 향해 다가오기를 바란다. 청중은 물리적으로 항상 내 앞에 앉아 있기 때문에 나는 항상 그들을 '내 옆자리로' 초대한다. 그들과 그 순간에 함께하고 싶고, 청중 한 명 한 명이 그것을 느끼고 알아차리길 바라기 때문이다. 그러기 위해 청중은 나를 볼 수 있어야 하고, 나도 그들을 볼 수 있어야 한다. 그래서 나는 항상 강연 장소의 조명을 밝게 하려고 한다.

조명에 대해서는 '온도조절기의 법칙(13장)'에서 간략히 설명할 테지만, 여기서도 강조하고 싶다. 조도가 높은 곳과 낮은 곳은 확연히 차이가 난다.

조도가 높은 곳	조도가 낮은 곳
높은 에너지	낮은 에너지
청중에게 집중	무대에 집중
포섭의 소통	배제된 소통

상호작용에의 차이	고립 생성
감정 교류	별개의 감정
"우리는 하나"	"내가 스타"

　강연할 때는 청중에게 감동을 주고 싶기도 하지만, 나 또한 청중으로부터 감동을 받고 싶다. 내가 하는 말이 그들의 마음에 가닿고, 그들의 반응 또한 내 마음에 와닿길 바란다. 내가 청중에게 무언가를 줄 때 그들도 내게 무언가를 건넨다. 나의 취약성을 시각적으로 표현함으로써 내가 그들에게 안정감을 느끼고 있으며 감동을 주고 싶고 또한 받고 싶어 한다는 마음을 드러낸다. 그 모든 게 나와 청중의 소통 감각을 높여준다. 그런 경험의 가치는 값을 매길 수 없다.

　몇 년 전, 나의 멘토가 말했다. "존, 말하지 말고 보여줘. 약속하지 말고 증명해. 말하지 말고 행동해." 자신을 강연에 온통 갈아 넣을 때 당신은 그 세 가지 모두를 실천하게 될 것이다. 더 나은 연사가 되고 싶다면 소리 내어 말하는 것 이상을 해야 한다. 장승처럼 서 있지 말고 시선을 끌려고 노력하라. 몸의 움직임, 제스처, 표정을 활용해 이목을 집중시켜라.

2. 은유적 표현

다니엘 핑크는 말한다. "그림이 1천 개 단어만큼의 가치가 있다면 은유는 1천 개 그림만큼의 가치가 있다." 은유적 단어는 좌뇌와 우뇌에 모두 관여해 이해력을 높여줌으로써 청중의 참여 수준을 크게 높여주기 때문이다.

　내가 강연에서 자주 전하는 메시지는 '어떻게 변화의 기폭제가 될 것인가'에 관한 것이다. 내가 그 주제로 강연한 횟수는 셀 수 없이 많다. 나는 메시지에 대한 청중의 이해나 참여도를 높이기 위해 다음의 여섯 가지 은유적 표현을 활용한다.

　첫 그림은 거울이다. 나는 청중에게 자신의 모습을 그려 보라고 요구한다. 변화는 자신 안에서 시작되기 때문이다. 변화는 당신 안에서 시작된다. 변화는 항상 개인 안에서 시작된다.

　두 번째 그림은 손뼉이다. 변화에는 파트너십이 요구된다. 변화는 단독으로 일어나지 않는다. 위대함을 이루기에 1은 너무 작은 숫자다.

　세 번째 그림은 사다리다. 변화는 다른 사람이 더 나은 곳으로 올라갈 수 있게 돕는 것이다. 변화의 기폭제가 되기 위해서는 다른 사람들이 자신의 가능성을 향해 사다리를 타고 올라갈 때 그 사다리를 붙잡아주어야 한다.

　네 번째 그림은 마음이다. 변화는 사람들이 마음속에 선한 가치를 수용하고, 삶에 그것을 적용할 때 일어난다.

　다섯 번째 그림은 테이블이다. 테이블에 모여 앉아 가치를 배우고 삶을 공유하고 성장할 때 변화는 일어난다.

　여섯 번째 그림은 다리다. 다리는 무슨 역할을 할까? 다리는 사람들이 현재 있는 곳에서 가고 싶은 곳으로 건너갈 수 있게 도와준다. 변화는 사람들을 더 나은 삶으로 이동할 수 있게 해주는 다리다.

변화는 추상적이고 형체가 없는 아이디어다. 하지만 이런 은유를 활용하면 사람들은 쉽게 개념을 이해한다. 좀 더 가까이 접근할 수 있고 자신의 일부로 바라볼 수 있다. 하지만 나는 거기서 한 걸음 더 나아가려고 한다. 이런 은유적 표현을 공유한 뒤, 청중에게 일어서라고 요청한다. 각각의 그림에 신체적 움직임을 더하면 기억하기가 더 쉬워지기 때문이다.

거울: 자신을 가리키기

손뼉: 다른 사람과 악수하기

사다리: 사다리를 '오르며' 가로대 붙잡기

마음: 심장 위에 손 얹기

테이블: 손가락으로 큰 동그라미 그리기

다리: 여기서 저기까지 손가락으로 가리키기

나는 동작을 취하면서 다음의 말들을 되뇌게 한다.

"변화는 내 안에서 시작된다…."

"내가 다른 사람과 손잡을 때…."

"다른 사람이 가능성의 사다리를 오르도록 도움으로써…."

"선한 가치를 배우고 실천함으로써…."

"테이블에 둘러앉아…."

"더 나은 미래로 향하는 다리를 만들기 위해…."

나는 청중에게 이런 동작들을 가르치고 말을 따라 하게 할 때 무척 기쁘다. 이렇게 재미에 의미까지 더해지면, 사람들은 보통 다른 사람들에게도 자신의 경험을 들려주고 싶어 한다. 시각적인 것은 기억했다가 다시 이야기로 들려주기가 더 쉽기 때문이다.

2022년 여름, 나는 코스타리카의 사법부 간부 모임에서 강연해 달라는 요청을 받았다. 그중에는 대법관들도 있었다. 사법부 건물에 도착하자 사람들로 가득한 큰 강당으로 안내받았다. 나는 3초 만에 그곳에 앉아 있는 사람들이 쉽게 미소 짓거나 웃지 않는 매우 진지한 사람들임을 파악했다.

'6가지 변화의 은유적 표현'을 가르친 후, 나는 저 잔뜩 굳은 표정의 법관들에게 동작 —우리 스태프 한 명은 그것을 '변형 호키포키'라고 불렀다— 을 가르칠지 말지 잠시 고민했다. 하지만 나는 그들에게 오래 남을 인상을 심어주고 싶었다. 그들은 코스타리카의 어느 누구보다도 그 나라에 변화를 가져올 수 있는 사람들이었기 때문이다. 그래서 일단 저질러 보기로 했다.

청중은 마지못해 자리에서 일어섰다. 내가 동작을 가르쳐주자 그들은 동료들에게 허락이라도 구하듯 쭈뼛거리며 주위를 둘러보았다. 하지만 앞자리에 있던 수석 재판관이 열렬히 참여하는 모습을 보더니 바로 뒤에 앉아 있던 다른 대법관들도 하나둘 따라 하기 시작했다. 그러자 분위기가 바뀌기 시작했다. 모두 참여하고, 웃으며 긴장이 풀린 듯했다. 절대 잊을 수 없는 순간이었다.

청중에게 은유적 신체 표현을 따라하도록 하는 것에는 엄청나게 큰 장점이 있다. 그중 가장 큰 장점은 모두와 함께할 수 있다는 것이다. 몸을 움직일 수 있는 사람이라면 누구나 '은유적' 표현을 만들수 있고 따라 할 수 있다. 미적 재능이나 기술적 노하우, 장비, 소품이필요한 것도 아니다. 만들 의지와 준비, 활용할 마음만 있으면 된다.

3. 그림, 소품, 비디오

시각적 도구의 마지막 범주에는 물체, 사람, 혹은 스크린을 활용하는 것이 포함된다. 프레젠테이션 훈련소에 따르면 프레젠테이션 후3시간 후에 시각적 프레젠테이션을 경험한 청중의 85퍼센트가 콘텐츠를 기억했지만, 말로만 이루어진 콘텐츠를 들은 청중은 70퍼센트가량만 기억하는 것으로 드러났다. 사흘 후에는 시각적 콘텐츠의 경우는 60퍼센트의 청중이 기억했지만, 말로만 이루어진 콘텐츠를 들은 청중은 10퍼센트밖에 기억하지 못했다.

이런 종류의 시각적 도구를 활용하는 데에는 기술이 필요한 데다 위험 요소도 있다. 매우 고심해서 만들어낸 소품을 강연장에 가져가 모두에게 선보일 수 있다면 매우 효과적일 것이다. '관찰의 법칙(2장)'에서는 옛날식 수동 펌프를 무대에 올려 효과적으로 핵심을 짚어낸 지그 지글러의 이야기를 했다.

스티브 잡스가 2007년 맥월드에서 아이폰의 첫 선을 보이며 했던 프레젠테이션은 전설이 되었다. 아이폰의 디자인이 획기적이었을 뿐 아니라 그것을 대형 스크린에 띄워 그가 디바이스를 조작할 때마다 청중이 그 결과를 실시간으로 보고 기능을 파악할 수 있었기 때문이다. 그는 기립박수를 받았다.

수천만 명이 시청한 그 유튜브 영상을 보면 잡스는 사진이나 노래를 스와이핑하면서 보거나 듣고 스크린을 핀치해 이미지의 크기를 조정하고 음성 메일 목록을 스크롤하는 등의 일상적인 동작을 수행한다. 모두 우리가 일상적으로 하는 일들이어서 이제는 거기에 대해 아무 감흥도 없을 것이다. 하지만 잡스가 소개할 때까지는 전 세계 어느 누구도 그런 것을 본 적이 없었다. 애플이 막 그 제품을 발명해 최초로 대중 앞에 선보이는 것이었기 때문이다.

만약 잡스가 아이폰을 소개하려고 자리에서 일어섰는데 시청각 장비가 전혀 작동하지 않았다면 어떻게 됐을까? 시각 자료 활용의 위험성은 바로 그런 데 있다. 실제로 당시 잡스가 리허설을 할 때도 아이폰은 미완성 시제품이었기 때문에 매우 불안한 상황이었다. 하지만 그는 위험을 감수하고 프레젠테이션을 밀어붙였다.

프레젠테이션의 일부로 기술을 활용할 때는 항상 미디어가 시스템과 호환되지 않거나 컴퓨터가 고장나거나 와이어가 꼬이거나 기술자가 문제를 바로 해결하지 못하거나 전기가 나가는 문제가 생길 수 있다는 것을 감안해야 한다. 심지어 매년 열리는 스포츠 이벤트 중 가장 규모가 크고, 세심하게 준비하며 수익성이 크다는 슈퍼볼 경기장에서조차도 2013년 정전 사고가 일어나 30분 넘게 경기가 중단되는 사태가 벌어졌었다.

나는 소품이나 이미지를 그렇게 자주 사용하지는 않지만 그런 것들을 효과적으로 활용해 커뮤니케이션 효과를 높이는 사람들을 보면 감탄스럽다. 내가 내 몸의 움직임 외에 가장 선호하는 시각 자료는 사진이다. 예를 들어, 나는 매년 '익스체인지'라는 이벤트를 주최하는데 거기서 '올해 내가 배운 교훈'이라는 세션을 진행한다. 나는 그때마다 각 교훈의 정신을 잘 포착한 사진을 보여준다.

한번은 청중에게 노스캐롤라이나주의 샬럿에 사는 3학년 아이, 이든의 사진을 보여주었다. 내가 한 학교를 방문했을 때, 3학년 아이들과 질의응답 시간을 가졌는데 이든이 손을 들고 일어나 물었다. "맥스웰 아저씨, (심장 쪽을 가리키며) 여기 깊은 곳에서부터 사람들이 변화를 만들도록 돕고 싶다고 느끼시나요?" 마치 그 아이가 내 마음과 정신을 읽은 것 같았다. 내가 말했다. "그렇단다, 이든. 정말 그렇게 느낀단다." 나는 팔을 내밀어 아이를 끌어안아 주었다. 내가 말했다. "이든, 넌 나중에 세상을 바꿀 거야." 그런 다음 청중에게 우리 모두가 어떻게 변화를 만들어내도록 창조되었는지를 이야기했다.

코로나바이러스 팬데믹이 시작됐을 때 '확신의 법칙(3장)'에서 언급한 대로 그해 나의 모든 라이브 강연이 취소되었다. 나는 양손 가득 레몬을 쥐고 있는 느낌이었다. 그래서 내가 그걸로 뭘 했을까? 레모네이드를 만들었다. 나는 내 친구 앤드류의 작업실로 가서 강연 영상을 촬영하기 시작했다. 조직이나 팀들이 인생에 변화를 가져올 교훈을 무료로 얻을 수 있도록 그 영상을 유튜브에 올렸다. 나는 1백만 명이 넘는 사람들에게 메시지를 보냈다. 어둠을 저주하는 대신 양초를 켜는 나만의 방식이었다. 나는 청중에게 다른 사람들에게서 최선을 끌어내는 리더가 위기에서 최선을 뽑아낸다는 교훈이 담긴 이야기를 전했다.

훌륭한 시각적 연사가 되기 위해서는 반드시 슬라이드나 사진, 비디오 혹은 소품이 필요한 걸까? 아니다. 당연히 그렇지 않다. 나는 얼마 전 시대를 통틀어 테드TED 최고의 인기 강연을 시청해보았다. 그중 네 명의 연사가 제각기 다른 시각 자료를 활용했다.

최고의 인기 강연 4위는 사이먼 시넥Simon Sinek의 '훌륭한 리더가 행동에 영감을 주는 방법'으로, 5천 7백 만 조회수를 기록했다. 그는 플립 차트에 마커로 핵심을 표시하는 옛날 방식을 활용했다.

> **"울림을 주는 방식으로 아이디어를 전달하면 변화가 일어나고 세상을 변화시킬 수 있다."**
> – 낸시 두아르테Nancy Duarte

세 번째 인기 강연은 팀 어번Tim Urban의 '일을 미루는 사람들의 속마음'으로, 5천 9백 만 조회수를 기록했다. 팀은 간단하지만 유머러스한 손 그림을 활용한다.

사회과학자 에이미 커디Amy Cuddy는 '바디랭귀지가 당신의 모습을 결정한다'는 강연에서, 사진과 짧은 영상 클립을 활용해 바디랭귀지를 보여주었다. 그녀의 테드 강연은 조회수가 6천 5백 만 건에 달하며 인기 강연 2위를 기록했다.

그리고 테드 강연 1위는? 켄 로빈슨Ken Robinson 경의 '학교가 창의성을 죽이는가?'란 강연으로, 조회수 7천 2백 만 건을 기록했다. 그는 어떤 시각 자료를 활용했을까? 표정이 전부였다. 그의 재치와 설득력 있는 아이디어가 메시지 전달의 대부분을 담당했다. 또 다른 인기 테드 강연자인 낸시 두아르테는 말한다. "울림을 주는 방식으로 아이디어를 전달할 때 사람들의 마음에 변화가 일어나고, 세상을 변화시킬 수 있다."

셰익스피어는 햄릿의 유랑공연 때 단원들에게 연기 지도를 하며 몇 가지 철학을 공유했다. "행동은 대사에 맞추고 대사는 행동에 맞춰라." 이것이 바로 '시각적 표현의 법칙'에서의 핵심이다. 사람들이 보는 내용이 듣는 내용을 뒷받침해야 한다. 이 두 가지가 일치되지 않으면 청중은 산만해지고 다른 데로 주의를 돌린다. 그러면 청중은 당신이 느끼는 것을 느끼지 못하게 되고, 당신이 생각하는 것을 생각하지 못하게 되고, 당신이 웃을 때 웃지 못하게 된다.

"행동은 대사에 맞추고 대사는 행동에 맞춰라."
- 윌리엄 셰익스피어

요즘의 청중은 그 어느 시대보다도 더 참여하길 원하고, 즐기고 싶어 한다. 그들은 다감각의 경험을 원하고 기대한다. 더 시각적으로 표현할수록 사람들은 더 많이 좋아할 것이며 당신은 더 나은 연사가 될 것이다. 그냥 말하기보다 보여주며 말하기가 낫다. 이것이 바로 '시각적 표현의 법칙'이다.

12 / 스토리텔링의 법칙

사람들은 연사의 이야기 안에서 자신의 삶을 본다

나는 어렸을 때 어머니가 책 읽어주는 것을 무척 좋아했다. 어머니는 도서관 사서 겸 교사로, 책을 무척 사랑하셨기 때문에 늘 책을 읽어주셨다. 내가 가장 좋아했던 이야기는《넌 할 수 있어, 꼬마 기관차》이다. 어머니가 그 이야기의 트레이드마크인 문장, "난 할 수 있어. 난 할 수 있어"를 읽어줄 때면 나는 흥분을 감출 수 없었다. 꼬마 기관차와 나를 동일시했기에 꼬마 기관차가 언덕을 끝까지 올라갈 수 있기를 간절히 바랐기 때문이다.

초등학교 1학년 수업 시간에 '스토리 타임'이란 것이 있었다. 학생들이 각자 자기가 좋아하는 이야기를 친구들에게 들려주는 시간이었다. 내 차례가 되었을 때 나는 학급 친구들 앞에 나가《넌 할 수 있어, 꼬마 기관차》이야기를 들려주었다. 그냥 말만 하는 것이 아니라, 거의 연기하는 수준으로 이야기했다. 내가 이야기를 끝냈을 때 반 전체가 박수갈채를 보냈다. 그날 나는 세 가지 사실을 깨달았다. 첫째, 이야기를 들려주는 일은 재미있다. 둘째, 학급 친구들은, 모두 내 친구이기도 했지만, 내가 이야기해주는 것을 좋아한다. 셋째, 나는 친구들 앞에서 퍼포먼스하는 것을 좋아한다. 그날 이후로 나는 스토리텔링에 끌리게 되었다.

스토리텔링의 힘

저널리스트이자 스토리텔링 전문가인 크리스토퍼 부커Christopher Booker는 이렇게 쓰고 있다.

> 우리는 살면서 어마어마하게 많은 시간을 스토리에 할애한다. 스토리에 귀 기울이고 스토리를 말하고 스토리를 듣고 스토리를 읽고 텔레비전 화면 속에서 혹은 영화 속에서, 혹은 무대 위에서 스토리를 연기하는 모습을 본다. 스토리는 우리의 존재와 일상을 무엇보다 잘 보여준다…. 이 구조화된 이미지의 시퀀스들은 우리 삶에서 일어나는 거의 모든 것들을 묘사하는 사실상 가장 자연스러운 방식이다.

그 말은 사실이다. 시인 겸 소설가인 마거릿 애트우드^{Margaret} Atwood는 말한다. "스토리텔링은 절대 죽지 않는다. 그것은 인간 안에 새겨져 있기 때문이다. 인간과 스토리는 함께다." 그리고 스토리텔링은 우리에게 너무나 많은 것을 해준다. 왜일까?

스토리는 추론 과정을 활성화한다.

스토리는 감정적 반응을 만들어낸다.

스토리는 우리가 되고 싶은 모습을 그려낸다.

스토리는 우리의 행동을 허락해준다.

스토리는 소통한다.

스토리는 오래 남는다.

스토리는 우리를 매혹시킨다.

스토리가 곧 우리다.

> **"스토리텔링은 절대 죽지 않는다.**
> **그것은 인간 안에 새겨져 있기 때문이다.**
> **인간과 스토리는 함께다."**
> - 마거릿 애트우드

스토리는 적어도 인간의 역사만큼 오래되었다. 인간은 첫날부터 말을 했고 분명 스토리를 들려주었을 것이다.

훌륭한 연사가 되고 싶다면 스토리텔링의 법칙을 알아야 한다.

왜냐하면 사람들은 연사의 이야기 안에서 자신을 보기 때문이다. 유명 심리학자 제롬 브루너Jerome Seymour Bruner는, 사람들은 이야기로 포장된 사실을 22배는 더 잘 기억하는 경향이 있다고 말한다. 왜일까? 스토리가 기억하기 쉬운 이유는 아이디어를 빨리 파악하도록 도와주고 감정을 건드리기 때문이다.

나는 스토리를 사랑한다. 나는 계속해서 스토리를 들려주고 주의 깊게 듣는다. 그리고 끊임없이 스토리를 찾아 나선다. 스토리는 나의 세계를 확장해주고, 그것을 듣는 나의 청중을 풍요롭게 해준다. C. S. 루이스는 스토리가 얼마나 중요한지 요약해준다. 그는 스토리를 한 번도 듣고 읽고 받아들여 본 적 없는 사람에 대해 묘사한다. "착하고 분별력 있는 사람일 수는 있겠지만 아주 작은 세계 속에서 사는 사람이다. 너무 작아 질식할 정도다. 오로지 자신만으로 만족하는 사람, 그래서 하나의 자아보다도 작은 사람은 감옥에 갇힌 것과 같다. 자신의 시야만으로는 충분치 않다. 나는 다른 사람들의 눈을 통해서도 볼 수 있다. 현실은 수많은 시선으로 바라보아도 충분치 않다. 나는 다른 사람들이 만들어낸 것들을 볼 수 있다." 영화 〈아미스타드〉에서 전 미국 대통령 존 퀸시 아담스John Quincy Adams 역을 맡은 앤서니 홉킨스Anthony Hopkins는 다음과 같이 말했다. "최고의 스토리를 말하는 사람이 이긴다."

▎ "최고의 스토리를 말하는 사람이 이긴다." ▎

스토리텔링의 거장

내가 '스토리텔링의 법칙'을 쓰기로 마음먹었을 때 가장 먼저 조언을 구하고 싶었던 사람은 돈 예거Don Yaeger였다. 그는 내가 아는 그 누구보다도 스토리를 잘 만들고 잘 말한다. 그가 한 말이다.

우리는 모두 그들의 이름을 말할 수 있다. 조직에서 발언할 때 시선을 끄는 사람은 누구인가? 저녁 식사 자리에서 가장 대화를 나누고 싶은 사람은 누구인가? 어떤 연사가 나오는 프로그램이 가장 보고 싶은가?

아마도 마음속에 떠오른 이름은, 시간이 멈춘 듯 몰입감 있게 이야기를 잘 풀어내는 사람들일 것이다. 한 명의 상대 앞에서 말하든, 천 명의 청중 앞에서 말하든 마찬가지다. 전화로 영업을 하든, 무대에서든, 팟캐스트에서든, 식사 자리에서든 마찬가지다. 청중과 가장 깊게 소통하는 사람은 스토리텔링을 훌륭하게 해내는 자이다.

수십 년간의 연구와 수백 년 동안의 지혜를 통해, 뇌는 잘 전달된 이야기를 오랜 시간이 지난 후에도 잘 기억하도록 만들어졌다는 사실을 알게 되었다. 의미 있고 임팩트 있는 서술을 해내는 사람들은 그 자체로 성공 스토리가 된다.

훌륭한 스토리텔러는 최고의 세일즈맨이며, 가장 기억에 남는 리더이고, 최고의 매력적인 연사이자, 최고의 멘토이고, 우리가 평생 기억하게 될 선생님이다.

스토리텔링은 우리를 인간으로 만들어주는 골수의 일부다. 우리는 그것을 동굴 벽화에서 볼 수 있고, 고대의 노래에서 들을 수 있고, 돌에 새겨지고 족자에 쓰인 내용에서 읽을 수 있다. 하지만 스토리텔링은 그 어느 때보다 지금 시대에 가장 중요해진 것 또한 사실이다. 그 수많은 웹사이트, 웨비너, 팟캐스트, 스트리밍 비디오 그리고 우리가 매일 나누는 즐겁고, 전통적인, 대면식 대화에 대해 생각해보자. 우리의 이야기, 우리의 경험, 회사, 브랜드, 아이디어를 들려주기 위해 우리는 인류 역사에서 유례없는 수준으로 다양한 플랫폼을 사용해 사람들에게 손길을 뻗치고 영향력을 행사한다.

반가운 소식은, 스토리텔링 기술은 배울 수 있다는 것이다. 사실, 스토리텔링은 배워야만 한다. 스토리텔링 능력은 마법이 아닌 기술이다. (스토리텔링이 타인에게 발휘하는 효과는 가끔 마법 같을 때가 있긴 하지만) 그리고 당신이 가능하다고 생각하는 것보다 훨씬 더 나은 스토리텔러가 되는 일은, 분명 당신 자신에게 달려 있다! 리더십이나 효과적인 커뮤니케이션 기술을 갈고닦을 가치가 있다고 생각하는 것처럼 스토리텔링에도 똑같이 접근해야 한다.

돈Don은 스토리 안에서 일어나고 있는 일에 청중이 빠져들게 하는 것, 그것도 아주 깊이 빠지게 만드는 것이 핵심이라고 말한다. 스토리텔링의 법칙은 청중의 마음을 사로잡는 방법이다. 내가 거의 평생에 걸쳐 배우고 발전시켜온 것이기도 하다. 예를 들어 1999년 가을, 나는 아내와 친구 몇 명과 함께 테네시주 요하네스버그에서 열린 전국 스토리텔링 페스티벌에 참석했다. 당시 나는 50대 초반이었고 강연 경력은 30년이 넘었지만, 스토리텔링에 대해서는 아직 배울 게 많은 때였다.

사흘 동안 우리는 담요나 접이식 의자에 앉아서, 가끔은 비도 맞으면서 스토리텔러들이 한 명씩 나와 우리를 사로잡는 모습을 지켜보았다. 연사들은 온갖 종류의 스토리와 서사를 들려주었다. 슬프거나 즐겁거나 웃기거나 감상적이거나 역사적이거나, 허구 혹은 신화 이야기 등등. 어떤 스토리는 메시지를 담고 있고 어떤 스토리는 단순히 즐거움을 주었다. 하지만 모든 이야기와 스토리텔러들에게는 한 가지 공통점이 있었다. 그들은 모두 이야기를 듣는 사람들을 사로잡는 특별한 힘을 가지고 있었다.

컨퍼런스가 끝나고 나는 연사인 내 친구와 앉아서 발표자들의 어떤 점이 그렇게 효과적이었는지를 분석해보았다. 우리가 발견한 특징은 다음과 같다.

- **열정**: 그들은 자신이 하는 일을 사랑했고 즐거움과 활력을 갖고 자신을 표현했다.
- **생동감**: 표정과 움직임, 제스처를 생동감 있게 보여주었다.
- **청중 참여**: 거의 모든 발표자가 어떤 식으로든 청중을 참여시켰다. 청중에게 노래하거나 손뼉을 치거나 문장을 따라하거나 제스처를 흉내내도록 유도했다.
- **반응**: 스토리텔러들은 청중에게 자유롭게 반응했다.

- **암기력**: 발표자들은 노트 없이 이야기를 들려주면서 청중과 계속해서 눈을 맞추었다.
- **웃음 유발**: 진지한 이야기든 슬픈 이야기든 모두 유머를 활용했다.
- **창의성**: 클래식한 주제에 신선한 관점을 담아냈다.
- **일인칭**: 대부분 일인칭 시점으로 이야기를 들려주었다.
- **따뜻한 감동**: 공통적으로 듣고 나면 가슴이 따뜻해지는 이야기였다.

나와 내 친구들은 그 경험을 통해 겸손해질 수 있었고 자극도 받았다. 우리는 그렇게 배운 것들을 강연에 적용하여 더 많은 이야기를 활용할 수 있었다.

스토리텔링으로 소통하기

누구나 더 나은 스토리텔러가 될 수 있고 강연 기술을 향상시킬 수 있다. 한 가지 염두에 두어야 할 점은 이야기를 활용할 때 자신이 돋보이려고 하면 안 된다는 점이다. 우리가 전국 스토리텔링 페스티벌에서 본 발표자들은 모두 매우 인상적인 구연의 대가들이었지만, 그들 중 스스로가 돋보이려고 노력하는 사람은 아무도 없었다. 그들은 그들의 이야기 안에서 우리가 자기 자신을 볼 수 있도록 도와주었다. 그들은 아이디어와 감정, 진실을 들려주기 위해 우리와 소통하고 스토리를 활용했다. 당신이 해야 할 일도 이것이다. 사람들과의 소통을 목적으로 스토리를 들려주어라. 듣는 사람에게 초점을 맞추면 스토리텔링 기술은 하룻밤 사이에도 부쩍 향상될 것이다.

그럼 어떻게 소통해야 할까? 단순히 사람이라는 존재에 대해 생각해보자. 우리는 모두 웃고, 울고, 문제에 직면하고, 성공하고, 실패하고, 희망과 꿈을 갖는다. 시인 겸 작가인 마야 안젤루는 어떻게 그런 훌륭한 스토리를 만들어내는지에 대한 질문을 받고 다음과 같이 대답했다.

로마의 극작가 테렌티우스Terentius는 말했다. "나는 인간이다. 그래서 인간의 모든 것이 나에게는 낯설지 않다." 이러한 점을 알고 수용한다면 당신은 스토리를 들려줄 수 있다. 사람들에게 캐릭터들이 자신을 닮았다고 믿게 만들 수 있다. 잭과 질이 언덕을 오르다가 한 명이 넘어지고 다른 한 명도 뒤따라 굴러떨어진다. 듣는 사람들은 이렇게 생각한다. "엇, 나도 넘어진 적 있는데, 그 마음 나도 알지." 네덜란드에서 일어난 일이건 주룽에서 일어난 일이건 상관없다. 어디에 살든, 언어가 무엇이든, 어떤 문화권에 있든, 나이가 몇이든, 어떤 시대에 살든, 인간은 다른 인간들의 감정을 이해할 수 있다. 인간 같지 않은 것보다 좀 더 인간 같은 것을 볼 줄 아는 기술을 발전시키면 모든 스토리는 이해받을 것이다.

당신이 인간이고 감정을 느낀다면 당신의 프레젠테이션에도 이야기를 활용할 수 있다. 당신의 '인간성'과 소통하라.

> **인간 같지 않은 것보다 좀 더 인간 같은 것을 볼 줄 아는 기술을 발전시키면 모든 스토리는 이해받을 것이다.**
> – 마야 안젤루

스토리의 구성 요소는 무엇인가?

스토리란 무엇인가? 핵심만 보자면 스토리는 정말로 기본적인 것이다. 거의 30년 동안 내 책의 집필 파트너로 일해온 찰리 웨첼이 한번은 그의 초등학교 2학년 아들의 반에 가서 스토리를 말하는 방법에 대해 가르치게 됐다. 찰리는 그 분야에서는 아는 게 많았다. 대충 추산해보면, 그는 내 책에 삽입된 역사, 비즈니스, 스포츠, 정부, 대중문화 등에 기반한 오리지널 스토리 500여 가지를 썼다. 문제는 스토리텔링에 관한 주제로 여섯 살, 일곱 살인 어린이들에게 어떻게 소통할 것인가였다. 그는 스토리텔링을 가장 기본적인 부분으로 나누었다. '모든 스토리는 주인공, 목표, 갈등, 해결로 구성된다'는 것이었다.

스토리의 영웅 혹은 주인공은 누구나, 무엇이나 될 수 있다. 당신의 목표는 청중이 그들과 자신을 동일시하도록 돕는 일이다. 주인공은 목표를 달성하려고 하는데 갈등에 직면한다. 그것이 스토리의 핵심이다. 그리고 결국 주인공은 성공하거나 실패한다. 단순한 어린이 동화에서 장엄한 서사 문학에 이르기까지 모든 스토리는 그런 패턴 안에서 변형된다.

넌 할 수 있어, 꼬마 기관차

주인공: 꼬마 기관차

목표: 장난감을 언덕 위로 배달하는 것.

갈등: 언덕을 올라가기 어려움.

해결: 기관차는 결국 언덕을 올라가 장난감을 배달함.

햄릿

주인공: 햄릿, 덴마크 왕자

목표: 아버지인 왕의 죽음에 복수하기 위해 삼촌을 죽일 것인가 결정해야 함.

갈등: 삼촌이 정말로 아버지를 죽였는지 확실치 않음.

해결: 햄릿은 삼촌을 죽이지만 그 과정에서 자신도 죽음.

오디세이

주인공: 오디세우스, 테베의 왕

목표: 아내와 아들이 있는 집으로 돌아가는 것.

갈등: 폭풍, 괴물, 다양한 생물체 때문에 10년째 집에 돌아가지 못함.

해결: 오디세우스는 제때 집으로 돌아가 가족들과 상봉하고 적을

죽이고, 아내를 구하고, 자신의 왕국을 재건함.

스토리는 어떤 목적으로든 활용할 수 있다. 핵심을 짚어내거나, 아이디어를 소개하거나, 과정을 가르치거나, 긴장감을 해소하거나, 청중에게 감동을 주기 위해 활용한다. 내가 활용하는 대부분의 스토리와 일화는 모두 직접 수집한 것들이다. 나는 항상 훌륭한 스토리를 찾아다닌다. 책을 읽을 때마다 좋은 스토리를 찾고, 친구나 동료들과 있을 때면 좋은 이야깃거리가 없는지 묻는다. 그래서 사람들도 내게 항상 좋은 스토리를 보내준다. 나는 스토리를 찾을 때, '레버리지의 법칙(8장)'에서 언급한 대로, 말할 가치가 있는지를 기준으로 삼는다. 마음을 울리거나, 도움이 되거나, 재미있거나, 희망을 주는 것이어야 한다.

또 내가 자주 들려주는 스토리는 다 내 개인적인 경험에서 나온 것들이다. 젊은 시절 강연을 처음 시작했을 때는 내 경험담을 말하는 것이 좀 꺼려졌다. 대학교 때 스피치 수업의 교수님들이 개인적인 스토리를 말하지 말라고 하셨기 때문이다. 교수님들은 그것이 자기중심주의를 보여주는 것이라고 했다. 처음 한동안은 교수님들의 충고를 따르려고 했지만 내 이야기가 아니다 보니 감정이 담기지 않았고, 그렇다 보니 스토리를 들려줄 때 스스로도 거리감이 있었다. 나와 청중 간에도 거리감이 느껴졌다. 그래서 나는 나 자신의 이야기로 실험을 해보기 시작했고, 훨씬 효과가 좋다는 걸 깨달았다.

개인의 스토리를 효과적으로 말하는 능력은 정말로 태도의 문제다. 자신을 드러낼 목적으로 성공 스토리를 들려준다면 당연히 자기중심주의로 비쳐질 수 있다. 하지만 자신의 어려움이나 실수했던 이야기를 들려준다면 자신을 낮추는 것이며 다른 사람에게도 도움이 된다. 웃긴 이야기를 들려주면 모두가 웃는다. 그래서 나는 자조적 유머를 가장 좋아한다. 내가 자연스럽게 웃기고 웃을 때 다른 사람들도 웃는다. 그것은 청중과 나의 거리를 좁혀준다.

내 개인적 관점에서 이야기를 들려줄 때도 나는 항상 청중의 입장이 되려고 노력한다. 내가 들려주는 내 이야기 속에서 그들이 살아볼 기회를 주려고 한다. 청중이 이야기 속의 주인공이 될 수 있도록 말이다. 내가 주인공이 아니다. 청중이 주인공이다.

어떻게 효과적으로 스토리를 전달할까?

맥스웰 리더십 공인팀의 강사진이자 멘토인 로디 갤브레이스Roddy Galbraith는 프로그램이 시작된 이래로 우리의 코치들과 연사들을 대상으로 커뮤니케이션 훈련을 담당해왔다. 최근에 나는 그와 커뮤니케이션에 관해 토론하면서 'SHARE'를 머리글자로 만든 스토리텔링 방법을 가르쳐주었다.

Show (보여주기)

Help (돕기)

Amplify (증폭시키기)

Relate (연관 짓기)

Enjoy (즐기기)

'SHARE' 스토리텔링 방법의 각 부분을 살펴보자.

1. 보여주기: 청중에게 무엇을 보여주고, 무엇을 들려주고 싶은가?

들려주고 싶은 스토리의 핵심은 무엇인가? 그곳에 들어 있지 말아야 할 내용, 도움이 되지 않는 쓸데없는 디테일은 없는가? 극작가 안톤 체호프Anton Chekhov는 말한다. "스토리와 관련 없는 내용은 전부 빼라. 첫 장에서 벽에 총이 걸려 있다고 말했다면 두 번째나 세 번째 장에서는 반드시 총을 쏴야 한다. 총을 쏠 게 아니라면 거기에 총이 걸려 있다고 말해서는 안 된다."

돈 예거는 대화를 삽입하는 게 왜 중요한지 말한다. "기억에 남는 스토리텔링은 무엇을 말하는가와 어떻게 말하는가의 조합이다. 누군가가 실제로 말한 문장을 그대로 활용하는 것은 스토리에 색을 입히는 일이다. 청중이나 독자를 끌어당기고 주인공에게 빠져들게 한다. 그것을 당신의 스토리텔링의 목표 중 하나로 삼아라. 청중이 이야기 속에서 벌어지고 있는 사건에 빠져들게 하라, 그것도 아주 깊숙이 빠져들게 하라." 그들이 당신의 스토리 안에서 자신의 모습을 볼 수 있게 해야 한다.

그리고 항상 당신이 들려주고 싶은 이야기가 청중에게 맞춰져 있는 것인지 확인하라. 돈은 말한다. "당신이 그들에 대한 관심을 나타내기 위해 공을 들인 것을 알게 되면, 그들도 당신에게 깊은 관심을 보일 것이다." 당신이 들려주려는 이야기가 청중에게 맞춰진 게 아니라면 다른 이야기를 찾아라.

> **기억에 남는 스토리텔링은 무엇을 말하는가와**
> **어떻게 말하는가의 조합이다.**
> - 돈 예거

스토리에 어떤 내용을 추가할지, 어떤 내용을 뺄지 고르는데도 연습이 필요하다. 어떤 사람은 스토리를 다 쓰고 나서 포함할 내용을 결정한다. 스토리를 들려줄 때는 청중의 반응을 주목했다가 다음에 말할 때 조정한다. 스탠드업 코미디언들은 항상 그렇게 한다.

2. 돕기: 이 스토리로 어떻게 청중에게 도움을 줄까?

나는 항상 사람들이 내가 들려준 이야기에서 무언가를 배워가길 바란다. 나는 생활에 적용할 수 있는 이야기야말로 해피엔딩이라고 믿는다. 돈은 이런 정의를 '스토리텔링의 투자 수익'이라고 부른다. 그는 연사들에게 이렇게 자문해보라고 말한다. '내 이야기를 듣고 청중들이 무엇을 하고, 무엇을 생각하고, 무엇을 느끼길 바라는가?' 단순히 청중을 즐겁게 해주려고 스토리를 들려줄 수 있는가? 물론이다. 하지만 스토리를 통해 수많은 가치를 얻어낼 수도 있는데 왜 마다하는가? 스토리를 들려주는 목적에 더 초점을 맞출수록 당신이 들려주는 이야기의 영향력은 더욱 커진다.

3. 증폭시키기: 나는 청중이 무엇을 상상하길 원하는가?

스토리는 사람들이 꿈을 꾸고, 탐험하고 삶을 확장하도록 도와줄 잠재력을 가지고 있다. 그러려면 발표자의 창의력이 필요하다. 스토리 작업을 할 때 창의력을 끼워 넣는 가장 좋은 방법 중 하나는 초심자의 마인드셋을 유지하는 것이다. 교사 겸 작가인 순류 스즈키Shunryu Suzuki는 말한다. "초심자의 마인드에는 수많은 가능성이 있다. 전문가의 마인드에는 조금밖에 남아 있지 않다."

열린 마인드의 창의력에 관해 내가 가장 좋아하는 스토리는 월트 디즈니의 형인 로이 디즈니Roy Disney가 한 말이다. 월트가 초등학교 5학년일 때 선생님이 미술 숙제를 내주었다. 선생님은 월트의 그림을 보다가 꽃에 얼굴이 그려져 있는 것을 발견했다.

선생님이 꾸짖으며 말했다.

"월터, 꽃에는 얼굴이 없어."

"제 것엔 있어요!"

어릴 때부터 상상력이 풍부했던 월트 디즈니는 어른이 되어서도 자신의 상상력을 마음껏 발휘했고 항상 초심자의 마인드로 일을 즐기면서도 창의적인 활동을 이어갔다. 그는 큰 꿈을 꾸었고 다른 사람들도 그렇게 하도록 도왔다. 제이미 버킹엄Jamie Buckingham은 이렇게 썼다. "수십 년이 흘러 말하는 쥐와 하늘을 나는 코끼리, 춤추는 귀뚜라미, 얼굴을 가진 수천 송이 꽃들로 그의 꿈은 실현되었다.”

"초심자의 마인드에는 수많은 가능성이 있다.
전문가의 마인드에는 조금밖에 남아 있지 않다.”
- 순류 스즈키

당신의 상상력은 청중의 상상력에 기름을 부어줄 수 있다. 상상력은 우리에게 없는 것들에 대한 보상으로 주어진 것이고, 유머는 우리 존재를 위로해주기 위해 주어졌다는 말이 있다. 두 가지 모두를 활용할 방법을 찾아라. 당신의 스토리에 딱 맞는 톤을 찾으면서, 사람들을 위해 어떻게 가능성을 확장할지, 어떻게 더 높은 바람을 갖게 할지를 생각하라.

4. 연관 짓기: 청중이 무엇을 느끼기를 원하는가?

연사들이 스토리를 들려줄 때 오로지 청중의 머리에만 집중하고 마음에 가닿지 못하는 경우가 너무 많다. 그런 취약한 접근법으로는 메시지를 효과적으로 전달할 수 있는 기회를 놓치기 십상이다. 누구에게나 감정이 있다. 심지어 논리적이고 두뇌 지향적인 사람이라도 생각보다 훨씬 더 감정적인 경우가 많다. 감정의 영향력에 대한 증거를 원한다면 《내 영혼의 닭고기 수프》라는 책의 판매 수치를 보면 된다. 이 시리즈는 정보가 아닌 감동적인 이야기들로 가득한데, 시대를 불문한 베스트셀러가 되었고 전 세계에서 5억 부 이상이 판매

되었다.

소통할 수 있는 스토리를 들려주고 싶다면 감정을 집어넣어라. 당신이 이야기에 얼마나 신경을 많이 썼는지 보여주는 것을 두려워하지 말라. 스토리텔링은 인간성을 기반으로 한다. 스토리에 감정을 담을 때 소통할 수 있다.

마틴 루터 킹 박사가 민권 운동을 펼칠 때 자주 들려주던 이야기 또한 감정의 힘을 잘 보여준다. 작가 겸 역사가인 도널드 필립스Donald T. Phillips는 킹 박사가 어떻게 스토리를 활용하는지를 잘 설명한다.

그는 종종 어느 나이든 여성의 이야기를 들려주었다. "몽고메리에 사는 그녀는 늘 일에 지쳐 있고, 고통스러운 4마일 거리"를 천천히 걸어서 다닌다. "몽고메리 버스 보이콧이 시작된 지 10개월째였다" "나이든 여성이 힘겹게 걸어가자, 지나가는 사람이 안쓰러운 마음에 발이 아프지 않느냐고 물었다" 그때 그녀의 간단한 대답은 보이콧 캠페인의 슬로건이 되었다. "그래, 발은 정말 아픈데, 내 영혼은 편안해." 실제로 마틴 루터 킹은 이 대답을 보이콧 슬로건으로 만들었고 기회가 있을 때마다 그 이야기를 들려주었다.

나중에 버밍엄에서 민권 운동을 벌이던 어느 날, 마틴 루터 킹은 백인 경찰관과 흑인 어린아이 사이에 오간 감동적인 장면을 목격했다. 그는 여러 번 그 이야기를 언급했고 청중은 매번 감동했다. "여덟 살 정도밖에 되지 않은 아이가 어느 날 그의 어머니와 시위 현장에서 걷고 있었다." 킹 박사는 말했다. "경찰관 한 명이 장난

삼아 아이에게 몸을 숙이며 무뚝뚝하게 조롱하듯 물었다. '넌 뭘 원해?' 아이는 경찰관의 눈을 똑바로 바라보며 겁먹지도 않은 채 대답했다. '다유[자유].' 심지어 발음도 똑바르지 않았다." 킹 박사는 결론 짓는다. "하지만 가브리엘의 나팔 소리도 그보다 더 진정한 소리를 내지는 못했을 것이다."

킹 박사의 이야기는 청중에게 깊은 감정을 불러일으켰다. 당신의 이야기도 그래야 한다.

5. 즐기기: 어떻게 스토리를 재미있고 오래도록 잊혀지지 않게 만들까?

'SHARE'의 첫 네 부분 ─청중이 보기 원하는 것을 보여주기, 청중을 도울 수 있는 스토리 들려주기, 청중의 상상력 증폭시키기, 청중이 느끼기 원하는 것과 연관 짓기─ 을 모두 완수했다면 이제 당신은 최대한 즐길 수 있는 스토리를 만들 준비가 되었다. 어떻게 할 수 있을까? 스토리를 어떻게 전달할 것인가에 초점을 맞추면 된다. 전달력은 좋은 스토리를 훌륭한 스토리로 발전시킨다.

> **웃음은 자동차 앞 유리의 와이퍼다.**
> **비를 그치게 하지는 않지만 차가 계속 나아갈 수 있게 해준다.**

나는 내가 들려주는 스토리를 흥미진진하고 재미있게 만들려고 노력한다. 즐거움은 전염되기 때문이다. 내가 신체적으로 표현하는 재미에 대해서는 '시각적 표현의 법칙(11장)'에서 일부 이야기했다. 하지만 나는 유머를 활용하는 것도 좋아한다. 누군가 한 말처럼 웃음은 자동차 앞 유리의 와이퍼와 같다. 비를 그치게 하지는 않지만 차가 계속 나아가게 해준다. 당신이 타고나길 재미있는 사람이라면 이야기를 들려줄 때 그 기술을 활용하라. 그렇지 않다면 다르게 즐거움을 줄 방법을 찾아 당신의 프레젠테이션을 더욱 재미있게 만들어라.

나는 즐기는 방법을 알고, 웃긴 순간들을 만들어내는 것도 좋아한다. 사람들과 함께 여행할 때 좋아하는 일 중 하나는, 동행하는 사람들에게 춤과 노래를 시키는 것이다. 그리고 항상 춤을 추기에 가장 의외의 장소를 고른다. 가령, 고란 고원 탱크 위라거나 혁명전쟁이 시작된 매사추세츠 다리 위, 에펠탑 앞의 보트 위에서 말이다. 누군가에게 들려줄 재미있는 이야깃거리를 만들어주는 것이다.

내가 강연할 때 즐기는 방법은 메모 카드를 한 장 꺼내 스토리나 일화를 읽어주는 것이다. '콘텐츠의 법칙(6장)'에서는 강연을 준비할 때 아웃라인 짜는 법을 설명했다. 내가 들려주는 대부분의 스토리들은 아웃라인에 적혀 있다. 내 개인적인 스토리라면 별표 표시를 해두고, 할 이야기를 상기시킬 만한 문장을 하나 정도 적어 넣는다. 일화나 재미있는 실화를 소개할 때는 내 노트에 붙여놓는다. 나는 메모 카드 몇 장을 서류 가방이나 재킷 주머니에 넣어가지고 다닌다. 거기에는 효과가 입증된 스토리나 재미있는 실화들이 담겨 있다. 그 스토리들은 하도 자주 이야기해서 다 외우고도 남는다. 하지만 나는 항상 카드를 보며 읽어준다. 너무 매끄럽게 보이고 싶지 않아서다. 청중에게 나도 그들처럼 이 이야기를 처음 듣고, 경험하고, 반응하고 있다는 느낌을 주고 싶어서다.

내가 그 카드를 읽기 전에 항상 하는 일은 밑밥을 던지는 것이다. 코미디언 밥 뉴하트Bob Newhart는 말한다. "긴장감은 코미디에 있어 매우 중요하다. 그 긴장감이 팍 풀릴 때 웃음이 터진다." 예를 들어 내가 가장 좋아하는 메모 카드는 작가 파울로 코엘료가 '인생 해석'이라고 부르는 것이다. 나는 카드를 꺼내면서 청중에게 말한다. "이제 여러분은 인생을 이해하게 될 겁니다." 청중은 그 말에 혹한다. 인생을 이해한다고? 누가 인생을 해석할 수 있단 말이지? 그러면 내가 말한다. "옆 사람에게 말해보세요. '이제 당신은 인생을 이해하게 됩니다.'" 카드를 손에 들고 좀 더 장난을 치기도 한다. 청중에게 내가 뭔가를 읽을 거라고 알려주는 것이다. 그리고 나면 천천히 읽기 시작한다. 가끔은 잠시 말을 멈춰 더 큰 기대감을 형성한다.

첫날 신께서 개를 창조하셨다. 신이 말했다. "문간에 온종일 앉아서 누가 들어오거나 지나가면 짖어라. 너에게 20년의 수명을 주겠다." 개가 말했다. "그냥 짖기만 하는데 20년이요? 너무 길어요. 10년만 주세요. 나머지 10년은 돌려드리겠습니다."

그래서 신도 동의했다.

둘째 날, 신께서 원숭이를 창조하셨다. 신이 말했다. "사람들을 웃겨라. 원숭이 얼굴을 흉내내서 사람들을 웃겨라. 내가 너에게 20년의 수명을 주겠다." 원숭이가 말했다. "원숭이 얼굴 흉내로 20년이라고요? 별론데요. 개가 10년을 반납했으니 저도 똑같이 해도 될까요?"

신께서 동의했다.

셋째 날, 신께서 젖소를 창조하셨다. "목장 주인과 함께 들에 나가 온종일 땡볕에 서 있고, 송아지도 낳고 우유를 짜서 목장 주인을 먹여 살려라. 너에게 60년의 수명을 주겠다." 젖소가 말했다. "그런 힘든 인생을 60년이나 살라고요? 20년만 받고 나머지 40년은 반납하겠습니다."

그래서 신께서 동의했다.

넷째 날, 신께서 인간을 창조하셨다. 신이 말했다. "먹고, 자고, 놀고, 결혼하고, 인생을 즐겨라. 내 너에게 20년의 수명을 주겠다." 인간이 말했다. "뭐라고요? 고작 20년이요? 그럼 이렇게 하죠. 제게 주신 20년 받고, 젖소가 반납한 40년도 받고, 원숭이가 반납한 10년, 개가 반납한 10년도 받겠습니다. 도합 80년이네요. 괜찮죠?"

신이 말했다. "좋다. 거래 성사."

그래서 우리는 먹고, 자고, 놀고, 즐기는 데 첫 20년을 보내고, 다음으로 가족을 먹여 살리기 위해 땡볕에서 구르며 40년을 보내고, 다음으로 손자들을 웃기려고 원숭이 흉내를 내며 10년을 보내고, 현관문 앞에 앉아 아무에게나 짖으며 마지막 10년을 보낸다.

그게 인생이다.

이 이야기는 항상 웃음을 자아낸다. 밥 뉴하트는 코믹한 타이밍을 잘 잡아내는 것으로 유명하다. 비결을 물으면 그는 이렇게 대답한다. "머릿속에 메트로놈이 있다고 생각해봐요. 결정타를 날릴 순간을 재다가 때가 되면 내뱉는 거예요. 그러다가 그냥…" 그는 잠시 말을 멈춘다. 침묵이 이어지던 순간, 그가 말한다. "지금이요!"

> **웃음은 사람들의 경계를 낮춘다. 유머를 활용하면 사람들이 어려운 주제에 편안하게 접근할 수 있고, 한 번 더 생각하게 만들수 있다.**

강연을 할 때는 특히 스토리 안에서 유머를 활용하는 것이 좋다. 유머는 효과가 좋다. 재미있으면 말을 적게 하면서도 논지를 이해시킬 수 있다. 또 유머는 장벽을 허물어준다. 유머를 활용하면 당신이 하는 말과 아이디어가 놀라울 정도로 사람들의 마음과 머릿속으로 깊이 파고들어간다. 웃음은 사람들의 경계를 낮춘다. 유머를 활용하면 어려운 주제도 편안하게 접근할 수 있고, 생각하게 만든다.

스토리텔링은 커뮤니케이션의 모든 측면에 도움이 된다. 훌륭한 연사인 척 스윈돌Chuck Swindoll은 말했다. "스토리는 우리를 또 다른 세계로 데려다준다. 스토리는 우리의 관심을 붙든다. 커뮤니케이션에 있어 스토리텔링은 진실과 의미 있는 교훈을 오래 기억하게 해주는 놀라운 도구다."

강연할 때마다 스토리를 활용하길 바란다. 그리고 대담하게 하

라. 소심하게 후다닥 말해버리는 것만큼 재미없는 것도 없다. 스토리를 들려줄 거라면 사람들의 관심을 끌 수 있도록 에너지 넘치게 전달하라. 훌륭한 스토리텔러가 돼라. 사람들은 스토리 안에서 자신의 삶을 발견하기 때문이다. 그것이 바로 '스토리텔링의 법칙'이다.

제4장

언제 말하는가?

13 / 온도조절기의 법칙

훌륭한 연사는 방 안의 온도를 읽고 조절한다

해리 트루먼Harry S. Truman 대통령은 말했다. "모든 리더(Readers)가 리더(Leaders)가 될 수는 없지만, 모든 리더(Leaders)는 리더(Readers)가 되어야 한다." 그 말은 좋은 리더는 항상 성장하고 배우고 책을 읽으며 나아지려고 노력해야 한다는 뜻이다. 하지만 리더들은 그 밖의 다른 것들(사람, 상황, 트렌드, 기회 등)도 읽을 줄 알아야 한다는 의미도 담겨 있을 것이다.

훌륭한 연사도 마찬가지다. 연사도 읽는 사람이 되어야 한다. 계속 배우고 성장하고 아이디어를 찾기 위해 책이나 기사, 정보를 받아들여야 할 뿐 아니라 강연하는 방 안의 온도를 읽을 줄 있어야 한다. 더 나아가 최고의 연사는 필요할 때 그 온도를 바꿀 줄도 알아야 한다. 그게 바로 '온도조절기의 법칙'이다.

방 안의 온도를 읽지 못하는 연사

청중으로서 강연에 참석했는데 강연장 안에서 뭔가 집중에 방해가 되는 일이 계속 일어나, 귀를 기울이거나 집중할 수 없는 환경인데도 발표자가 계속 강연을 이어나가는 경우를 본 적이 있는가? 보통 비즈니스 강연에서 이런 경우가 많이 생긴다. 방 안의 온도가 참을 수 없을 지경이 되거나 모두가 거북한 지경인데 연사만 그것을 알아차리지 못한다. 혹은 옆방에서 요란한 음악 소리가 들려와 모두가 짜증이 나는데 무대 위에 있는 사람만 모르는 척한다. 혹은 청중 가운데 응급 상황이 생겨 방 밖으로 내보내야 하는 상황이 발생해 모두가 걱정하고 있는데 연사만 그 상황을 무시한다. 혹은 청중이 지루해 죽으려고 하는데 연사는 계속 말을 이어간다. 그렇다면 정말 끔찍할 것이다. 방 안의 분위기를 읽지 못하는 연사는 음치인 가수와 같다. 그런 강연은 효과도 없을뿐더러 거기 있는 모두를 괴롭게 한다.

> 방 안의 분위기를 읽지 못하는 연사는 음치 가수와 같다.
> 강연이 효과도 없을뿐더러 거기 있는 모두를 괴롭게 한다.

우리는 모두 각자 타고난 영역에서 직관력을 발휘한다. 나의 직관력과 인지력은 강연할 때 최고조에 달한다. 나는 내 주변에서 일어나고 있는 모든 일을 파악하고 방 안의 사람들이 무엇을 느끼는지 감지한다. 하지만 방 안의 분위기를 읽는 것은 후천적으로 배울 수 있는 일종의 기술이기도 하다. 그러니 뛰어난 감각을 타고나지 않았다고 하더라도 상관없다. 나는 여러분이 그런 능력을 발전시켜 방 안의 온도를 읽을 뿐 아니라 조절도 할 수 있게 되고, 좀 더 효과적으로 커뮤니케이션할 수 있게 되기를 바란다.

온도계와 온도조절기

서툰 연사는 방 안의 온도를 감지하지 못한다. 더 나쁜 것은 강연할 때 방 안의 온도와 거기 있는 사람들을 무시하는 일이다. 연사가 너무 긴장해서 다른 데 신경을 쓰지 못해 소통이 되지 않는 것일 수도 있다. 혹은 그저 사람들에게 충분히 신경 쓰지 않는 사람일 수도 있다. 혹은 소통하는 일을 자신이 아닌 청중의 책임으로 돌리고 있을지도 모른다. 나쁜 연사는 자신의 강연이 공감을 얻지 못하고 있음을 인지하면서도 오로지 콘텐츠로만 문제를 해결할 수 있다고 믿는 경우다. 하지만 소통이 이미 단절됐다면 청중은 더 이상 콘텐츠에 귀를 기울이지 않는다. 거기서 더 이상의 콘텐츠를 쏟아내봤자 상황은 나아지지 않을 것이다.

좋은 연사는 그곳의 분위기를 읽을 줄 안다. 그들은 온도계와 같아서 방 안의 온도를 측정한다. 강연이 끝나고 청중이 반응이 없거나 부정적으로 행동하면 그냥 '까다로운 청중'이라고 생각한다. 혹은 청중이 열정적이고 활력이 넘치면 '와, 대단한 청중이네!' 하고 생각한다. 그들은 좋은 연사이기 때문에 온도를 안다. 하지만 그 온도를 바꾸지는 못한다.

훌륭한 연사는 차가운 방 안의 온도를 따뜻하게 바꿀 줄 안다. 청중을 끌어들여 분위기를 즐기게 만든다.

반면에 훌륭한 연사는 온도조절기와 같다. 그렇다. 그들은 온도계처럼 방 안의 온도를 읽을 줄도 알지만, 그 이상을 해낸다. 온도를 바꾼다. 차가운 방을 따뜻하게 바꾸고 사람들이 분위기를 즐기게 만든다. 강연에 좀 더 적합한 상태로 설정을 바꾼다. 그렇게 방 안의 온도를 읽고 바꿀 수 있으므로 청중과 소통할 수 있다.

방 안의 온도를 읽고 높이는 방법

당신이 더 나은 연사가 될 수 있도록 '온도조절기의 법칙'을 숙지하고 훈련할 수 있는 일곱 가지 연습 방법을 알려주려고 한다.

1. 청중이 도착하기 전에 미리 방 안의 온도를 읽어라

50년이 넘는 세월 동안 나는 100개 이상의 국가에서, 상상할 수 있는 거의 모든 환경에서 강연을 해봤다. 이탈리아의 호텔에 있다가 다음 날 강연을 하러 루마니아로 비행기를 타고 간다. 도착한 후 강연할 장소로 이동해서 그곳의 관계자들에게 내가 가장 먼저 하는 질문은 "강연장을 좀 볼 수 있을까요?"이다. 강당, 극장, 예배당, 무도장, 연회장, 회의실은 제각각 분위기가 다 다르기 때문이다. 나는 항상 강연 장소를 미리 살펴보려고 한다.

경험상 강연장을 보면 청중이 가득 찼을 때 그곳이 강연에 적합한 곳인지 아닌지 바로 알 수 있다. 내가 장소를 살펴볼 때 주의 깊게 보는 점은 다음과 같다.

- **조명**: 나는 강연을 할 때 공간 전체의 조도를 높이려고 한다. 공간의 에너지는 조도에 따라 높아지기 때문이다. 그건 어려운 문제가 될 수도 있다. 많은 기술자들이 객석의 밝기를 어둡게 해서 무대 위 발표자에게 조명이 집중되도록 한다. 배우, 가수, 스탠드업 코미디언의 경우는 그들에게 초점을 맞춰야 하기 때문에 기술자들에게는 무대를 밝게 하고 객석의 조명은 낮추는 것이 습관화되어 있기 때문이다. 하지만 그 방법은 연사에게는 좋지 않다. 물론, 그 공간의 에너지를 높이기 위해 자신에게 조명이 집중되길 바라는 연사도 있다. 하지만 연사로서 우리는 청중과의 소통이 필요하다. 다시 말해 우리는 청

중을 눈으로 봐야 하고 청중도 서로를 볼 수 있어야 한다. 강연할 때는 최대한 자신을 비추는 조명과 공간 안의 조명을 함께 높인다.

- **거리**: 나는 강연을 할 때 청중에게 가까이 다가가려고 한다. 방이 작으면 무대에 오르기보다 바닥에 서는 편을 선호한다. 공간이 클 경우, 내가 가장 좋아하는 무대는 청중에게로 내려갈 수 있는 계단이 딸린 무대다. 그러면 바로 청중에게 내려가서 좀 더 개인적인 대화를 나눌 수 있기 때문이다. 청중과 나 사이에 장애물이 있는 무대도 좋아하지 않는다. 강연 전 강당에 들어갔을 때 무대 앞에 화분이 줄지어 늘어서 있는 것을 발견한 적이 수도 없이 많다. 그러면 항상 주최 측에 화분을 치워달라고 요청한다. 작더라도 그런 장벽은 청중에게 "나는 여기 높은 곳에, 당신은 저기 아래 있다"라는 메시지를 전달하는 것과 같다. 나는 "우리는 이곳에 함께 있다"는 메시지를 주고 싶다.

- **음향**: 청중에게 연사의 목소리가 들리지 않는 것보다 더 실망스러운 일은 없다. 아무리 세계에서 가장 위대한 연사라 해도 그의 말이 청중에게 전달되지 않으면 아무 소용 없는 것이다. 내가 겪었던 가장 힘들었던 경험은 사운드 시스템이 끔찍했던 어느 호텔에서의 강연이었다. 이벤트 장소를 임대해 수익을 얻으려는 사업이 시설에 투자하지 않는 것은 도저히 이해할 수 없는 일이다. 기회가 있다면 강연 전에 음향 시스템이 괜찮은지 확인하라. 강연 전에 확인할 수 없다면 강연을 시작

할 때 주의해서 살펴보라. 문제가 있는 것 같으면 사람들에게 자신의 목소리가 들리는지 물어라. 그러면 기술 담당 직원이 문제를 파악하고 해결하려고 할 것이다.

- **스크린**: 아주 큰 강당에서 강연할 때는 당신을 따라다니는 카메라가 있고 스크린에 당신의 모습을 띄울 것이다. 그 스크린은 당신의 친구다. 청중이 앉은 자리가 당신과 거리가 꽤 있다면 직접 당신을 보기가 어렵다. 대신, 그들은 스크린을 본다. 청중이 당신의 표정을 잘 보면서 소통할 수 있도록 스크린의 위치를 확인하라.

- **무대**: 강연을 시작하기 전에 강연 장소를 볼 수 있으면 강연할 공간이 당신이 원하는 방식대로 맞춰져 있는지 확인할 수 있다. 내게 가장 잘 맞는 세팅은 강연 노트를 놓아둘 수 있는 테이블과 의자를 배치하는 것이다. 나는 강연 중에 의자에 앉아서 사람들과 편안한 대화를 나누는 것을 좋아한다. 하지만 일어나서 무대를 돌아다니는 것도 좋아한다. 당신에게 필요한 것을 생각해보고 요청하라.

내가 아는 한, 청중이 강당에 들어오기 전에 모든 준비가 완료되어 있으면 연사가 메시지를 전달할 때 방 안의 온도가 올라가고 모든 것이 제대로 돌아갈 확률도 높아진다. 하지만 항상 그렇게 되지는 않는다. 나는 50년 넘게 강연을 해오면서 좋은 환경, 나쁜 환경, 이상한 환경을 다 경험해보았다.

내가 겪은 가장 이상한 상황은 케냐의 나이로비에서였다. 내가 호텔에 도착했을 때 주최자는 예상보다 더 많은 사람이 강연을 들으러 왔다며 흥분했다. 그건 좋은 소식이었다. 나쁜 소식은 그가 예약한 강연장에 그 인원을 다 수용할 수 없다는 점이었다. 주최자의 해결책은 무엇이었을까? 거대한 호텔 로비에서 강연하라는 것이었다. 그렇다. 로비. 사람들이 프런트 앞을 지나다니고, 막 도착한 투숙객들이 체크인을 하러 오고, 호텔 직원이 다섯 기의 엘리베이터로 여행 가방을 나르고, 사람들은 식당으로, 미팅룸으로, 호텔 시설들로 가느라 발걸음을 서두르는 그 로비에서…. 그곳은 어떤 식으로든 강연을 하기에 절대 좋은 장소가 아니었다. 그 모든 상황을 제외하더라도 로비에는 다섯 개의 거대한 기둥이 세워져 있었다. 그렇다는 건 청중의 절반 정도는 나를 볼 수 없다는 뜻이었다.

그런 상황에서 청중과 소통하기는 불가능했기 때문에 나는 처음부터 문제를 직감했다. 그리고 그런 큰 위기를 극복하기에 나는 정신적, 감정적으로 준비가 되어 있지 않았다. 그저 최선을 다하는 수밖에 없었다.

청중 앞에 섰을 때, 나와 함께 강연에 간 내 친구 톰 멀린스Tom Mullins가 일어서서 자신의 의자를 들고 내 앞 10피트 거리까지 가까이 다가와 내가 잘 보이는 곳에 자리를 잡았다. 그는 의자에 앉아 펜과 공책을 꺼내고 활짝 웃으며 나를 바라보았다. "나한테 말해, 존. 어서 강연을 듣고 싶어!" 그 순간, 모든 게 뒤바뀌었다. 훌륭한 연사이기도 한 톰은 내가 화가 나 있고 의기소침해진 것을 알고 나를 돕기 위해 자신이 할 수 있는 일을 해준 것이다. 그는 내게 용기를 주었다.

"고마워, 톰." 나는 그에게 속삭여 말하고 강연을 시작했다. 대단한 친구!

2. 방 안의 온도 지표를 알고 이해하라

강연에 앞서 방 안의 물리적 상황을 파악하는 일은 큰 도움이 된다. 강연을 시작하기 전에 좀 더 적합한 환경을 만들기 위해 조절할 수 있는 것이 있다면, 하라. 있다면 하라. 방 안이 따뜻하고 당신을 받아들일 준비가 되었는지, 혹은 온도가 차갑고 청중 앞에 나서기 어려운지를 알 수 있는 다른 지표들도 있다. 방 안이 따뜻한지 차가운지 알려주는 몇 가지 요인들을 살펴보자.

차가운 방	따뜻한 방
격식 있는 모임	비격식 모임
청중에게 참석 의무가 있었을 때	청중이 자발적으로 참여했을 때
청중이 당신에게 친숙하지 않을 때	청중이 당신에게 친숙할 때
청중이 주제에 친숙할 때	청중이 주제에 친숙하지 않을 때
연사가 불편할 때	연사가 편안할 때

몇 년 전, 나는 아부다비에서 1만 5천 명의 리더를 대상으로 강

연하는 컨퍼런스에 초대받았다. 정오쯤 그곳에 도착했을 때 컨퍼런스는 이미 진행 중이어서 나는 강연 전에 강연장을 미리 살펴볼 수 없었다. 내가 할 수 있는 최선의 방법은 재빨리 강연장 안을 훑어보는 것이었다. 거기서 내 눈에 띈 것은 무엇이었을까? 강연장 첫 줄에는 좌석이 아니라 왕좌가 놓여 있다는 사실이었다. 왕좌처럼 생긴 의자가 아니라 정말로 왕가 사람들을 위한 진짜 왕좌였다!

그곳에 누가 있는지, 어떻게 행동하는지, 어떻게 반응하는지, 어떻게 상호작용하는지를 보는 것이 연사의 2.0/2.0 시력이다.

그다지 큰일이 아닌 것처럼 보일 수 있지만, 그날 나의 강연 주제는 '리더십 다섯 단계'였고, 그중 가장 먼저 가르칠 내용은 "리더십의 가장 '낮은' 단계는 지위"라는 내용이었다. 나는 무대 위로 걸어 들어가 왕좌에 앉아 있는 왕가 사람들의 얼굴을 보면서 지위 때문에 갖게 된 리더십은 출발점일 뿐이라고 말해야 했다. 진정한 영향력을 미치려면 팀원들과 관계를 맺고 팀을 생산적으로 꾸려나가며 사람들에게 가치를 더해야 한다고 말해야 했다. 강연을 시작할 때 강연장의 분위기는 격식이 있고 온도는 차갑다는 것을 알아차렸다. 나는 청중과 소통하기 위해 워밍업에 많은 시간을 쏟아부어야 했다. 그런 다음에야 본격적인 내용을 가르칠 수 있었다.

3. 강연장 안의 사람들을 바라보라

'기대의 법칙(9장)'에서는 청중의 기대를 어떻게 조성할지에 대해 이야기했다. 그 부분은 항상 열과 성을 다해야 한다. 강연 시작 전에도 그래야 하지만, 강연을 하는 동안에도 매 순간 사람들의 반응을 관찰해야 한다. 나는 이것을 연사의 2.0/2.0 시력이라고 부른다. 누가 있는지, 어떻게 행동하는지, 어떻게 반응하는지, 그리고 서로 어떻게 상호작용하는지를 명확히 봐야 한다. 그런 시력은 자신의 강의노트가 아닌 청중을 바라보는 데서 나온다. 청중에게 주목해야 한다. 청중을 보지 않고 그 사실을 어떻게 알 수 있겠는가?

나는 방 안을 쭉 둘러보는 것으로 강연을 시작한다. 사람들이 목을 쭉 빼고 들을 준비가 되어 있는가? 혹은 뒤로 기대앉아 나에게 별 관심을 보이지 않는가? 나는 이야기를 시작하면서 그들이 어떻게 느끼고 있는지 가늠해본다. 내가 청중을 관찰할 때 청중도 나를 가늠해보는 것을 알 수 있다. 그래서 나도 긴장을 풀고 의자에 앉는다. 미소 짓는다. 만나서 반갑다고 말한다. 그들에게 내 이름은 존이고 당신들의 친구라고 말할 때 사람들의 반응을 살핀다. 열린 마음인가 회의적인가?

나는 말을 이어가면서 사람들의 표정, 자세, 바디랭귀지를 주시한다. 살짝 드러나는 미소, 삐쭉 올라가는 눈썹, 작은 찡그림도 포착한다. 긴장된 분위기 속에서도 그런 부정적인 감정에 끌려가지 않는다. 더 소통할 방법을 찾는다. 이때 유머나 감정에 호소하는 표현을 활용하면 대개 청중의 저항감은 줄어들기 마련이다.

> **당신이 끝나기 전에 청중이 먼저 끝내기를 원치는 않을 것이다.**
> **청중이 끝을 내는 순간, 당신도 끝난다.**

나는 강연할 때 청중에게도 초점을 맞추지만, 내가 강연하는 시간이 하루 중 어느 시간대인지, 그날의 강연 스케줄에서 내가 몇 번째인지, 청중의 휴식 시간이 지난 지 얼마나 되었는지도 파악한다. 연사가 절대 극복할 수 없는 두 가지가 있는데 바로 허기와 요의다. 그 두 가지와는 절대 경쟁이 안 된다. 청중의 대부분이 배가 고프거나 화장실에 가야 하는 상황이라면 강의를 멈추고 보내야 한다. 당신이 강의를 끝내기 전에 청중이 먼저 끝내기를 원치는 않을 것이다. 청중이 끝내는 순간, 당신도 끝난다.

강연을 들을 사람들에 대한 관찰은 최대한 빨리 시작하는 것이 좋다. 최근에 나는 자레드 케이글(우리 글쓰기 팀원)과 함께 애틀랜타에서 젊은 사업가를 위한 컨퍼런스에 참석했다. 도착하니 주최 측이 우리를 맞아주었고 강의 시작 전까지 있을 대기실로 안내해주었다. 내가 자리에 앉자 그들은 대기실을 나가려고 했다. 그래서 멈춰 세우고는 몇 분만 시간을 내줄 수 있는지 물었다. 강연을 하게 해준 그들에게 감사 인사를 하고 싶기도 했고 그들에 대해 더 알고 싶었기 때문이다. 우리가 소통하는 데는 그리 오랜 시간이 필요치 않았다. 그리고 나는 그들을 통해 내가 강연하게 될 청중이 어떤 느낌일지도 감을 잡을 수 있었다.

대화를 나누고 있을 때 행사의 프로듀서가 와서 무대에 서기까지 15분이 남았고 시간이 되면 다시 날 데리러 오겠다고 말했다. 내가 미리 청중과 소통할 수 있도록 지금 바로 강당에 들어가도 되겠느냐고 묻자 그는 매우 놀라는 것 같았다. 그 15분 동안 나는 가능한 한 많은 젊은 리더들을 만나 질문을 하고 그들에 대해 알아갔다. 강연 시간이 되었을 때 나는 이미 방 안의 온도를 데워놓은 상태였고 자신감에 차 있었기 때문에 한발 앞서 출발하는 기분이었다.

차를 타고 호텔로 돌아오는 길에 자레드가 강연에 대해 물었다. 그는 내 팀에 가치를 더해 주는 협력자이며 항상 배우는 자세로 임하는 사람이다. 그가 내게 한 질문 중 하나는 강의실 안의 온도를 읽는 것에 관해서였다. "뭘 알아차렸나요? 그게 결과적으로 강연에 어떤 변화를 주었나요?"

내가 설명했다. "청중은 젊고 경험이 부족한 사람들이었어요. 아버지 같은 인물을 원한다는 느낌이 들었죠." 그 사실을 알았다고 해서 내 강연의 콘텐츠가 바뀌지는 않았다. 내게 영향을 미친 것은 콘텐츠를 전달하는 방식이었다. 나는 그들을 믿고 용기를 북돋아주며 멘토 역할을 해주고 싶어 하는, 사랑하는 아버지의 톤으로 강연을 진행했다. **청중에게 필요한 게 뭔지 알고 나면 그것을 줄 수 있다. 그리고 그것은 정말로 그곳의 온도를 따뜻하게 높여준다.**

4. 그곳에 100퍼센트 머물러라

효과적으로 강연하려면 매 순간 집중력과 에너지가 필요하다. 그래서 강연을 할 때마다 그곳에 내가 100퍼센트 존재하는 것이 중요하다. 그렇지 않으면 청중은 이렇게 말할 것이다. "아주 감동적인 강연이었는데 사람들 대부분이 끝나기 전에 자리를 떠났어."

나는 강연을 할 때 나의 모든 것을 내놓는다. 강연을 나의 가장 중요한 일로 여기고 거기에 나의 노력과 집중력을 100퍼센트 쏟는다. 그렇게 해도 강연 중에 강연장을 떠나는 사람들이 가끔 있다. 하지만 그렇다고 최선을 다해 쏟아붓는 것을 멈추지는 않는다.

내가 100퍼센트를 쏟아붓기 어려웠던, 가장 힘들었던 강연은 멕시코시티에서였다. 영어가 모국어가 아닌 청중을 상대로 강연을 할 때는 주최 측에서 대개 두 가지 방법 중 한 가지를 준비한다. 대개는 통역사가 나와 함께 무대로 올라간다. 내가 영어로 한 문장을 말하면 통역사가 청중에게 통역을 한다. 강연 템포는 느려지지만 익숙한 방법이다. 또 다른 방법은 통역사가 강연장 뒤쪽에 있는 작은 부스에 들어가 마이크로 동시통역을 하면 청중이 이어폰을 통해 실시간으로 전달받는 방식이다.

주최 측에서는 동시통역을 제공할 거라고 말했다. 나는 '문제없겠군' 하고 생각했다. 그 방법에도 익숙했기 때문이다. 하지만 강연을 시작하자 체육관 전체 스피커를 통해 스페인어가 쾅쾅 울려 퍼졌다. 내가 다시 한마디 하자 또 그 목소리가 들려왔다. 그때 나는 그곳에는 통역 부스도, 이어폰도 없다는 사실을 깨달았다. 동시통역사의 목소리가 스피커를 통해 거대한 체육관에 쩌렁쩌렁 울려 퍼졌다. 내가 말을 할 때마다 내 목소리와 통역사의 목소리가 불협화음으로 들려왔다. 10분쯤 강연을 하고 나니 완전히 패닉에 빠졌다. 도무지 이

걸 온종일 하고 있을 자신이 없었다.

그냥 여기에 조금도 더 있고 싶지 않다는 생각뿐이었다. 하지만 나 자신을 다독였다. '넌 할 수 있어. 조금 적응이 필요한 것뿐이야.' 나는 평소의 리듬을 조금씩 찾아가면서 좀 더 청중에게 집중하려고 노력했다. 그리고 그 상황에 완전히 적응되었을 때쯤…

배가 부글거리기 시작했다.

무대에서 강연하는 동안 뱃속에 문제가 생긴 게 느껴졌다. 당장 화장실에 가야 했다. 하지만 거기서 어떻게 빠져나간단 말인가? 너무 급하니 창의력이 마구 샘솟았다. 나는 재빨리 사람들을 소그룹으로 나눠 질문을 던져주고 토론을 하며 해답을 찾아보라고 말했다. 그리고 청중이 토론을 시작할 때 무대 뒤로 빠져나가 화장실로 전력질주했다. 그 후 두 시간은 내 강연 인생에서 최악의 시간이었다. 나는 잠깐 강연을 하다가 다시 청중을 소그룹으로 나눠 토론을 시키고 화장실로 달려가기를 일곱 번 반복했다. 세상에나 일곱 번! 그 거슬리는 동시통역과 설사 사이에서 그렇게까지 강연장에 서 있기 괴로웠던 경험은 처음이었다.

정말로 정상 참작할 수 있는 극한의 상황이 아니라면 당신은 정신적, 감정적, 물리적으로 그곳에 온전히 머물러야 한다. 청중과 함께 그 순간에 머무르며 그 시간을 최대한 활용해야 한다. 같은 목적으로 같은 청중과 함께하는 그 순간은 다시는 돌아오지 않을 것이기 때문이다. 그 순간에 충실하라. 청중과 소통하기 위해 전부를 쏟아부어라. 마법 같은 잠재력은 거기서 나온다. 나는 청중과의 소통이 너무 강력하고 직접적이어서 강연을 멈추고 싶지 않았던 경험이 여러 번 있다. 당신도 그런 경험을 할 수 있다. 하지만 당신이 그 순간에 100퍼센트를 쏟아부을 때에만 가능하다.

5. 그곳의 사람들과 상호작용하라

이 책의 여러 장에 걸쳐 청중과의 상호작용, 청중끼리의 상호작용이 얼마나 가치 있는 일인지 여러 번 설명한 바 있다. 청중이 당신의 말에 반응하게 하고 청중 간에 서로 이야기하게 할 수 있다면 그 공간의 온도는 따뜻해질 것이다. 실제로는 그렇지 않은데 청중과 소통하고 있다고 착각하는 경우에 대부분의 불소통이 일어난다. 사람들은 당신과 상호작용하고 있다고 느낄 때 비로소 그들의 존재를 드러낼 것이다.

> **실제로는 그렇지 않은데 청중과 소통하고 있다고 착각하는 경우에 대부분의 불소통이 일어난다.**

나는 여러 나라에서 강연을 하기 때문에 언어와 문화적 차이에 대해 잘 안다. 영어 표현이 다른 문화권의 언어로 매끄럽게 전달될 거라고 가정해서는 안 된다. 하지만 아주 좋은 방법이 있다. 물어보면 된다. 예를 들어, 나는 "정상은 외롭다"라는 표현을 들어본 적이 있느냐고 청중에게 묻는다. 그때 청중의 반응을 보고 강의 중에 그 표현을 다시 사용할지 말지를 결정한다. 하지만 그렇게 하는 데에는 또 다른 긍정적인 효과가 있다. 사람들은 누군가 자신에게 의견이나 조언을 물을 때 관심받고 있다고 느낀다. 그래서 도와주고 싶어 한다. 그들에게는 그때가 연사의 옆에 설 기회다.

　나는 그런 식으로 청중과 상호작용하는 것을 좋아한다. 내 경험의 법칙에 따르면, 그곳의 온도가 낮을수록 더 청중과 상호작용해야한다. 청중에게 질문을 던지면서 대답 대신 손을 들라고 하기도 한다. 소리 높여 대답을 외치거나 옆 사람에게 대답하라고도 한다. 물론 모두가 그런 방식을 좋아하지 않는다는 것도 안다. 하지만 대부분, 사람들에게 말을 시키고 즐거움을 주면 싸늘했던 분위기는 깨지고 그곳의 온도는 올라간다. 내성적인 사람들의 경우라도 그렇다. 당신은 이 점을 이해해야 한다. **'사람들이 당신을 이해한다고 해서 연사로서도 좋아하는 것은 아니다. 사람들은 자신이 이해받고 있다고 느낄 때 당신을 좋아하게 된다.'** 상호작용은 일을 가능하게 하고 그 공간의 온도를 높여준다.

6. 그곳에서 당신의 강연이 빛나게 하라^{Remarkableize}

방금 사전을 확인해 봤는데 'Remarkableize' 같은 단어는 없다. 하지만 사전에 꼭 들어가야 할 단어라고 생각한다. 새로운 세계를 가장 먼저 소개하는 누군가가 있기 마련인데, 그 사람이 나서서 안 될 게 뭐 있을까? 그럼 단어의 정의부터 내려보자. '무언가를 범상치 않게, 혹은 특별하게 만들어 사람들을 깜짝 놀라게 하거나 깊은 인상을 주어 주목하게 만들다.' 나는 연사로서 항상 내가 하는 말을 'Remarkableize'

해서 청중에게 잊을 수 없는 강연이 되도록 노력한다.

> **사람들이 당신을 이해한다고 해서 연사로서도 좋아하는 것은 아니다. 사람들은 자신이 이해받고 있다고 느낄 때 당신을 좋아하게 된다.**

때로는 재미있는 이야기를 들려주는 것으로 그런 시도를 한다. 가령 내가 호주로 휴가를 갔을 때 호주 테니스 오픈티켓을 예매하지 않고 당일 구매를 시도한 이야기 같은 것 말이다. 거기 사는 사람들은 그게 불가능하다고 말했다. 그날 나는 그들에게 코트 중간쯤에 있는 내 좌석에서 찍은 사진을 보냈다. 또 한번은 경기장에서 열린, 남성들을 위한 이벤트에서 청중에게 내 아버지의 존경할 만한 봉사 인생에 대해 말하고 아버지를 일으켜 세워 박수를 받게 해드렸다. 사람들은 아버지에게 5분간 기립박수를 쳐주었다. 또 한번은 강연 도중, 강연 노트를 올려둔 스탠드가 계속 미끄러져 물건이 전부 바닥으로 떨어진 적도 있었다. 나는 그 상황을 3분 30초짜리 즉흥 코미디처럼 바꿨다. (유튜브를 찾아보시길.)

당신의 강연을 빛나게 만들기 위해 임기응변과 창의성을 활용하라. 즉흥성은 순간을 포착하게 하고 창의성은 그것을 극대화할 힘을 실어준다. 실수가 있어도 그것을 기억에 남을 순간으로 바꿔버려라. 기대치 않던 상황이 벌어졌을 때 바보처럼 보일까 걱정하지 말라. 대신에 그것을 끌어와 기억에 남는 강연으로 만들 기회로 삼아라.

7. 유연하라—심지어 실내가 아닐 수도 있다!

몇 년 전, 나는 무브먼트 모기지의 공동창립자 겸 CEO인 케이시 크로포드Casey Crawford와 만난 적이 있다. 14년 된 그 단체는 미국에서 리테일 모기지 대출업체로 상위 10위권에 들었다. 케이시는 무브먼트 모기지 리더들의 멘토로 나를 초대해주었다. 멕시코 칸쿤에서 열리는 리더들의 대규모 집회에 기조연설자로 서 달라는 요청이었다. 리조트에 도착한 날 밤, 강연을 하려고 할 때서야 나는 강연 장소가 연회장이 아닌 해변이라는 사실을 알게 되었다.

현장에 도착해보니 즉시 사전 계획을 수정할 필요가 있었다. 그곳은 수백 명의 사람들이 놀고 수영하고 바에서 어울리고 있는 장소였다. 모두 즐거운 시간을 보내고 있었고 강연을 하기에는 방해 요소가 너무 많았다. 게다가 의자도 없었기 때문에 강연을 짧게 끝내야 했다.

재빨리 계획을 수정하면서 나는 아이패드에 메모해둔 내용을 스크롤했다. 그들에게 가장 중요한 메시지라 생각한 내용 중 하나를 골라 아이폰으로 옮겼다. 그런 다음 사람들이 강연을 들으러 모였을 때 그들과 소통하면서 짧게 내 생각을 제시하고, 지금 그들이 배운 것을 어떻게 삶에 적용할지에 대해 옆 사람과 이야기를 나눠보라고 했다. 유연하게 대처했기에 그 방법은 효과가 있었다.

강연을 하면 할수록 더 많은 유연성을 갖게 된다. 나는 수년 동안 강연 투어를 다니면서 나병 환자 수용소에서도, 런던 로열 앨버트 홀에서도, 샌디에이고 미구엘 산 꼭대기에서도 강연해 보았다.

그리스도가 십자가에 매달리기 전, 예루살렘에서 갇혀 있던 지하 감옥에서도 연설했다. 대서양에 있는 USS 엔터프라이즈 항공모함에서도, 서던 인디애나의 연못에 띄운 보트에서 강연한 적도 있다. 대성당에서도, 시골 작은 교회에서도 설교를 해보았다. 비행기에서도, 과테말라의 마야 유적지에서도, 대형 경기장과 작은 스튜디오에서도 강연을 해보았다. 각각의 장소 모두 독특했고 나름의 유연성이 필요했다. 나는 환경에 적응하며 청중의 온도를 높이기 위해 노력한다.

연사로서 가장 먼저 조절해야 하는 온도는 항상 자기 자신의 온도다. 강연장 온도를 높이려고 하기 전에 자신의 온도부터 높여야 한다. 어려움에 직면했을 때, 성공을 위해 노력하는데 예상대로 일이 진행되지 않을 때 −그런 일은 항상 일어난다− 내가 하는 대로 해보길 바란다. 나는…

상황을 극복한다.
태도를 개선한다.
조정에 착수한다.
미션에 집중한다!

기억하라. 주인공은 당신이 아니다. 청중이 주인공이다. 어떤 상황에 직면하든 청중에게 최고의 경험을 선사하기 위해 할 일을 하라.

리눅스와 파커 브라더스 게임스의 전 CEO 겸 월드비전의 명예 회장인 리처드 스턴스Richard Stearns는, 리더십 커리어 동안 많은 강연을 하고 글을 썼다. 그는 마틴 루터 킹의 연설을 분석한 후에 그의 저서 《하나님의 일인 것처럼 리더십을 행하라Lead Like It Matters to God》에서 이렇게 말하고 있다.

1963년 8월 28일, 역사적인 워싱턴으로의 행진이 있던 날, 마틴 루터 킹은 미국 역사에서 가장 유명하고 강력한 연설을 했다. 그는 전날 밤 새벽 4시까지 연설문을 작성했다. 하지만 녹음된 연설을 들어보면 "나에게는 꿈이 있습니다"라는 첫 구절을 시작하기 전, 긴 침묵이 있었다. 그 순간, 킹 박사는 연설 노트를 들여다보았는데 그 뒤에 나올 내용에 그다지 확신이 들지 않았다…. 그래서 그는 10초 동안 연설을 멈추고 다음에 할 말을 생각했다. 연설을 멈춘 동안, 그의 뒤에 서 있던 가스펠 가수 마할리아 잭슨Mahalia Jackson이 말했다. "마틴, 꿈에 대해 말해요. 저들에게 꿈에 대해 말하세요!" 킹 박사는 이전에 "나에게는 꿈이 있습니다" 문구를 활용해 이미 연설한 적이 있었기에, 그날의 계획에는 없었다. 하지만 연설을 멈춘 긴 10초의 시간 동안, 다음에 무슨 말을 할지 고민할 때 그는 잭슨의 외침을 들었다. 그리고 그 뜨거운 여름날, 새로운 역사를 써 내려갈 원대한 문장이 그의 입에서 날아오르기 시작했다.

연사로서 항상 가장 먼저 조절해야 하는 온도는 자기 자신의 온도다. 강연장 온도를 높이려고 하기 전에 자신의 온도부터 높여야 한다.

스턴스는 킹 박사가 "나에게는 꿈이 있습니다"로 시작되는 문장을 말하기로 마음을 바꾼 것은, 그가 마할리아 잭슨의 말을 듣는 좋은 귀를 갖고 있었기 때문이라고 말한다. 나는 그 이상이라고 생각한다. 킹 박사는 연설에 전문가일 뿐 아니라 청중을 읽는 데에도 전문가였다. 소수의 사람만 모여 있는 작은 방 안에서도, 수천 명이 모인 링컨 메모리얼 계단에서도 마찬가지였다. 그는 내가 이 장에서 설명하는 모든 기술(거기에 몇 가지를 더)을 갖춘 사람이었다. 그런 능력을 갖춘 사람은 극소수에 불과하다. 그는 방 안의 온도를 읽을 뿐 아니라 청중의 온도를 조절할 줄 알았고 국가와 세계의 온도를 바꾸는 사람이었다. 그는 '온도조절기의 법칙'의 대가였다.

14 / 체인지업의 법칙

단조로움은 커뮤니케이션의 무덤이다

한 젊은 극작가는 자신의 새 단막극 개막 공연에 중요한 평론가가 참석한다는 소식에 무척 들떠 있었다. 개막일 밤, 평론가는 약속대로 나타났고 객석 세 번째 줄 가운데에 앉았다. 커튼이 올라가고 몇 분이 지나지 않아 평론가는 잠이 들었고 연극이 끝날 때까지 깨지 않았다.

극작가는 잔뜩 기가 죽어버렸다. 연극이 끝나자마자 서둘러 평론가의 자리로 가서 말했다. "더 오래 깨어 계시게 하지 못해 죄송합니다. 제 작품에 대한 의견을 듣고 싶었는데 너무 아쉽네요."

평론가는 눈을 비비고 하품을 하면서 말했다. "젊은이, 잠이 내 의견이네."

이런 옛말이 있다. '청중이 잠들면 연사를 깨워라!' 콘텐츠에 문제가 없더라도 연사의 의도가 올바르더라도, 논리가 강하더라도, 청중이 참여하지 않으면 사람들을 다시 끌어들이기 위해 변화를 주어야만 한다.

실제로 극작가인 앨런 에이크본Alan Ayckbourn은 청중의 참여를 유지하는 것의 중요성에 대해 다음과 같이 요약한다. "당신은 사람들에게 잠깐 음료수를 마실 시간만 주고, 두 시간 넘게 같은 자리에 앉아 있으라고 요구한다. 그러려면 당신이 먼저 사람들이 다음에 일어날 일이 궁금해서 잠시 자리를 뜨는 것조차 아쉬운 생각이 들도록 만들어주어야 한다." 연사로서 당신은 청중을 들뜨고 몰입하게 만들 책임이 있다. 그리고 당신은 '체인지업의 법칙'을 활용해 그것을 해내야 한다. 단조로움은 커뮤니케이션의 무덤이기 때문이다.

모두가 버라이어티를 사랑한다

아무 일도 일어나지 않는 연극이 재미있는가? 무승부로 끝나는 풋볼 경기가 흥미진진한가? 변주 없는 노래가 귀를 사로잡는가? 단조로운 음성으로 계속 말하는 사람과의 대화에 끌리는가? 우리는 그런 상황을 피하려 하지 찾아 나서지는 않는다. 왜일까? 단조로움은 지루하기 때문이다. 금세 잊히기 때문이다. 같은 음식을 하루에 세 번, 일주일에 7일, 일 년에 52주 동안 계속 먹는 것과 마찬가지다. 우리 인간은 변화를 갈망한다. 우리는 버라이어티를 좋아한다. 서프라이즈를 사랑한다. 대부분의 경우에 적용되는 말이지만 특히 커뮤니케이션에 있어서는 더더욱 그렇다. 어느 누구도 예측 가능한 단조로운 이야기를 듣고 싶어 하지 않으며, 어느 누구도 그런 연사가 되고 싶어 하지 않는다. 우리 모두는 연사로서 청중이 자리를 뜨지 않기를 바란다.

변화는 당신이 하는 말을 잊을 수 없게 만들어준다. 당신이 하는 말은…

놀랍다	중요하다	주목할 만하다
이례적이다	파란만장하다	의미 있다
오래 기억된다	놀랍다	기억할 만하다
유효하다	오래 남는다	흥미진진하다

위의 단어들이 당신의 강연을 설명하는 키워드이길 바란다면 강연할 때 책임지고 변화를 주어 메시지에 생명을 불어넣어야 한다.

미국인들은 권리를 요구하는 일에 익숙하다. 우리는 제1 수정헌법에 보장된 언론 자유의 권리를 누린다. 하지만 말을 할 권리는 보장되어도 청취자의 권리는 보장되지 않는다. 그러므로 연사로서 당신이 처음으로 가져야 할 책임은, 청중의 관심을 사로잡는 것이어야 한다. 두 번째 책임은, 그 관심을 유지하기 위해 필요한 일을 하는 것이다.

내가 처음으로 청중에게 메시지를 전했던 것은 대학교에 다닐 때였다. 나는 30명 앞에서 55분 동안 강연을 했다. 정말 지루했다. 당시에 청중이 잠들지는 않았지만, 다음 해에 같은 행사에 강연을 하러 갔을 때, 그때 왔던 사람은 거의 없었다. 전년도에 내 강연을 들었던 사람들 대부분이 다시 오지 않은 것이다. 그들을 탓할 수는 없었다. 내가 강연에서 좋은 첫인상을 심어주지 못한 탓이니까.

▎ 말을 할 권리는 보장되지만, 청취자의 권리는 보장되지 않는다. ▎

연사로서 경험이 쌓이다 보니, 보통 강연을 시작하고 10분 정도가 지나면 청중의 주의가 흐트러지기 시작한다는 사실을 알게 되었다. 나는 그 부분을 개선하지 않으면 강연의 효율이 떨어질 것이라 판단했다. 그래서 변화를 줘야겠다고 생각했다. 맨 처음에 시도한 것은 강연하면서 무대 위를 걸어 다니는 것이었다. 처음 시도했을 때 내가 움직이자마자 사람들의 집중력이 돌아오는 게 느껴졌다. 그때부터 나는 강연에 변화를 줄 방식들을 찾기 시작했다. 지금은 아주 의도적으로 강연에 변화를 주려고 노력한다. 말하는 속도도 계속 바꾸고, 의자에 앉아서 강연하다가 일어나기도 한다. 돌아다니고, 목소리를 높였다가 말을 멈추기도 한다. 나도 청중과 상호작용하고, 청중들끼리도 상호작용하게 한다. 표정을 활용한다. 질문을 던진다. 자조적인 유머로 웃음을 준다. 다음에는 내가 뭘 시도할지 사람들이 궁금해하길 바란다. 그런 식으로 강연이 흘러가는 리듬에 변화를 준다.

커뮤니케이션은 차를 운전하는 것과 같다. 원하는 장소에 도착할 때까지 계속 차의 속도를 조절해야 한다. 운전자는 길도 살피고 주변의 다른 운전자도 살펴야 한다. 상황을 예의주시하며 전방과 주위 움직임에 계속 맞춰나가야 한다. 회전도 해야 하고, 속도를 높이거나 줄이고, 차선을 바꾸고, 기어를 변경하고, 때로는 멈춰야 한다. 자동차 제조업체들은 운전자가 아무것도 하지 않아도 되는 완전 자율주행차를 발명할지 모르지만, 커뮤니케이션에 있어서는 절대 그런 일은 없다. 강연할 때마다 연사는 운전자가 길을 살피듯 청중을 읽어야 하며, 메시지를 효과적으로 전달하기 위해 연설 방식에 변화를 주면서 조절해야 한다. 그리고 정말 훌륭한 연사가 되고 싶다면 계속 배우고 기술을 발전시키고 당신의 레퍼토리에서 구사할 수 있는 체인지업 방법을 추가해야 한다.

2007년 토크쇼 진행자인 찰리 로즈Charlie Rose는 스티브 마틴Steve Martin을 인터뷰했다. 그는 마틴의 회고록 《스탠드업 코미디를 위해 태어나다Born Standing Up》에 관한 질문을 던졌다. 마틴은 스탠드업 코미디언, 배우, 음악가, 작가로서 오랫동안 매우 성공적인 경력을 이어왔다. 그동안 그는 다섯 번의 그래미 어워드, 에미상, 마크 트웨인 아메리칸 유머상, 케네디센터 상, 아카데미 어워드 명예상까지 수상했다. 로즈가 마틴에게 성공에 대한 조언을 구하자 그는 다음과 같이 답했다.

글쎄요, 사람들은 제게 "쇼 비즈니스에서 성공한 비결이 뭔가요?"

라고 묻고, 저는 이런저런 답변을 하죠. 수년간 대답을 해왔는데 아무도 거기에 주목하지 않아요. 사람들이 듣고 싶은 대답이 아니었던 거죠. 그들이 듣고 싶은 말은 유능한 "에이전트를 얻는 방법, 스크립트를 쓰는 방법, 이걸 이렇게 저렇게 하는 방법"인 거죠. 하지만 저는 항상 이렇게 말해요. "당신을 무시하지 못할 만큼 잘 해내라." 그럼 '어떻게 하면 정말로 잘할 수 있을까?'라고 생각하는 사람이 있다면 절 찾아오겠죠.

> "당신을 무시하지 못할 만큼 잘 해내라."
> - 스티브 마틴

마틴은 1970년대에 뛰어난 스탠드업 코미디 실력으로 거대한 경기장 전체를 자신의 공연을 보러온 관중으로 가득 채웠다. 코미디언으로서는 최초였다. 그렇게 되기까지 자신의 코미디 루틴을 정말로 훌륭하게 만드는 데 10년이 걸렸고, 그만큼의 관중을 모으는 데 5년이 더 걸렸다. 하지만 그의 퍼포먼스에 대한 접근은 그가 밴조 악기를 배울 때의 접근법과 똑같았다. 밴조를 처음 배울 때 그는 C코드와 G코드를 잘 구별하지 못했다. 하지만 그는 말한다. "그냥 계속하다 보면 언젠가는 연주한 지 40년이 된 날이 올 것이다." 그는 연주를 그냥 배우기만 한 게 아니었다. 그는 코미디로 2개의 그래미상을 받고 밴조 연주로 3개의 그래미상을 추가했다.

커뮤니케이션에 변화를 주는 방법

커뮤니케이션에 있어서도 이와 같은 사고 방식을 적용해볼 수 있다. 프레젠테이션에 변화를 줄 새로운 방법을 계속 배워나가면, 당신이 내딛는 한 걸음 한 걸음을 청중이 따라오게 할 수 있다. 그렇게 하면 다른 연사들과 차별성이 생기고 청중과 더 잘 소통할 수 있다. 결국 뛰어난 연사가 된 당신을 누구도 무시하지 못하게 된다. 그렇게 되기 위해 필요한 몇 가지 방법을 소개하겠다.

움직임과 표정의 활용

내가 처음에 사용했던 방법으로, 가장 기본적인 기술이라고 할 수 있는 움직임부터 시작해보자. 테드TED 컨퍼런스의 책임자인 크리스 앤더슨Chris Anderson은 새내기 연사들에게 강연 중 지나친 움직임을 삼가라고 조언한다. 하지만 그가 말하는 것은 긴장성 움직임이다.

초반 리허설 때 사람들이 가장 많이 하는 실수는 몸을 너무 많이 움직인다는 것이다. 몸을 좌우로 흔들거나 무게 중심을 한쪽 다리에서 다른 다리로 옮긴다. 사람들은 긴장할 때 자연스럽게 그런 행동을 한다. 하지만 그런 행동은 정신 사납기도 하고 연사를 약해 보이게 만든다. 단순히 하체를 고정하는 것만으로도 무대 장악력이 눈에 띄게 향상된다. 프레젠테이션하는 동안 계속 무대를 돌아다니는 사람들도 있는데 자연스럽게 나오는 행동이라면 괜찮다. 하지만 대부분은 그냥 똑바로 서서 강조할 때만 손짓을 하는 게 훨씬 낫다.

얼굴과 손부터 사용하기 시작하라. 다만 그런 움직임이 자연스럽게 나와야 한다. 사람들의 집중력이 흐트러진 것 같으면 무대 위의 다른 지점으로 이동해볼 수도 있다. 한쪽 청중에게 이야기한 다음, 다른 쪽 청중에게로 갈 수도 있다. 혹은 앞으로 걸어가 당신과 청중 간의 거리를 좁히는 방법도 있다. 나는 가끔 강조하고 싶은 말이 있을 때 친밀감을 극대화하기 위해 청중 바로 앞까지 걸어간다. 무대 끝에 앉거나 무릎을 꿇기도 했는데, 솔직히 그건 더 젊었을 때, 무릎이 아프지 않았을 때의 이야기다. 여러 가지 방법을 시도해보고 청중의 반응을 주의 깊게 살펴라. 그렇게 하다 보면 어떤 게 자신에게 맞는지, 맞지 않는지 감을 키울 수 있다.

> **타이밍은, 말과 움직임을 청중에게 맞게 조절하여 최고의 결과를 얻어내는 기술이다.**

좋은 타이밍을 이해하고 연습하라

"타이밍을 이해하라"고 말하기는 쉽다. 하지만 그 방법을 설명하기는 어렵다. 연설에 타고난 사람이라면 이미 타이밍에 대한 감이 있을 것이다. 많은 부분은 본능적으로 알게 된다. 하지만 타이밍은 배울 수 있고 강연 연습을 많이 할수록 나아진다.

좋은 타이밍을 만드는 것보다 나쁜 타이밍을 알아차리는 게 훨씬 쉽다. 술을 피하라는 설교를 하는 어느 목사의 이야기에서 연사가 타이밍을 못 맞출 때 어떻게 되는지 감을 잡을 수 있을 것이다. 목사가 대단히 열정적으로 말했다. "세상 모든 맥주가 제 손안에 들어온다면 모두 가져가 강물에 붓겠습니다." 신도들은 머뭇머뭇 그 말에 동조했다. "세상 모든 와인이 제 손안에 들어온다면 모두 가져다 강물에 쏟겠습니다." 신도들은 계속 목사를 독려했다. "세상 모든 위스키가 제 손안에 있다면 모두 가져다 강물에 쏟겠습니다." 목사가 자리에 앉을 때 모두가 소리치며 환호했다.

설교가 끝나자 성가대 지휘자가 앞으로 나와 주저 없이 말했다. "마지막으로 찬송가 〈내게 강 같은 평화〉를 부르겠습니다."

당신이 타이밍에 대해 좀 더 잘 이해할 수 있도록 내가 그에 대한 정의를 내려보겠다. 타이밍은 연설의 내용과 신체적 움직임을 청중에게 맞게 조절하여 최고의 결과를 얻어내는 기술이다. 거기에는 올바른 단어, 표정, 움직임, 목소리 톤, 상호작용도 포함된다. 최고의 리듬과 속도를 최적의 순간에 사용하는 것이다. 복잡해보이겠지만 이해하면 쉽다. 내가 타이밍을 이해하는 데 도움이 되었던 세 가지를 알려주겠다. 여러분에게도 도움이 될 거라고 믿는다. 나는 다음의 것에 집중한다.

- 내가 보는 것
- 내가 말하는 것
- 내가 보여주는 것

자세히 설명해보겠다.

1. 내가 보는 것이 내가 말할 때를 결정한다

대학교 때 들었던 첫 스피치 수업에서 교수님은 무대에 섰을 때 청중의 머리 위 뒤쪽 벽의 한 지점을 정해 그곳을 쳐다보면서 말하라고 말씀하셨다. 세상에 이런 끔찍한 조언이 어디 있는가! 나도 교수님이 무슨 말을 하려는 것인지는 이해한다. 교수님은 대중 연설을 두려워하는 사람들에게 극복할 방안을 알려주려고 한 것이다. 하지만 그 조언은 겁먹은 연사를 무대에 세우는 데는 도움이 될지 몰라도, 좋은 연사가 되려는 사람에게는 아무런 도움도 되지 못한다.

좋은 타이밍을 잡으려면 방 안의 분위기를 읽어야 한다. 노트만 본다거나 상대와 눈을 맞추지 않으면 그렇게 할 수 없다. 테드TED 강연에서 크리스 앤더슨Chris Anderson은 청중 중에 다양한 면에서 상냥해보이는 사람 대여섯 명을 찾아 그들을 오랫동안 만나지 못한 친구라고 생각하며 강연 중에 계속해서 눈을 마주치라고 말한다. 또 다른 전문가들은 이 같은 아이 컨택 상대로, 너무 긍정적이거나 부정적인 반응을 보이는 사람 말고, 다소 중립적인 표정으로 반응하는 사람을 고르라고 말하기도 한다.

사람들의 표정을 읽어야만 변화를 줘야 할 타이밍을 알 수 있다. 대개 좋은 타이밍은 청중의 반응에 맞게 대응하는 것이기 때문이다. 당신의 이야기를 즐기고 있고 더 듣고 싶어 하는 표정인가? 흥미를 잃고 빨리 다음으로 넘어가길 바라는 표정인가? 혼란스러워 보이고 설명이 더 필요한 것 같은가? 너무 긴장해서 조금 풀어주어야 할 것 같은가? 감정적으로 취약한 상태는 아닌가? 진실을 듣거나 그것을 실행에 옮길 준비가 된 것 같은가? 그들의 반응을 주의 깊게 보면서 대책을 세우고 바꿔나가라.

나는 최근 휴스턴에서 2백 명의 사업가들을 대상으로 강연을 했다. 나는 그날의 세 번째 연사였는데 내 차례가 되었을 때 청중은 이미 두 시간이 넘게 앉아 있는 상태였다. 나는 무대에 올라 말했다. "제 이름은 존입니다. 여러분은 화장실에 다녀올 시간이 필요한 것 같네요. 10분 동안 볼일 보고 돌아오세요." 나는 그날 내 메시지에 관한 것보다 쉬는 시간을 준 것에 대해 더 많은 감사 인사를 받았다. 이것이 바로 타이밍에 대한 이해다!

2. 내가 하는 말이 내가 말할 때를 결정한다

타이밍의 또 다른 측면은 청중에게 뒤에 나올 내용에 대해 미리 언질을 주는 것이다. 이때 스토리의 일부분을 말해줄 수도 있지만, 결말은 말해주지 않는다. 혹은 먼저 원칙을 하나 알려주고 끝에 가서 다시 다루는 방법도 있다. 모든 내용을 깨우친 후에는 그것이 더 큰 의미로 다가오기 때문이다. 또 다른 방법으로 기대감을 심어줄 수도 있다. 예를 들어, 나는 가끔 이렇게 말한다. "몇 분 후에 여러분의 인생을 바꿀 만한 원칙을 알려드리겠습니다." 그리고 몇 분이 지나고 청중과 약간의 밀당을 더 할 수도 있다. "이제 여러분의 인생을 바꿔줄 원칙을 알려드릴 때가 왔군요" 혹은 "인생을 바꿔줄 원칙을 배울 준비가 됐습니까?" 그리고 청중의 반응을 보고는 "아직 준비가 안 된 것 같네요"라거나 "준비가 거의 된 것 같네요"라고 말한다. 그러면 청중은 계속 듣고 싶어 하고 더 집중한다. 이와 비슷한 기술을 활용하되 청중의 관심이 떠날 정도로 핵심을 너무 오랫동안 숨겨두지는 말라. 그리고 약속한 내용은 확실하게 전달해야 한다.

3. 내가 보여주는 것이 내가 말할 때를 결정한다

좋은 타이밍이란 적절한 때에 입을 다무는 것을 뜻하기도 한다. 최근에 나는 내 친구 크리스 스티븐스Chris Stephens의 25주년 파티에서 연설할 기회가 있었다. 행사를 하기 전에 크리스와 골프를 치러 갔을 때 크리스는 4번 홀에서 거의 홀인원을 할 뻔했다. 공이 홀에서 1피트 정도밖에 떨어져 있지 않았다. 나는 잔뜩 흥분해서 크리스에게 공 옆에 쭈그리고 앉으라고 한 뒤, 사진을 찍었다. 그러고 나서 16번 홀에서 나도 거의 홀인원을 칠 뻔했다. 심지어 내 공은 홀에 더 가까웠다. 그래서 나도 공 옆으로 가서 앉은 후 크리스에게 사진을 찍어달라고 했다.

　그날 밤, 나는 연설하기 전에 그 사진 두 장을 미디어팀에 보내, 계획한 일을 준비시켰다. 그리고 무대에 오르자마자 청중에게 크리스가 얼마나 대단한 사람인지 이야기했다.

　"크리스는 훌륭한 리더이기도 하지만 훌륭한 골퍼이기도 합니다." 나는 그 전날 우리가 쳤던 골프 이야기를 들려주었다. "4번 홀 티샷에서 거의 홀인원을 쳤습니다!" 나는 그 말을 하면서 홀에 가까운 공과 그의 사진을 큰 스크린에 띄웠다. 관중들은 소리치며 환호했다. 소리가 잦아들었을 때 내가 말했다. "홀에서 공이 얼마나 가까운지 보세요!"

그런 다음, 큰 스크린에 내 사진을 띄웠다. 그의 공보다 홀에 더 가까이 있는 나의 공과 함께. 이번에 나는 스크린을 쳐다보며 아무 말도 하지 않았다. 사진을 본 청중은 박장대소했다. 나는 그저 미소만 지은 채, 사진으로 말을 대신했다.

> **"딱 맞는 타이밍에 입을 다무는 것보다 효과적인 말은 없다."**
> - 마크 트웨인

멈추는 연습을 하라

위의 이야기는 강연에서 구사해야 할 다음 변화구에 대해 알려준다. '멈추는 연습을 하라.' 마크 트웨인Mark Twain은 말했다. "딱 맞는 타이밍에 입을 다무는 것보다 효과적인 말은 없다." 나는 이 말에 너무나 동의한다.

나는 강연을 할 때마다 '잠시 멈춤' 방법을 활용하는데, 가끔은 한 번 이상 쓰기도 한다. 어떤 연사들은 침묵을 두려워한다. 긴장해서 아무 말이나 빈틈을 메우려 한다. 하지만 나는 효과적인 소통을 위해 때때로 몇 초간 아무 말도 하지 않는 방법을 자주 사용한다. 강연에서 내가 가장 즐기는 순간이기도 하다. 말을 멈출 때 만들어지는 친밀감이 있다. 침묵은 사람들에게 정신적, 심적으로 반응할 시간과 공간을 내어주는 것이기 때문이다. 바로 그때 청중은 내가 말한 내용과 그들의 생각, 경험, 결론 간의 공백을 메우고 결합한다. 말 없는 파트너십이 형성되는 순간이다. 그런 순간에 침묵은 정말로 금이 된다.

'잠시 멈춤' 방법을 연습할 때는 이러한 점을 깊이 새겨라.

1. 멈춤으로써 당신이 하는 말을 강조하라

침묵은 중요한 문장에 긋는 밑줄이다. 말을 멈추는 순간, 사람들은 당신에게 주목하고, 당신이 방금 한 말에 집중한다. 몸을 앞으로 기울인다. 때로는 말을 멈춰 청중을 거기 머물게 하라. 더 깊이 파고들어가 당신이 한 말을 곱씹게 하라. 나는 청중에게 스토리를 큰 소리로 읽어줄 때 중요한 단어 앞에서 잠시 멈춰 그 단어를 강조한다. 일부러 리듬에 변화를 준다. 그게 단어나 문장에 '밑줄긋기' 역할을 하기 때문이다.

한번 시도해보라. 혼자 있을 때 강연에 활용하려고 적어두었던 글을 골라라. 메시지가 담긴 글을 단조로운 톤으로 큰 소리로 읽어라. 이제, 중요하다고 생각하는 부분에 밑줄을 긋고 다시 큰 소리로 읽어라. 이때 강조하는 단어는 좀 더 천천히 강하게 읽는다. 큰 의미를 담고 있는 문장을 읽고 나면 잠시 멈춰라. 단조롭게 읽을 때와의 차이를 느낄 수 있겠는가? 다음에는 멈춤을 활용한 '밑줄긋기' 효과를 실행해보고 청중의 반응을 살펴보라.

> **침묵은 중요한 문장에 긋는 밑줄이다.**

2. 멈출 때 청중은 당신을 따라잡는다

청중이 연사의 속도를 따라잡기 위해 시간을 필요로 할 때가 있다. 현재 나는 내 회사의 공동소유주이자 CEO인 마크 콜Mark Cole에게 커뮤니케이션 관련 멘토링을 한다. 그는 매우 열정적으로, 그러나 너무 빠르게 말하는 경향이 있다. 최근에 나는 그에게 무대에 의자를 놓고 강연 중에 몇 번쯤 앉아보라고 권했다. 그게 말의 속도를 늦추는 데 도움이 될 거라 믿었기 때문이다. 그리고 효과가 있었다. 항상 여기저기 뛰어다녀야 하는 미션을 가진 남자인 마크가 이제는 연설 중에 자리에 앉아 긴장을 풀고 청중에게 자기 말을 따라잡을 시간을 주는 사람으로 변했다.

말이 빠른 편이라면 때로는 속도를 늦춰 청중에게 숨 쉴 시간을 주어라. 침묵을 두려워하지 말라. 커뮤니케이션은 전력 질주가 아니다. 즐기며 가는 여정이어야 한다.

3. 멈추면 청중이 돌아오게 할 수 있다

청중의 주의는 언제든 산만해질 수 있다. 아무리 위대한 연사라도 마찬가지다. 청중의 집중력을 매 순간 100퍼센트 유지하기는 불가능하다. 하지만 잠시 멈추면 청중을 되돌아오게 하는 데 도움이 된다.

> **커뮤니케이션은 전력 질주가 아니다.**
> **즐기며 가는 여정이어야 한다.**

나는 청중의 생각이 다른 데 가 있다고 느끼면 잠시 말을 멈춘다. 받아적는 데 열중했거나 다른 사람과 이야기하거나 문자를 보내거나 허공을 멍하니 쳐다보고 있을 때 무대에서 아무 소리도 들려오지 않으면 '무슨 일이지?' 하고 올려다본다. 짧은 침묵은 일부 청중을 되돌아오게 하고, 긴 침묵은 모든 청중을 되돌아오게 한다.

강연할 때의 당신은 청중을 데리고 여행을 떠나는 가이드와 같다. 그룹에서 뒤처지는 사람이 있을 때 내버려두고 혼자 계속 앞서 가서는 안 된다. 기다려야 한다. 침묵은 그들을 당신에게로, 당신이 하는 말로 돌아오게 만든다.

4. 멈춤은 당신이 다음에 하려는 말을 가리킨다

잠시 말을 멈추면 주의가 흐트러진 이들의 시선을 끌 수 있다. 이미 집중하고 있던 사람들이라면 더 큰 관심을 기울인다. 별다른 이유 없이 말을 멈추면 청중은 뭔가 이유가 있을 거라고 추측한다. 그리고 더욱 집중하게 된다.

때로 나는 강조할 내용에 앞서 잠시 말을 멈출 때, 기대감을 더 높이기 위해 시각적으로 보이는 행동을 추가한다. 앞으로 이동하거나 청중 쪽으로 몸을 기울이거나 청중이 있는 곳으로 걸어 내려간다. 혹은 손뼉을 치거나 손을 든다. 그런 행동을 하면 청중은 내가 뭘 하려고 하는지 궁금해한다. 예를 들어, 나는 '인생에서 가치 있는 모든 것은 오르막길에 있다'는 개념을 가르친다. 하지만 이 문장을 듣는 것만으로 집중이 될까? 아마 아닐 것이다. 이 같은 진실에 대해

진지하게 생각해보고, 깊이 파고 들어가 삶에 대입해볼 때 진정 그 문장이 도움이 될 것이다. 청중에게 이 개념을 가르칠 때 나는 그들이 진심으로 이해할 수 있도록 말을 하기 직전에 잠시 멈추고 팔을 천장으로 들어 올린다. 그러면 모두가 내가 뭘 하려는 건지 궁금해하며 집중한다. 그때 내가 "인생에서 가치 있는 모든 것은 오르막에 있습니다" 하고 말한다. 그리고 다시 말을 멈춘다. 팔을 내리고 다시 멈춘다. "우리의 문제는, 희망은 오르막길에 있는데 습관은 내리막길에 있다는 것입니다." 그러면 이제 사람들은 이해가 간다는 표정을 짓는다. 그들의 머릿속 전구에 불이 반짝 들어오는 것을 느낄 수 있다. 이러한 제스처는 간단해보이지만 효과가 있다. 멈춤으로써 강조하고 효과를 확인하라.

5. 멈춤으로써 감정을 드러낸다

나는 1962년부터 1992년까지 〈투나잇 쇼〉의 호스트였던 조니 카슨Johnny Carson을 보면서 이러한 침묵의 힘을 배웠다. 그는 항상 독백으로 오프닝을 했는데 내가 가장 좋아하는 순간은 그가 농담을 던졌으나 웃기기에 실패했을 때였다. 그럴 때 카슨은 청중을 그의 여정으로 데려간다. 그는 그냥 말을 멈춘다. 놀란 표정을 짓는다. 그는 쇼의 밴드 리더인 독 세베린센Doc Severinsen을 쳐다보며 어깨를 으쓱한다. 그의 혼란스러운 표정은 이렇게 묻는 것 같다. "그런 농담은 도대체 어디서 가져온 거냐?" 그러면 스튜디오에 앉아 있는 청중은 즐거워하며 환호한다. 종종 그의 농담이 먹혀들었을 때보다 실패했을 때 더 큰 웃음이 터져 나온다. 내가 그의 모놀로그를 시청하는 이유는 농담이 망했을 때 그의 행동을 보기 위해서였고, 아마 수백만의 시청자들도 그랬을 것이다.

침묵의 순간은 사람들에게 당신의 유머 감각을 알려줄 큰 기회다. 사람들에게 당신의 마음을 보게 할 큰 기회이기도 하다. 강연할 때 가슴 찡한 내용을 말하다가 스스로 울컥했다면 굳이 숨기려고 하지 말라. 다시 또렷한 목소리가 나올 때까지 그냥 잠시 말을 멈춰라. 대부분의 사람은 그런 순간에 공감하고 당신의 열정을 발견한다.

6. 멈춤으로써 다음 이야기로 넘어갈 수 있다

나는 이야기의 방향을 전환하려고 할 때 종종 침묵을 활용한다. 무겁거나 진지한 이야기를 하고 나서 잠시 말을 멈추면 좀 더 가벼운 이야기로 넘어가는 데 도움이 된다. 반대 방향으로 갈 때도 마찬가지다. 뭔가 웃긴 이야기를 하고 나서 좀 더 무거운 이야기로 넘어갈 때도 잠시 말을 멈춘다. 멈춤은 분위기나 주제 전환에 효과적이다.

7. 멈춤은 '속삭임'과 같은 효과가 있다

알맞은 타이밍에 침묵하는 것은 청중의 누군가에게는 매우 사적인 의미로 다가가기도 한다. 모두가 똑같은 침묵을 목격하더라도 개인마다 다른 경험을 한다. 작가 겸 신학자인 헨리 누웬Henri Nouwen은 말했다. "침묵은 우리 안에서 대결하는 목소리들에 대한 전쟁이다." 침묵은 사람들에게 가장 중요한 내면의 목소리, 진실의 속삭임을 듣게 한다. 그것을 의식, 지혜 혹은 신의 목소리라고 정의할 수도 있지만, 그 목소리는 외침보다는 속삭임이다.

내 친구 팀 엘모어는 말한다. "위대한 연사는 힘과 명료함으로 말하고 언제 말 대신 침묵을 내뱉어야 할지를 안다." 당신이 연사로서 말을 멈추고 청중으로 하여금 자신만 들을 수 있는 속삭임에 귀 기울이게 하는 순간, 그 침묵은 당신이 어떤 말을 내뱉었을 때보다 훨씬 더 큰 효과와 영향력을 발휘할 수 있을 것이다. 나 역시 강연 중에 종종 말을 멈추는데, 내가 말을 적게 할수록 사람들이 더 많이 배운다는 것을 알기 때문이다. 특히 나의 신념에 관해 이야기할 때 침묵은 아주 중요하다. 침묵 속에서야말로 신의 목소리를 가장 많이 들을 수 있다고 믿기 때문이다.

> **"침묵은 우리 안에서 대결하는 목소리들에 대한 전쟁이다."**
> - 헨리 누웬

당신이 연설할 때 멈춤의 힘을 한 번도 활용해본 적 없다면 '잠시 멈춤'을 당신의 체인지업 도구로 사용해보길 바란다. 첫 시도는 위험하게 느껴질 것이다. 기대했던 효과를 거두지 못할 때도 있다. 그래도 실망하지 마라. 계속 시도하라. 멈추기가 익숙해지려면 시간이 필요할 것이다. 그러나 성공하는 횟수가 많아질수록 더욱 자신감을 갖게 될 것이고, 당신의 체인지업 기술로써 큰 힘을 발휘하게 될 것이다.

청중과의 상호작용을 만들어라

'체인지업의 법칙'과 관련한 마지막 조언은 청중과의 상호작용을 만들라는 것이다. 청중 간에, 그리고 당신과 청중 간에 상호작용이 필요하다. 나는 매번 강연할 때마다 의도적으로 이것을 실행한다. 더 많은 사람이 참여할수록 내가 그들에게 더 많은 영향력을 행사할 수 있다. 이미 '소통의 법칙(7장)'에서도 설명했지만 나는 연설을 시작하기 전에 사람들에게 내 이름을 말하고 그들의 이름을 물어본다. 그밖에도 상호작용을 위해 여러 방법들을 활용한다.

목사들을 위한 리더십 컨퍼런스를 주최할 때였다. 나는 첫 세션을 시작하면서 각 교파의 이름을 부르며 거기 속한 사람들에게 손을 들게 했다. 해당 그룹에 그들 교파의 특성에 대해 가벼운 농담을 하며 놀렸다. (내가 속한 교파에 대해서도 농담을 했으니 너무 걱정 말길.) 각 교파의 이름을 부르고 각각에 대해 농담을 하자 모두가 웃었다.

왜 그랬을까? 일부 목사들은 교파 간의 차이에 너무 초점을 맞추는 경향이 있다. 나는 모두에게 우리는 한 팀이며, 작은 차이가 우리를 갈라놓아서는 안 된다고 알려주고 싶었다. 모두들 웃을 때 비로소 방어벽이 무너지고 배울 준비가 되어 있었다.

나는 또 청중을 참여시키기 위해 이런 말도 한다. "배울 준비 됐나요? 옆 사람을 보면서 준비가 됐다고 말해보세요" 혹은 "정말 똑똑하시네요. 제가 가르치는 내용을 이해할 수 있겠어요. 이해되시죠?" 하고 말한다. 그런 다음 잠시 멈췄다가 말한다. "여러분 왼쪽에 앉은 사람은 당신만큼 똑똑하지 못한 것 같네요. 옆 사람을 쳐다보며 말해보세요. '괜찮아요. 내가 도와줄게요.'" 그러면 사람들은 웃으면서 서로 이야기한다. 혹은 청중 가운데 누군가에게 나를 도와달라고 요청하기도 한다. 내가 즉석에서 생각해낸 것을 말했는데 청중의 반응이 좋으면 앞줄에 앉은 사람에게 그 말을 내가 기억할 수 있게 적어달라고 부탁하는 식이다. 그러면 사람들은 나중에 메모한 것을 내게 열심히 가져다준다. 왜 그럴까? 이러한 상호작용이 청중으로 하여금 강연을 하나의 '경험'으로 만들어주기 때문이다.

좋은 연사는 상호작용의 힘을 잘 안다. 좋은 리더와 좋은 사업가도 마찬가지다. 몇 년 전, 이스탄불에 갔을 때 사람들과 '누스렛'이라는 식당에 갔다. 전 세계적으로 유명한 스테이크하우스였다. 그날 밤 우리는 식당 주인인 누스렛 고체Nusret Gökçe를 만났는데, 그는 이스탄불에서 식당 하나로 시작해 전 세계에 12개가 넘는 식당을 갖게 되었다. 사람들은 그를 '솔트배'라고 불렀다. (Bae는 bay처럼 발음하는데 '누구보다 먼저'라는 속어로, 넘버1 인물이라는 뜻이다.) 사람들이 그를 솔트배라고 부르는 이유는 그가 예술가처럼 소금을 뿌리기 때문이다.

그날 밤 우리가 식사할 때 누스렛 고체가 우리 테이블로 와서 끝내주는 스테이크를 자르고 소금을 뿌려주었다. 하지만 그가 한 일은 단순히 멋지게 소금을 뿌린 것만이 아니었다. 그는 뭔가 다른 것을 했다. 체인지업을 활용했다. 쇼를 보여주었다. 그는 왕소금을 집어 손가락 사이로 뿌리며 팔을 들어 움직이면서 접시에 소금이 떨어지게 한다. 우리는 그 모습에 사로잡혔다. 그가 퍼포먼스를 끝냈을 때 우리는 모두 박수갈채를 보냈다. 하지만 그걸로 끝이 아니었다. 그는 우리 모두에게 그의 소금 뿌리기 기술을 시도해볼 수 있는 기회를 주었다. 우리는 각자 소금 뿌리는 모습을 영상으로 찍어 남겼다. 정말 재미있었다.

그건 우리 모두에게 절대 잊을 수 없는 식사가 되었다. 왜일까? 솔트배가 기대하지 못했던 이벤트를 만들어 단순한 식사를 잊을 수 없는 경험으로 만들어주었기 때문이다. 그는 우리들 한 명 한 명과 상호작용을 만들어냈다. 당연히 음식도 훌륭했다. 하지만 그와의 소통이 그보다 훨씬 더 좋은 기억으로 남았다. 그가 유명해진 건 바로 이러한 점 때문이었다. 당신 또한 유튜브에서 그의 모습을 본다면 왜 수천만 명이 시청했는지 알 수 있을 것이다!

솔트배는 커뮤니케이션을 위해 자기만의 상호작용 방식을 찾아냈다. 당신도 당신만의 방식을 찾아야 한다. 그저 단순한 강연이 아닌, 당신의 커뮤니케이션을 하나의 경험으로 전환할 수만 있다면 사람들은 그날을 결코 잊지 못할 것이다.

커뮤니케이션을 연구하는 사람들은 비예측성과 영향력 간에 직접적인 상관관계가 있음을 잘 안다. 스탠퍼드 비즈니스 스쿨 강사 겸 코치인 매트 에이브라햄스Matt Abrahams는 말한다. "목소리 변화율을 10퍼센트만 높여도 청중의 집중도와 메시지 기억력을 현저하게 끌어올릴 수 있다." 당신이 하는 말에 사람들이 집중하게 하고 싶으면 예측 가능하게 만들어서는 안 된다. 변화를 주어라!

당신의 커뮤니케이션에 더 많은 변화구를 구사할수록 청중은 더 많이 참여하고, 당신이 마지막 메시지까지 이끌어가는 여정을 더욱 즐길 것이다. 청중은 당신이 말하는 동안 수동적인 태도로 앉아 있는 걸 좋아하지 않는다. 그들은 경험의 일부가 되길 원한다. 그리고 그것은 당신이 청중의 집중력을 붙잡아둘 때에만 가능하다. 단조로움이 커뮤니케이션의 무덤이라는 사실을 절대 잊지 말라. 그것이 바로 '체인지업의 법칙'이다.

제5장

왜 말하는가?

15 / 가치 더하기의 법칙

사람들은 당신이 한 말은 잊을지 모르지만,
당신에게 받은 느낌은 절대 잊지 않는다

강연의 하이라이트 중 하나는 멋진 사람들을 만날 수 있다는 점이다. 한번은 시인이자 민권 운동가인 마야 안젤루와 같은 강연 무대에 선 적이 있었다. 그날 나는 대기실에서 잊을 수 없는 시간을 보냈다. 그녀의 따뜻함에 끌렸고, 이야기에 매료되었고, 통찰력 있는 말에 빠져들었다. 하지만 무엇보다도 마야 안젤루라는 사람이 내게 잊을 수 없는 인상을 심어주었다. 그녀는 대통령도 알고, 유명한 TV나 영화배우, 민권 운동의 아이콘이 된 인물들과 가깝게 지내는 대단한 인물이었는데도 대화를 나눌 때 내게 온전히 집중해주었다. 그녀는 내가 한 일을 대단하다고 칭찬해주면서 자신에게도 도움이 되었다고 말했다. 나는 깜짝 놀랐다. 나는 그녀가 나를 알고 있을 거라고는 생각도 하지 못했다. 그녀는 또 내 가족과 나의 관심사, 최근에 집필하고 있는 책에 관해 물었다. 그러고는 다른 사람들에게 가치를 더하는 일을 계속해나가라고 용기를 북돋아주었고, 다음에 또 만났으면 좋겠다고 말해주었다. 하지만 안타깝게도 그로부터 얼마 지나지 않아 그녀는 세상을 떠났다.

그날 그녀의 존재로 인해 나는 큰 힘을 얻고 대기실을 나섰다. 큰 인물은 우리의 존재를 더 크게 느껴지게 한다. 정확히 내가 받은 느낌이 그랬다. 그래서 나는 '가치 더하기의 법칙'을 설명할 때 마야 안젤루의 이 인용문을 많이 활용한다. "사람들은 당신이 한 말은 잊을지 몰라도 당신에게 받은 느낌은 절대 잊지 않는다."

내가 '사람들에게 가치 더하기'를 배운 방법

연사로서 '가치 더하기의 법칙'을 연습하기 위해선 두 가지를 해야 한다. 첫째, 선한 가치대로 살아야 한다. 그래야 다른 사람들을 가치 있게 대할 수 있다. 그것은 우리의 동기를 올바로 유지하도록 해준다. 옳은 일을 하게 해준다. 선한 가치대로 살 때 우리는 좋은 무언가를 다른 이들과 나눌 수 있다. 그리고 그것은 둘째, 가치 더하기를 할 힘을 실어준다. 사람들과 함께, 그리고 사람들을 위해, 옳은 이유로 옳은 일을 하는 것이 가치를 더하는 일이다. 연사와 그의 메시지가 사람들에게 가치를 더할 때 위대한 연설이 탄생한다.

사람은 어떻게 다른 사람에게 가치를 더하는 일의 중요성을 깨닫게 될까? 모든 사람의 경험은 고유하다. 내 경험을 여러분과 나누려는 이유는 아직 타인에게 가치를 더하고픈 욕구가 없는 사람들을 흔들어 깨우고 싶기 때문이다. 나는 이러한 교훈을 내 인생에서 중요한 몇 명의 인물들과의 경험을 통해 배웠다. 이제 그들을 소개해 주려고 한다.

1. 아버지의 본보기

아버지는 무척 사교적인 사람이었다. 아버지는 사람들을 좋아했고 사람들도 아버지를 좋아했다. 아버지는 사람들이 곁에 있을 때 절대 서두르지 않았다. 아버지는 군중들 사이를 천천히 걸어 다니며 멈춰 서서 누군가와 포옹을 하거나 용기를 북돋워주는 말을 해주셨다. 나는 아버지와 함께하는 시간이 늘수록 더 아버지처럼 되고 싶어졌다.

아버지가 90대였을 때 함께 서재에서 나눈 대화가 생각난다. 아버지는 이렇게 말했다. "아들아, 나이가 들수록 더 사람들을 사랑하게 된다는 사실이 정말 멋지지 않니?" 나는 웃었다. 아버지는 진심으로 사람들을 사랑하고 가치 있게 여겼기 때문에, 당연히 다른 사람들도 그럴 것이라 생각했다. 나이는 우리의 특성, 좋은 점과 나쁜 점 모두를 과장한다. 하지만 나는 나이가 들수록 사람들을 싫어하는 사람들도 알고 있다. 다행히 우리 아버지는 그렇지 않았고, 그래서 아버지는 늘 나의 영웅이었다. 과거 대학 졸업식 날, 아버지는 나에게 인생 최고의 조언을 해주셨다. "매일매일 사람들을 가치 있게 여기고, 사람들을 믿고, 조건 없이 사랑하거라." 아버지는 그런 가치를 수용하고 매일 그 가치대로 살았고 나는 그 결과를 내 눈으로 보았다. 그때 그 아버지의 말씀은 내가 50년 넘게 지키며 살려고 노력해올 만큼 훌륭한 조언이었다. 그리고 매일 아버지가 그랬던 것처럼 나도 나이가 들어갈수록 사람들에 대한 나의 사랑이 더 크게 자라나길 희망한다.

내가 아버지에게 배운 가치에 대한 교훈은 무엇이었을까? 사람들을 가치 있게 대하는 방식이 사람들을 바라보는 방식을 결정한다는 것이다. 당신도 사람들에게 가치를 더하고 싶다면 이 교훈을 배우고 마음 깊이 새겨야 한다.

> **사람들을 가치 있게 대하는 방식이 사람들을 바라보는 방식을 결정한다.**

2. 지그의 교훈

나는 20대였을 때 처음으로 지그 지글러의 강연을 들으러 갔고 그의 말에 사로잡혔다. "사람들이 원하는 것을 얻도록 도와주면, 그들 또한 당신이 원하는 것을 얻도록 도와줄 것이다." 그 말은 내 인생을 송두리째 바꿔놓았다. 그때까지 나는 어떻게 사람들의 도움을 받을 수 있을지만 신경 쓰고 있었기 때문이다. 나는 사람들이 먼저 나를 돕기를 기대했고, 그러면 나도 기꺼이 그들을 도울 생각이었다. 강연을 들은 후부터 나는 변화를 경험하기 시작했다. 돌려받기를 기대하지 않고 사람들에게 베푸는 것을 최우선 과제로 삼았다.

좋은 연사는 청중을 최우선으로 둔다. '소통의 법칙(7장)'에서 말한 대로 연사는 청중이 전부라는 사실을 잘 안다. 좋은 리더와 좋은 사업가도 이 사실을 잘 알기에 다른 사람들을 최우선으로 여긴다. 좋은 예로 아마존의 창립자인 제프 베조스Jeff Bezos를 들 수 있다. 그는 아마존이 고객에게 최우선 가치를 두기 때문에 회사가 어마어마한 성장을 이룰 수 있다고 믿었다. 실제로 아마존은 제1 리더십의 원칙으로 '고객 집착'을 내세우고 있다.

아마존의 리더는 고객으로부터 시작해 일로 돌아간다. 고객의 신뢰를 얻고 유지하기 위해 열심히 일한다. 리더는 경쟁업체에도 주의를 기울이지만 무엇보다 자신의 고객에게 집착한다.

다른 사람에게 가치를 더하는 이들은 항상 타인을 우선순위에 둔다. 그렇게 하는 게 옳은 일이며 동시에 타당한 일이기 때문이다. 직업이 무엇인지는 중요하지 않다.

- **판매 직원**: 당신이 항상 고객을 최우선에 두고 있으면 고객들은 제품을 구매할 일이 있을 때 당신을 찾아올 것이다.
- **연사**: 당신에게 중요한 게 자신이 아닌 청중임을 안다면 청중들은 당신과 당신의 메시지를 받아들일 것이다.
- **매니저**: 당신이 친절하고 피드백을 주며 격려하면 직원들은

긍정적인 변화를 만들기 위해 더 열심히 일할 것이다.

- **작가**: 당신의 말이 희망과 도움으로 가득 차 있다면 독자들은 당신의 조언을 찾아 계속 페이지를 넘길 것이다.
- **리더**: 사람들과 신뢰를 구축하고 그들을 중요한 사람으로 느끼게 하면, 직원들은 당신이 목표를 달성하도록 돕고 리더로서 당신이 짊어진 짐을 덜어줄 것이다.

내가 지그 지글러에게서 배운 가치 교훈은 이것이다. 항상 다른 사람을 우선순위에 두어라. 항상! 가치 더하기의 법칙을 실천하고 싶다면 항상 다른 사람들을 우선시하라.

3. '뜨거운 난로'의 교훈

마크 트웨인은 《적도를 따라서》에서 이렇게 쓰고 있다. "우리는 경험으로부터 지혜만 뽑아내려고 해야 한다. 뜨거운 난로 뚜껑 위에 앉은 고양이처럼 되지 않으려면 멈출 줄 알아야 한다. 한번 데인 고양이는 다시는 뜨거운 난로 뚜껑 위에 앉지 않겠지만 차가운 난로 뚜껑에도 앉지 않으려 한다." 훌륭한 조언이지만 받아들이기 어려울 때도 있다.

▎ **타인에게 가치를 더하는 사람들은 항상 타인을 우선순위에 둔다.** ▎

나 역시 20대 때 팀의 어느 스태프로 인해 그런 '뜨거운 난로'

경험을 한 적이 있다. 나는 젊은 리더였고 그 직원의 발전을 위해 온 힘을 쏟아부었다. 그의 멘토가 되어주었고, 애정을 쏟았다. 하지만 그를 해고해야 할 일이 생겼다. 그 경험은 내겐 트라우마로 남았다. 그 후로 "두 번 다시 이런 일은 일어나지 않게 할 거야" 하고 다짐했다.

그 후로도 나는 계속 팀을 이끌어나갔지만 모든 팀원과 거리를 두었다. 나 자신이 상처받지 않도록 벽을 세우고 사람들에게 투자하기를 그만두었다. 몇 달이 지나서야 그것이 나와 팀원들 간의 소통에 장벽이 되었고 내가 사람들에게 가치를 부여하고 애정을 베푸는 정도도 줄어들었음을 깨달았다. 이전의 트라우마 때문에 스스로 사람들과 거리를 벌렸다. 하지만 이대로 간다면 내 인생은 비극으로 끝날 것 같았다. '뜨거운 난로' 경험을 극복하고, 다시금 사람들을 사랑하고 가치 있게 여겨야 했다. 그렇게 되기까지는 시간이 걸렸지만 결국 나는 사람들에 대한 신뢰를 되찾을 수 있었다.

내가 배운 교훈은, 한 때의 안 좋은 경험이 평생의 경험이 되도록 놔두지 말라는 것이다. 사람들에게 가치를 더하려면 먼저 사람들이 당신에게 다가올 수 있도록 해야 한다.

4. 나의 엔론 교훈

2000년에 많은 기업의 리더들이 회사의 상황에 관해 거짓말을 하고 부도덕한 회계 관행을 이어온 사실이 밝혀지면서 주가가 곤두박질치는 사건이 있었다. 그중 헤드라인을 차지한 건 엔론Enron이었다. 이 회사는 자사 가치를 부풀리며 직원과 투자자를 동시에 속였다.

엔론은 740억 달러의 가치를 잃고 투자자들을 파산에 이르게 했는데, 그중에는 노후 대비 저축을 전부 엔론 주식에 투자한 직원들도 다수 있었다.

그 스캔들이 있은 뒤, 출판사로부터 기업 윤리에 관한 책을 집필해달라는 요청이 들어왔다. 나는 할 수 있을지 확신이 서지 않았다. 첫째, 나는 '기업 윤리' 같은 건 없고 그저 윤리가 있을 뿐이라고 믿었기 때문이다. 둘째, 나는 신앙을 바탕으로 내 삶의 모든 원칙을 만들어왔다. 신앙과 관련된 내용 없이 어떻게 윤리 관련 책을 쓰고, 어떻게 진리나 절대 가치를 믿지 않는 문화에서 그런 내용을 전달할 수 있을까?

이러한 문제로 고민하면서 나는 선한 가치의 지속적 가치를 발견하게 되었다. 선한 가치라는 기반이 없으면 사람들은 규칙을 무시하고 법을 어긴다. 하지만 선한 가치가 있으면 규칙에 복종할 뿐 아니라 다른 사람들의 가치도 소중히 여긴다. 이러한 가치의 핵심은 모든 문화, 모든 종교에서 통용되는 황금률과 일맥상통한다. 그 황금률은 바로 '타인에게 대접받고 싶은 대로 타인을 대하라'이다. 나는 그런 확신을 가지고 《윤리학 101》을 집필했다. 그리고 몇 년 후, 맥스웰 리더십 재단을 만들어 선한 가치들을 가르치기 시작했다. 사람들이 선한 가치를 배우고 그것대로 살아갈 때 공동체, 가족, 자신에게도 가치를 더할 수 있기 때문이다.

내가 배운 가치 교훈은 선한 가치가 규칙이나 법보다 다른 사람들을 돕는 데 더 강력한 힘을 발휘한다는 점이다. 가치 더하기의 법칙을 훈련하고 싶다면 선한 가치의 기반 위에 당신의 삶을 세워라.

5. 예수 그리스도와의 동행

비신앙인들을 불편하게 만들 생각은 없지만 내가 선한 가치에 대해 배운 마지막 교훈에 관해 이야기하려면 예수 그리스도 이야기를 쓰지 않을 수 없다. 믿음에 관한 이야기에 거부감이 들면 이 부분은 건너뛰어도 좋다. 하지만 먼저 이 이야기만은 하고 싶다. 기독교인들만 예수의 삶에서 교훈을 얻을 수 있는 건 아니다.

성경의 복음서를 읽을 때 내가 항상 주목하는 부분은 예수가 모든 사람을 가치 있게 여긴 방식이었다. 예수는 다른 사람들이 가치 있게 여기지 않는 사람들을 가치 있게 여겼다. 예수는 삭개오라는, 다른 사람들을 쥐어짜서 돈을 버는 세리(과거의 세금 관련 공무원)를 사랑했다. 예수는 유대인들이 말도 걸지 않는 사마리아 여인을 사랑했다. 예수는 간통죄로 체포되어 법에 따라 돌에 맞아 죽을 운명에 처한 여인을 사랑했다. 예수는 나병 환자들과 따돌림받는 이들을 사랑했다. 예수는 그의 옆에서 십자가에 매달려 죽은 도둑을 사랑했다. 예수는 종교인들이 쓴 글에서 늘 빠져 있는, 잊혀진 그 도둑을 자신의 이야기에 적어 넣었다. 전통적인 리더들이 사람들을 배제하려 종교적인 벽을 세울 때, 예수는 관계의 다리를 연결해 그들을 받아들였다.

예수를 통해 배우면서 나는 내가 세상의 모든 사람을 사랑하지 않는 이상, 예수처럼 될 수는 없음을 깨달았다. 그 모두에는 나처럼 보고, 나처럼 행동하고, 나처럼 생각하고, 나처럼 믿지 않는 사람들까지 포함된다. 그래서 나는 매일 모든 사람을 사랑하려고 노력한다. 강연할 때는 청중에게 내가 얼마나 그들을 가치 있게, 소중하게 여기는지 보여주려고 노력한다.

내가 예수에게서 배운 가치 교훈은 무엇일까? 모두를 가치 있게 여기는 것이다. 당신이 준 느낌을 절대 잊을 수 없을 만큼 그들을 가치 있게 여겨라.

타인에게 가치를 더하기 위한 연습

지금까지 내가 걸어온 여정을 이해하고 도움이 되었기를 바란다. 내가 배운 교훈 하나하나가 사람들에 대한 나의 마음, 나의 태도에 변화를 주었다. 그 교훈들을 끌어안으면 당신도 사람들을 끌어안을 수 있다. 하지만 우리는 그저 사람들에게 가치를 더해 주고 싶은 것 그 이상을 해야 한다. 행동에 나서야 한다. 여기 '가치 더하기의 법칙'을 연습할 수 있는 여섯 가지 방법이 있다.

1. 수확하기보다 씨뿌리기에 집중하라

인간은 본능적으로 모두 이기적이다. 그래서 '받기'에서 '주기'로 초점을 바꾸려면 의도적인 노력이 필요하다. 대부분의 사람들은 하루를 시작할 때 '오늘은 뭘 얻을 수 있을까?'를 궁금해한다. 하지만 다른 사람들에게 가치를 더하는 이들은 '오늘은 뭘 줄 수 있을까?'를 생각한다. 그들은 수확하기를 기대하는 대신 뿌릴 씨앗에 집중한다.

농장이나 정원 가꾸기에 경험이 있는 사람이라면 지금 씨를 뿌려야 나중에 수확할 수 있다는 사실을 잘 알 것이다. 내가 먼저 다른 사람들의 삶에 가치를 더함으로써 씨뿌리기에 열중하면 나중에 저절로 수확할 때가 올 것이다. 하지만 그 시기는 종종 늦게 찾아온다. 나는 50여 년간 씨를 뿌리면서 언젠가는 그 열매가 (그 사람들에게, 그들의 가족들에게, 커뮤니티에) 돌아오리라는 희망을 품고 의도적으로 다른 사람들에게 가치를 더해왔다. 내가 그 씨뿌리기의 혜택을 보게 될 거라고는 예상치 못했다.

| 관점은 신념에 영향을 미치고, 신념은 행동을 결정한다. |

2. 보는 대로 하게 된다

우리가 삶에서 하는 모든 일은 우리의 관점에 의해 색이 덧씌워진다. 우리의 관점은 신념에 영향을 미치고, 신념은 행동을 결정한다. 예를 들어, 우리가 결핍된 관점을 갖고 있으면 '뭘 아낄까?'를 생각하게 되고, 그러다 보면 인색한 사람이 된다. 반면 '뭘 나눌까?'를 생각하면 좀 더 관대한 사람이 될 가능성이 크다.

이와 비슷하게 우리가 사람을 바라보는 방식은 사람을 대하는 방식에 영향을 미친다. 사람을 긍정적으로 보지 않으면 잘 대해줄 수 없다. 특정 집단이 불쾌하거나 까다롭다고 생각하면 그들을 가치 있게 여길 수 없다. 예를 들어, 기업에서 리더십에 대해 강연을 할 때

질의응답 시간에 나는 가끔 이런 질문을 받는다. "어떻게 밀레니얼 세대와 함께 일할 수 있을까요?" 나는 이미 질문자의 태도에서 밀레니얼 세대에 긍정적이지 않은 그의 생각을 느낄 수 있었다.

근로자들은 세대별로 관점의 차이가 있을 수밖에 없기 때문에 연결될 방법을 찾아야 한다. 나의 답변은 그들을 가치 있게 여기라는 것이다. 그들의 차이를 가치 있게 여기고 그들을 수용하라. 당신이 그들을 바라보는 방식이 그들을 대하는 방식을 결정한다. 내가 속한 베이비붐 세대는 일단 업무나 조직의 목적, 철학을 이해했으면 그대로 이행하길 기대한다. 이와 달리 밀레니얼 세대는 자신들이 이해받는다고 느껴야 이행한다. 그들에게 이해받는 느낌을 줄 수 있는 유일한 방법은 그들의 말에 귀 기울이고 그들을 가치 있게 여기는 것이다.

최근에 나는 조직이 밀레니얼 세대와 더욱 효과적으로 일하는 데 도움이 될 만한 내용의 강연을 했다. 메시지를 요약하자면 다음과 같다.

1. 밀레니얼 세대는 급여만을 위해 일하지 않는다. 목적을 원한다.
2. 밀레니얼 세대는 일의 만족도만을 추구하지 않는다. 발전을 추구한다.
3. 밀레니얼 세대는 당신이 그들에게 주려고 할 때보다 더 빨리 책임을 원한다.
4. 밀레니얼 세대는 상사를 원하지 않는다. 코치를 원한다.

5. 밀레니얼 세대는 연간 면담을 원하지 않는다. 상시 대화를 원한다.

나는 이 모든 바람이 타당하고 합리적이라고 생각한다. 그들에게는 업무 환경을 개선할 만한 잠재력이 있다. 밀레니얼 세대에 대해 심사숙고하면서 나는 그들을 더 좋아하게 되었고 나아가 그들처럼 되고 싶다는 생각까지 들었다!

정말로 사람들과의 공통분모를 찾고 차이를 존중하면 긍정적으로 바라보기가 훨씬 쉬워진다. 그러면 좀 더 잘 대하게 되고 그들에게 가치를 더하기가 쉬워진다.

3. 사람들의 머리 위에 '10'을 매겨라

사람들을 가치 있게 여기는 데 가장 효과적인 행동은 모두의 머리 위에 '10'을 매겨두는 것이다. 이는 처음 만나는 모든 사람을 10점 만점에 10점으로 생각한다는 뜻이다. 왜일까? 누구나 좋은 출발을 할 자격이 있기 때문이다. 무대로 걸어가 청중을 바라볼 때 나는 무수히 많은 10의 바다를 본다. 나는 사람들에게서 최고를 기대하기로 선택한다. 나는 모든 사람을 도울 가치가 있고, 모든 사람에게 나의 메시지를 적용할 수 있고, 그렇게 효과를 볼 수 있다고 믿는다.

사람들을 처음 만났을 때 우리는 보통 자연스럽게 상대를 평가하기 시작한다. 능력을 측정하고 단점을 파악하려 든다. 그리고 안타깝게도 한번 어떤 사람을 평가하고 점수를 매기고 나면 재평가는 잘 이루어지지 않는 법이다. 그렇다는 건 표면적인 정보에 기반해 이미 평가를 마친 사람들이 가진 진짜 재능을 놓칠 수도 있다는 뜻이다. 그러니 그 사람들을 믿어야 한다. 평가를 완료하기보다 여지를 남겨놓는 편이 낫다. 점수를 깎일 만한 행동이 증명되기 전까지는 10점 만점으로 추정하라.

이에 관해, 내 친구 호스트 슐츠^{Horst Schulze}가 만든 캐치 프레이즈가 마음에 든다. 그는 리츠 칼튼 호텔의 창립 멤버로 수년 동안 호텔 대표 겸 최고운영책임자로 일해왔다. 그는 어릴 적 수습 호텔리어였을 때 이런 철학을 개발했다. "우리는 신사 숙녀분들에게 서비스하는 신사 숙녀분들이다." 이것은 리츠 칼튼 호텔의 모토가 되었다. 이 문구가 감탄스러운 이유는 직원과 고객 모두의 가치와 존엄에 대한 호스트의 존경심을 잘 반영하고 있기 때문이다. 그리고 이러한 관점은 리츠 칼튼의 놀라운 서비스와 사업적 성공의 기반이 되었다.

사람들을 만났을 때 그들이 10점 만점임을 믿고 존엄과 존경을 담아 대한다고 해서, 혹은 사람들에게 먼저 가치를 더한다고 해서 잘못될 일은 없다. 당신이 잃을 것은 하나도 없고, 오로지 얻을 것만 많다.

4. 호감도를 높여라

사람들은 자신이 좋아하지 않는 사람에게서 무언가 받기를 꺼린다. 그래서 연사는 사람들의 호감을 얻는 것이 중요하다. 사람들은 당신이 마음에 들면 당신의 말에도 귀 기울일 것이고, 당신이 그들에게 가치를 더하도록 허락할 것이다. 반면 당신을 좋아하지 않으면 당신의 말을 무시하거나 메시지를 폄하할 것이다.

❘ 돌려받기를 원하지 말고 주려고 하면 좀 더 호감을 얻을 수 있다. ❘

보다 호감 있는 사람이 되는 방법은 무엇일까? 사람들을 살피고 섬기면 된다. 받기보다 주려고 하면 된다. 사람들은 당신이 그들을 위해 연단에 서 있는지, 아니면 당신 자신을 위해 서 있는지 금방 알아챈다. 작가 겸 연사인 사이먼 시넥은 말한다. "사람들은 당신이 '무엇'을 하는지가 아니라, 그것을 '왜' 하는지를 보고 받아들일지 말지를 결정한다." 나는 리더들에게 사람들을 이끌려고 하기 전에 먼저 그들을 사랑하라고 말한다. 그래야 올바른 동기를 갖게 되기 때문이다. 연사도 마찬가지다.

가장 좋아하는 선생님, 가장 가까운 친구 혹은 살면서 보았던 최고의 상사를 떠올려 보라. 그들이 공통적으로 가진 자질은 무엇인가? 아마도 그중 하나는 자신의 관심사보다 당신의 관심사를 먼저 배려하는 점이었을 것이다. 그들이 아닌 당신에게 초점을 맞추었을 것이다. 그런 점이 호감을 산다. 그래서 나는 대중들 앞에 설 때 항상 책에 사인을 해주려고 한다. 가치를 더할 수 있고, 사람들과 개인적으로 마주 볼 수 있는 기회가 되기 때문이다. 40년 넘게 책을 써오면서 거의 1백만 부 정도는 사인했던 것 같다. 사람들이 내가 한 말은 잊더라도 부디 내가 그들을 가치 있게 대했다는 느낌과 기억은 오래

간직하기를 바란다.

5. 사람들에게 가치를 더하지 못했을 때는 실망감을 표현하라

앞서도 말했지만 나는 늘 강연이나 행사를 주최할 때 사람들에게 가치를 더하려고 노력한다. 하지만 항상 내 비전을 완수하는 데 성공하는 것은 아니다. 예를 들어 2019년, 맥스웰 리더십 단체는 런던에서 익스체인지 행사를 주최했다. 익스체인지는 사흘짜리 인텐시브 리더십 연례행사로, 리더십 교육의 지평을 넓히고 강화하기 위해 130명의 리더들을 교육하고 리더십의 경험을 쌓게 해준다. 행사 장소는 매년 바뀌는데 도시에 따라 특색 있는 경험을 할 수 있도록 모든 자원을 쏟아붓는다. 예를 들어 런던 시내나 주변에서 행사를 개최할 때 참석자들은 다음의 경험을 하게 된다.

- 템스강 중심으로 런던 투어. 셰익스피어 글로브 극장을 재현한 유명한 야외극장에서 감독과의 질의 시간.
- 토니 블레어 전 총리와의 인터뷰.
- 윈스턴 처칠의 전시 지휘소 프라이빗 투어. 35년 동안 영국 의회 의원을 지낸 처칠의 손자, 니콜라스 솜즈 경Sir Nicholas Soames 과의 질의응답 시간.
- 윈저성 서프라이즈 투어(벨몬트 브리티시 풀먼 기차를 타고 차를 마시면서). 문장紋章실 입장. 엘리자베스 여왕의 사촌인 켄트의 마이클 왕자가 주최하는 워털루 체임버에서의 리셉션. 세인트

조지 홀에서의 저녁 식사. 왕실 결혼식 행진 때 연주했던 오페라 가수의 공연.

- 런던 타워에서의 리셉션. 크라운 쥬얼스의 프라이빗 전시 관람. 런던 타워 경비병들과 타워의 역사에 관한 토론.
- 타워 브리지 꼭대기에서 런던의 스카이라인과 야경을 보며 즐기는 서프라이즈 저녁 식사.

믿기지 않을지 모르겠지만 진짜다. 이러한 흔치 않은 경험에 참석자들은 몹시 감격한다. 하지만 마지막 일정을 위해 모인 날, 나는 정말 실망했다. 내가 참석자들에게 가장 주고 싶었던 경험이 불발로 돌아갔기 때문이었다. 영국에서 노예제를 불법화하는 데 결정적인 역할을 했던 변혁의 지도자 존 웨슬리John Wesley와 관련된 체험이었다.

웨슬리는 오랫동안 영국 의회에 있으면서 노예 거래 종식을 위해 헌신한 윌리엄 윌버포스William Wilberforce의 멘토였다. 나는 참가자들을 웨슬리 박물관에 데려가 그가 수많은 사람들의 영국적 사고방식에 영향을 미친 저서들을 집필했던 책상을 보여주고 싶었다. 또 존의 형제인 찰스 웨슬리Charles Wesley가 작곡한 수천 곡의 찬송가를 연주했던 오르간 의자에 앉아보게 하고 싶었다. 그리고 그들에게 웨슬리처럼 사람들에게 변화와 혁신에 대해 가르치고, 의미 있는 삶을 살도록 촉구하려고 했다. 내가 그들에게 체험하게 해줄 변혁에 관한 가장 큰 경험이 될 거라고 생각했다. 하지만 그렇게 할 수 없었다. 박물관은 우리 그룹의 인원을 수용할 수 없었다. 우리는 간청하고 탄 원하고 재정 기부를 제안하기도 했지만 모두 거절당했다.

마지막 익스체인지 미팅에서 나는 실망감을 감추지 않았고 이 감정을 모두에게 이야기했다. 그 이야기를 하면서 눈물이 났고 많은 이들이 함께 울어주었다. 내가 왜 그랬을까? 나는 그들에게 인상적인 리더십 교훈을 주고 싶었고, 그들이 돌아가서 다른 이들에게 역시 그들이 배운 리더십을 보여주길 바랐다. 그들의 리더로서 내가 그들을 위해 얼마나 많은 것을 원하는지 알려주고 싶었다. 그 경험을 주지 못해 내가 얼마나 큰 상실감을 느꼈는지, 그들에게 얼마나 가치를 더하고 싶어 하는지 알아주길 바랐다.

6. 다른 레이스를 펼쳐라

물리학자 앨버트 아인슈타인은 말했다. "여러분, 성공한 사람이 되려고 하지 말고 가치 있는 사람이 되려고 하세요." 아인슈타인은 사람들이 선택할 수 있는 두 가지 다른 삶, 두 가지 다른 경주에 대해 말한 것이라고 생각한다. 대부분의 사람들은 성공을 좇는 경주에 참가한다. 아인슈타인은 그런 사람들에게 세상에서 가치를 더하는 사람이 되라고 말한다.

나는 지금껏 가치를 위한 경주에서 달리려고 노력해왔고 여러분도 그렇게 하길 바란다. 어떤 이들은 그렇게 하면 경주에서 일등이 아닌 꼴등을 하게 될 거라고 생각할지 모르지만, 그건 우리가 참가하는 경주와 승리를 정의하는 방식에 대한 오해에서 비롯된다. 만약 우리가 참가하는 경주의 주인공이 내가 아닌 다른 사람들이라면,

그들이 우리보다 앞서 경주를 끝냈을 때 그것은 곧 우리의 승리이기도 한 것이다.

나는 50대 후반에 이러한 점에 대해 생각하기 시작했고 달라지기 위한 나의 결심을 기억하기 위해 기도문을 작성했다.

나는 나이가 들어갈수록 다음과 같은 사람이 되길 원한다.

- 열심히 일하는 사람보다 시간을 내어주는 사람

- 능력 있는 사람보다 연민을 가진 사람

- 목표지향적이기보다 만족을 아는 사람

- 풍요롭기보다 관대한 사람

- 힘이 있기보다 친절한 사람

- 위대한 연사보다 귀 기울여 듣는 사람

- 빠르고 똑똑한 사람보다 사랑할 줄 아는 사람

- 유명하기보다 믿음직한 사람

- 성공한 사람보다 희생적인 사람

- 흥미로운 사람보다 자기통제를 아는 사람

- 타고난 사람보다 사려 깊은 사람

이제 나는 70대 중반이 되었지만, 오늘도 여전히 이 같은 기도를 드린다. 아직도 그런 사람이 되기 위해 노력하는 중이기 때문이다. 나는 아직도 매일 성공이 아닌 다른 경주에서 뛰기 위해 노력한다.

가치 더하기는 부메랑이다

　　나는 처음 로버트 그린리프Robert Greenleaf의 《서번트 리더십》을 읽었을 때, 리더들이 먼저 아랫사람을 섬기면 정말 큰 변화를 가져올 수 있음을 배웠다. 나는 이러한 생각을 포용한 채로 당시 《21가지 리더십 불변의 법칙》 중 '더하기의 법칙'에서 리더들이 다른 사람을 섬김으로써 가치를 더할 수 있다는 내용을 썼다. 좋은 리더는 주인에게 봉사하는 하인과 같다. 좋은 연사도 마찬가지다. 그들은 사람들을 가치 있게 여기기 때문에 그들을 섬긴다. 젊었을 때는 사람들에게 가치를 더하는 일은 부메랑이 되어 돌아온다는 사실을 몰랐다. 처음 이러한 가치관을 접했을 때는 이해하지 못했다. 하지만 지금은 너무나 잘 안다.

　　돌려받길 바라지 말고 사람들에게 가치를 더하면(이 장의 앞부분에서 '씨뿌리기'라고 말한 것) 실제로 돌려받게 된다. 내겐 그게 가장 놀라운 일이었다. 다른 사람을 섬길 때 내가 생각한 것과 깨달은 것의 차이점을 알려주겠다.

　　내가 생각한 것: 다른 사람을 섬기는 것은 해야 할 옳은 일이다.
　　내가 깨달은 것: 사람들을 가치 있게 대하는 것이 섬기는 마음이다.

　　내가 생각한 것: 다른 사람을 섬기는 일은 아무도 알아주지 않는다.
　　내가 깨달은 것: 나의 섬김은 사람들이 알아주었고 그것은 나의

정체성이 되었다.

내가 생각한 것: 다른 사람을 섬기는 일은 거의 돌려받지 못한다.
내가 깨달은 것: 다른 사람을 섬기는 일의 투자 수익은 엄청나다.

내가 생각한 것: 다른 사람을 섬기는 일은 사적인 행동이다.
내가 깨달은 것: 다른 사람을 섬기는 일은 전염성 있는 행동이다.

내가 생각한 것: 다른 사람을 섬기면 그들이 성공하는 데 도움이 된다.
내가 깨달은 것: 다른 사람을 섬기면 내가 성공하는 데 도움이 된다.

나는 수십 년 동안 다른 사람들의 삶에 씨뿌리기를 해왔다. 이제 70대 중반이 된 지금, 내가 수확하는 열매의 양은 실로 어마어마하다! 내게 그럴 자격이 없다는 것도 잘 안다. 그래서 더욱 감사하게 생각한다.

여러분도 강연할 때, 또 무대에서 내려왔을 때, 사람들에게 가치를 더하기 위한 목표를 세우기 바란다. 사람들을 더 나아지게 하기 위한 강연을 하라. 당신이 한 노력에 대한 보상을 70대가 되기 훨씬 전에 받더라도 놀라지 말라. 그리고 절대 잊지 말라. 사람들은 당신이 한 말은 잊을지 몰라도 당신이 준 느낌은 절대 잊지 않는다. 그것이 바로 '가치 더하기의 법칙'이다.

16 / 결과의 법칙

커뮤니케이션에서의 가장 큰 성공은 행동이다

당신은 왜 더 나은 연사가 되고 싶어 하는가? 당신은 이렇게 생각할지 모른다. '지금 이 책의 마지막 장을 읽고 있는데 이제 와서 이런 질문을 한다고? 너무 늦은 거 아닌가?' 나의 대답은 '아니오'다. 커뮤니케이션에 있어 큰 실수는 잘못된 이유로 강연을 할 때 생긴다. 그래서 왜 강연을 하고 싶은지 생각하는 것은 언제라도 절대 늦지 않다. 보았겠지만 이 책의 마지막 두 법칙은 '왜 말하는가?'라는 섹션에 포함되어 있다. 이 마지막 두 법칙에 그 해답이 있다. 당신이 커뮤니케이션과 관련된 일을 하는 동기가 사람들에게 가치를 더하는 것과 그들이 자신에게 도움이 될 긍정적인 행동에 나서도록 장려하기 위해서가 아니라면 당신은 기회를 놓치고 있는 것이다.

좋은 리더는 사람들이 더 나은 세상을 만들기 위해 행동을 취하고, 변화를 만들고, 목표를 달성하게 하는 데 영향을 미치고 싶어 한다. 좋은 연사도 마찬가지다. 좋은 커뮤니케이션 기술이 효과적인 리더십의 기본이 되는 이유가 그것이다. 사람들에게 비전을 제시하고, 나아갈 길을 보여주고, 로드맵을 제공하고, 행동에 영감을 주지 못하면 그들을 이끄는 데 어려움을 겪을 것이다.

제2차 세계대전 동안, 영국 국민에게 절대 포기하지 말고, 절대 항복하지 말라고 소리 높여 외쳤던 윈스턴 처칠의 커뮤니케이션 기술에 대해 생각해보자. 억압받는 흑인들의 권리를 옹호하고, 더 나은 세상을 위한 꿈을 함께 나눈 마틴 루터 킹, 인간을 달에 보내려는 계획을 발표하던 존 F. 케네디, 남아프리카의 통일을 위한 넬슨 만델라 대통령의 취임 연설, 무엇이 이 강력한 리더들, 연사들을 평범한 연사들과 차이나게 만들었을까? 그들은 사람들을 움직였고 행동을 이끌어냈다. 그들의 연설은 내가 대학교와 대학원에서 신학을 공부할 때 교수님들이 우리에게 바라던 것과 똑같은 것을 이뤄냈다. 그것은 바로 결단을 끌어내는 연설을 하라는 것이다. 좋은 연사는 청중을 행동으로 이끈다. 당신의 커뮤니케이션을 최고 수준으로 끌어올리고 싶다면 그것을 목표로 삼아야 한다. 커뮤니케이션에서의 가장 큰 성공은 행동이다. 그게 바로 '결과의 법칙'이다.

행동에 영감을 주는 행동

미국 건국의 아버지인 벤 프랭클린Ben Franklin은 말했다. "잘 해내는 것이 잘 말하는 것보다 낫다." 하지만 그 역시 잘 말하는 것이 결국 잘 해내기 위한 촉매제가 된다는 사실을 알았을 것이다. 사람들은 자신의 행동으로 인해 결과를 얻을 수 있다고 믿으면 행동에 나설 힘을 얻게 된다. 커뮤니케이션의 결과로 행동이 따라오지 않으면 메시지는 절대 무대를 벗어나지 않는다. 그렇게 되지 않으려면 연사로서 다음의 네 가지 행동을 포용해야 한다.

1. 직접 실천하라

당신은 스스로 말하는 내용을 얼마나 실천하고 있는가? 이 책의 첫 번째 법칙은 '신뢰의 법칙 – 가장 효과적인 메시지는 당신이 살아온 삶이다'였다. 그 법칙은 당신이 헌신한 행동으로 계속 이어진다. 당신이 행동에 나서면 청중도 움직인다. 당신이 가르치는 내용을 당신이 실천하면 사람들은 당신을 신뢰하고 영감을 얻는다. 강연에서 사람들에게 영감을 주는 것만으로는 충분하지 않다. 당신의 열정으로 사람들을 꿈에 대해 생각하게 하고 흥분하게 만들 수는 있지만, 행동에 나서게 만들기에는 충분치 않다. 사람들은 그 말을 직접 실천해온 본보기가 되는 연사를 원한다.

내가 청중에게 내 개인적인 이야기를 들려주는 가장 큰 이유도 그것이다. 내 자랑을 하거나 나의 에고를 채우기 위해서가 아니다.

나도 수많은 실수를 했기에 완벽한 모델이라고는 할 수 없다. 그럼에도 내 이야기를 하는 이유는 내가 말하는 내용은 내 삶에도 적용해보았다는 사실을 사람들에게 알려주기 위해서다. 그들에게 내 이야기를 들려줌으로써 그들을 나의 여정에 함께 데려가고 싶고, 그 일을 완수할 수 있음을 알려주고 싶다. 그렇다면 모두가 좋은 반응을 보여줄까? 대부분은 그렇지만 전부는 아니다. 한번은 개인 성장의 중요성에 대해 가르칠 때였다. 모두에게 내 이야기를 들려주고 나서 각자의 성장 계획을 세우게 했다. 나이는 저절로 먹지만 성장은 그렇지 않으니까. 나는 그들이 목적을 가지고 배움을 이어가길 바랐다.

> **커뮤니케이션의 결과로 행동이 따르지 않는다면**
> **메시지는 무대에만 머물러 있는 것이다.**

강연이 끝나고 한 남자가 다가와 내 개인적 성장 계획을 자세히 알고 싶다고 말했다. 나는 그에게 나 자신의 발전을 위해 매일 하는 일들을 간략하게 설명했다. 그러자 그가 말했다. "저는 선생님의 성장 플랜이 마음에 들지 않아요."

내가 대답했다. "괜찮습니다." 내 방식이 유일한 방식은 아니다. 나는 그가 더 나은 아이디어를 갖고 있는 모양이라고 생각하며 물었다. "당신의 계획은 무엇인가요?"

그가 대답했다. "제 계획은 없습니다."

내가 대답했다. "그럼 제 계획이 더 마음에 드는군요."

그는 몇 초간 나를 쳐다보다가 웃음을 터뜨렸다. "맞아요." 그는 낄낄 웃으며 말했다. "저도 하나 만들어야겠어요." 그가 정말로 그렇게 했길 바란다.

연사로서의 신뢰는 당신이 영감을 주기 위해 하는 말과 당신의 실제 행동이 얼마나 일치하느냐에 달려 있다. 다른 사람에게 당신이 아는 모든 것을 가르칠 수는 있지만, 당신이 보여줄 수 있는 것은 오로지 당신의 모습뿐이다.

2. 사람들이 생각하는 방식을 재구성하라

대부분의 사람들이 좋은 의도는 갖고 있지만, 행동은 취하지 않는다. 무행동은 종종 후회로 이어진다. 심리학자들이 무작위의 성인들을 대상으로 설문 조사를 했다.

'지금까지 살아온 경험을 돌아볼 때 하고 나서 하지 말았어야 했다고 후회하는 일과, 하지 않았는데 해야 했다고 후회하는 일 중 어느 쪽이 더 후회스러운가?'

75퍼센트가 행동에 나섰던 일보다 행동하지 않은 일을 더 후회하는 것으로 나타났다. 연사로서 당신은 사람들이 좋은 의도를 갖는 것에서 그 의도를 실행하는 것으로 마인드셋을 바꾸도록 도와야 하고, 그것을 목표로 삼아야 한다.

의도와 실행은 가치 있는 무언가를 성취하려는 사람 누구에게나 중요하다. 누군가에게 무언가를 하도록 부추겨본 적이 있는가? 그러면 대부분의 반응은 이럴 것이다. "해볼까?" 너무나 미적지근한 반응 아닌가? 그건 '약간' 노력을 해보겠다는 뜻이다. 그들이 정말 최소한의 노력이라도 시도해볼까? 한걸음 내디뎌보고 그래도 시도는 해봤노라고 말할 만큼만 시도할까? 아니면 하는 척만 할까? 혹은 자신이 가진 모든 것을 쏟아부을까?

마인드셋이 '시도'하는 것에서 '실행'하는 것으로 바뀌면 태도도 바뀐다. 사람들은 열심히 실행에 옮길 때 비로소 삶을 변화시킬 잠재력 또한 갖게 된다. 실행은 곧 헌신과 결심, 집념과 인내를 가져오기 때문이다.

> **좋은 의도를 갖는 것에서, 그것을 실행하는 것으로 마인드셋을 바꾸게 하라.**

IE대학교의 후안 카를로스Juan Carlos 목사는 "스티브 잡스는 사람들의 사고 체계를 바꾸는 데 있어 대가"라고 평가했다. 카를로스 목사는 스티브 잡스가 1997년 12년의 공백 이후 애플로 복귀했을 때 했던 연설에 관해 이렇게 이야기한다.

효과적인 리더들은 아랫사람이 새로운 방식으로 문제를 정의하고 대안을 제시해 행동에 나서도록 돕는다. 최근 가장 카리스마 있는 연사로 꼽히는 스티브 잡스는 연설을 통해 이런 자질의 본보기를 보여준다. 그가 디바이스를 디자인하거나 소프트웨어의 코딩을 하지는 않는다. 그는 팀이 다르게 생각하도록 도와주는 오케스트라의 지휘자이다. 애플이 마이크로소프트에 완전히 패배한 것처럼 보였던 1997년, 잡스는 보스턴에서 열린 맥월드에서의 유명한 연설에서 그들이 사고의 관점을 바꾸도록 설득함으로써 애플의 전략에 획기적인 변화를 꾀했다. 그는 직원들에게 마이크로소프트를 이기는 데 초점을 맞추지 말고 애플을 위대하게 만드는 데 집중하라고 요청했다. 이런 관점의 변화로 애플은 향후 몇 년 동안 반등을 이어갔다.

잡스는 애플 직원들의 목표를 수정했고, 그 목표를 이룰 수 있다고, 이룰 거라고 믿게 도와주었다. 그것이 직원들의 생각을 '시도'에서 '실행'으로 바꿔주었다. 좋은 연사는 그렇게 한다. 언젠가 할 수도 있다고 생각하는 것을 오늘 하는 사람에게 성공이 찾아온다는 사실을 사람들이 이해하도록 돕는다.

3. 행동을 취할 수밖에 없도록 만들어라

나는 처음에 사람들의 이해를 돕고 싶어서 강연을 시작했다. 그래서 그때는 지식 전달에 초점을 맞추었다. 커뮤니케이션에서 내가 도달해야 하는 또 다른 효율성의 단계가 있다는 사실을 깨닫기까지는 몇 년이 걸렸다. 나는 이해로써 마인드를 바꿀 수 있긴 하지만, 삶을 바꾸는 것은 오로지 행동밖에 없다는 사실을 깨달았다. 그때부터 사람들이 행동하도록 마음을 움직이는 것이 나의 새로운 목표가 되었다.

이해하는 것과 행동을 취하는 것은 작용 방식에 있어 어느 정도

역설이 있다. 사람들은 대부분 행동하기 전에 먼저 답을 원한다. 그들은 이해를 바란다. 우리는 종종 답을 찾기 전에 행동해야 하는데 그들은 그 점을 깨닫지 못한다. 모든 해답을 찾기 전에는 움직이지 않겠다는 마음 때문에 사람들은 원하는 대로 문제를 타개해나가지 못한다.

성공은 언젠가 할 수 있을 거라고 생각하는 것을 오늘 하는 사람에게 찾아온다.

정보를 얻기 전에 행동하지 않으려는 저항은 오래된 인간의 본성이다. 고대 그리스의 극작가 소포클레스Sophocles는 이렇게 썼다. "우리는 무언가를 하면서 배워야 한다. 아는 게 먼저라고 생각하는 사람들이 있는데, 시도해보기 전까지는 정말로 아는지 확신할 수 없다." 이 점을 마음에 새겨두고, 나는 어떻게 하면 사람들이 직접 행동에 나서도록 만들 수 있을까를 자문하기 시작했다. 나는 작가 겸 의사인 미셸 메이Michelle May가 '언젠가-그러면 거짓말'이라고 부르는 것을 사람들이 극복할 수 있도록 행동 욕구를 심어주고 싶었다. "언젠가(무슨 일인가 일어나면), 그러면(나는 무언가 다르게 하고, 다르게 느끼고, 달라질 것이다)" 나는 내 청중이 정답을 전부 알게 되기 전에 무언가를 해야만 한다는 긴박함을 만들고 싶었다.

청중에게 동기를 부여하려면 단순한 행동 촉구 이상의 노력이 필요하다. 제안된 행동을 취했을 때 경험하게 될 긍정적인 결과를 그림으로 그려서 보여주어야 한다. 그 그림 속에 그들을 집어넣고 성공한 모습을 보여주면, 그들은 행동을 취했을 때 얼마나 기분 좋은 일을 경험하게 될지를 상상할 수 있게 된다.

내가 만든 비영리 단체인 '이큅EQUIP'과 맥스웰 리더십 재단을 위해 강연할 때 내가 하는 일이 바로 그것이다. 두 단체 모두 여러 나라에서 사람들을 소그룹으로 나누어 선한 가치를 가르침으로써 변혁을 경험하도록 돕는 일을 하고 있다. 이 단체들을 위한 연사로서의 나의 책임은, 사람들에게 영감을 주는 것이다. 앞서 '준비의 법칙'에서 읽었겠지만 나는 사람들이 그들의 가능성을 보고, 그들의 가치를 알고, 힘을 얻어 행동에 나서길 원한다. 그런 잠재적인 조력자들에게 강연할 때, 나는 그들이 변화의 매개자로서 그들의 회사, 커뮤니티, 최종적으로 국가에 기여하는 데 성공한 자신들의 모습을 볼 수 있기를 바란다. 나는 그들이 스스로 가치 있는 사람이며, 주위 사람들에게 가치를 더할 수도 있음을 알게 되길 바란다. 나는 그들이 그들에 대한 나의 믿음과 교육, 용기 덕분에 힘을 얻고 밖으로 나가 사람들을 이끌기를 바란다. 잔뜩 들떠서 빨리 시작하고 싶어 안달이 나길 바란다. 종종 이런 사람들도 있다. 행사에 참석한 사람 중에 내가 책에 사인을 해주자마자 '변혁의 테이블'의 리더가 되기 위해 달려 나가는 경우도 있었다. 행동에 나서기로 한 그들 덕분에 과테말라, 파라과이, 코스타리카, 도미니카 공화국, 파푸아 뉴기니에서 수백만 명의 사람들이 선한 가치를 받아들이고 있다.

나는 수년 동안 수많은 연사들이 청중에게 행동을 촉구하기 위해 나서는 모습을 목격했다. 자신이 가진 지위의 힘을 이용하는 사람들도 있다. 그들은 사람들에게 행동에 나서야 할 의무감을 지운다. CEO나 매니저들이 직원들에게 회사에서 잘리고 싶지 않으면 행동을 취하라고 요구하는 것이다. 또 어떤 연사들은 '당신은 보나마나 못할 것이다'라는 식으로 도발하기도 한다. 첫 수업에서 학생들에게 매 학기에 딱 한 명에게만 A를 줄 거라고 말하는 교수님도 있었다. 하지만 나는 최고의 연사는 청중에게 힘을 실어주고 행동에 나설 용기를 주는 사람이라고 믿는다.

4. 커뮤니케이션을 활용해 행동에 나설 다리를 건설하라

강력한 메시지를 만들어 청중에게 동기를 부여하고 힘을 실어주었다면, 이제 청중이 무행동에서 행동으로 나아갈 다리를 건너게 해야 한다. 어떻게 할 수 있을까? 그들이 가고 싶어 하는 곳까지 언어의 다리를 만드는 것이다.

청중의 바로 앞에 다리를 놓아라

청중이 찾지 못한다면 다리를 놓아봐야 아무 쓸모가 없다. 강연할 때 최대한 행동에 접근하기 쉬운 것으로 메시지를 만들어라. 때로는 그저 방향을 가리키는 것처럼 단순하게 만들 수도 있다. 말콤 글래드웰은 《티핑 포인트》에서 예일대학교의 심리학자 하워드 리벤탈Howard Leventhal의 한 실험을 통해 이러한 점을 언급한다. 리벤탈은 졸업반 학생 중 몇 명이나 대학교 학생 보건소에 가서 파상풍 백신을 맞게 할 수 있을지에 대해 알고 싶었다. 심리학 교수였던 그는 학생들이 백신을 맞으러 가기까지 여러 접근법 중 어떤 방법이 동기에 가장 큰 영향을 미치는지 알고 싶었다. 그래서 학생들에게 파상풍에 관한 여러 버전의 7쪽짜리 안내 책자를 배포했다. 하나는 생생한 설명을 덧붙인 '공포 심기' 버전으로, 파상풍을 잃는 사람들의 컬러 사진까지 실렸고, 다른 하나는 단순 정보만 포함했다.

리벤탈은 백신을 맞으러 간 학생들이 3퍼센트밖에 되지 않았다는 사실에 놀랐다. 게다가 백신을 맞은 학생은 두 그룹에서 동일한 수치로 나왔다. 그래서 실험을 다시 했는데, 이번에는 캠퍼스 지도를 제공하고 보건소 위치에 동그라미 표시를 한 후, 영업시간까지 적어놓았다. 그 결과 28퍼센트의 학생이 백신 주사를 맞으러 갔고 이번에도 각 그룹에서 동일한 수치가 나왔다. 학생들에게 필요했던 것은 바로 활용할 수 있는 정보, 누군가 그들 바로 앞에 다리를 놓아주는 일이었던 것이다.

처음부터 시작하라

사람들을 움직이려면 그들이 행동했을 경우의 결과를 보여주고 더 나은 미래의 그림을 보여주어야 하지만, 거기에도 한 가지 문제가 있다. 너무 마지막 결과에만 초점을 맞추면 거기에 도달하기까지 밟아나가야 하는 과정을 제대로 보지 않으려고 할 수도 있다는 것이다. 그러니 과정을 보여주어라. 그리고 다시 처음으로 돌아가 첫 단계를 보여주고 즉시 발을 내디딜 수 있는 용기를 주어라.

음악가들이 연습하는 데 있어 가장 힘든 부분은 케이스에서 악기를 꺼내는 일이라는 말을 들은 적이 있다. 자리에서 일어나 연습을 시작하기까지가 가장 어렵다는 뜻일 거다. 막상 악기를 잡고 연주하기 시작하면 그것을 즐길 거라고 생각한다.

여러분은 연사로서 케이스를 열게 만들어야 한다. 일단 시작하게 만들면 사람들은 참여할 것이고, 한 발을 내딛고 나면, 다음 발걸음을 내딛기 위해 노력할 것이다. 동기부여 연설가인 조 사바^{Joe Sabah}의 말은 사실이다. **"시작하기 위해 위대해질 필요는 없다. 하지만 위대해지려면 시작해야 한다."**

작은 걸음의 가치를 보여줘라

사람들은 의미 있는 변화를 만들려면 큰 걸음을 내디뎌야 한다고 생각한다. 작은 걸음의 가치는 폄훼하고, 작은 건 노력할 가치가 없다고 생각한다. "그냥 포기할까 봐"하고 말한다. 하지만 그건 사실이 아니다. 무슨 일이 일어나기 전까지는 아무 일도 일어나지 않는다. 'Get Out The Box'의 설립자 겸 CEO인 나임 캘러웨이^{Naeem Callaway}는 말한다. "때로는 제대로 된 방향으로 내디딘 가장 작은 한 걸음이 당신 인생의 가장 큰 걸음으로 끝난다. 필요하다면 까치발로 걸어라. 하지만 우선 걸음을 내디뎌라."

나는 목사였을 때 내가 주일에 가르친 내용이 월요일에 적용할 수 있을 만큼 쉬운 것이어야 한다고 생각했다. 사람들은 할 일이 너무 많고, 다 해낼 수 없다고 생각하기 때문에 큰 일에는 버거움을 느끼다. 전 사우스다코타주의 상원의원인 칼 문트Karl E. Mundt는 말했다. "모든 것을 한 번에 할 수는 없지만 어떤 것은 한 번에 할 수 있다." 다시 말해 우리는 한 걸음을 내디딤으로써 복잡한 것을 단순하게 만들 수 있다. 그래서 나는 항상 사람들이 배운 것을 실행에 옮길 수 있도록 한 가지 명확하고 단순한 작은 걸음을 알려주려고 한다. 사람들이 행동을 취하러 다리를 건너기 시작할 수 있도록 말이다.

❚ 무슨 일이 일어나기 전까지는 아무 일도 일어나지 않는다. ❚

어떻게 느끼는지보다 무엇을 하는지가 훨씬 중요하다는 사실을 상기시켜라

누구라도 새로운 걸음을 내디딜 때면 두려움을 느낀다. 하지만 그 두려움 때문에 행동에 나서지 못하면 결코 발전할 수 없다. 행동을 취해도 괜찮겠다는 기분이 들 때까지 기다려서는 안 된다는 사실을 알게 하라. 먼저 행동하고 나면 기분이 괜찮아질 것이다. 성공한 사람들은 아무리 실수하고 손실을 보고 낙담해도 계속 앞으로 나아간다. 그만두지 않는다. 완벽하게 준비되었다고 느끼기 전에 우선 한 걸음을 내딛지 않으면 아무것도 해내지 못한다.

행동이 자신감을 심어준다는 사실을 발견하게 하라

나는 중학교 때 데일 카네기의 책을 처음 읽고 그를 나의 첫 작가이자 멘토로 삼았다. 나는 《인간관계론》을 읽으면서 너무나 많은 훌륭한 원칙들을 배웠다. 그중에 '행동하지 않으면 의심과 두려움이 생기고, 행동하면 자신감과 용기를 얻게 된다'는 말이 있다. 당신이 사람들에게 행동에 나설 첫걸음, 작은 한 걸음을 떼게 하면 그들은 스스로의 인생을 일으킬 자신감의 힘을 경험하게 될 것이다.

작가 겸 연사인 짐 론Jim Rohn은 이렇게 말한다.

매일 우리는 행동하지 않는 대신 행동을 선택함으로써 새롭게 자신을 단련할 수 있다. 매 순간 편안함 대신 행동을, 휴식 대신 노동을 택함으로써 자존감, 자존심, 자신감을 높일 수 있다. 결국, 어떤 활동을 하든 얻게 되는 가장 큰 보상은 자기 자신에 대한 느낌이다. 자신을 가치 있게 만들어줄 어떤 것을 얻어서가 아니라, 그것을 하는 과정에서 우리가 어떤 사람이 되느냐가 우리의 삶에 가치를 더해 준다. 행동은 인간의 꿈을 현실로, 아이디어를 실재하는 것으로 바꿔주며, 다른 경로로는 절대 얻을 수 없는 개인적 가치를 얻게 해 준다.

사람들은 행동을 취할수록 더 자신감을 얻는다. 행동할 때마다 그 행동은 긍정적 결과를 가져다주고 성공을 맛보게 하며 미래에 또 다시 성공할 수 있다는 사실을 알게 해준다. 설령 실패하더라도 그 실패가 치명적이거나 최종적인 것이 아님을 깨닫게 되어, 다시 시도할 자신감을 얻을 수 있다. 어느 쪽이 되었든 행동하는 쪽이 승리한다.

당신이 다른 사람들과 소통하고 그들이 행동에 나서도록 영감을 줄 때, 이 생각은 늘 품고 있길 바란다. 무엇보다 당신의 동기가 중요하다는 것! 항상 다른 사람들의 이익을 위해 그들을 행동으로 이끌어야 한다는 것이다. 당신의 이익만을 위해서만 사람들을 움직이려 한다면 그것은 속임수다. 그들의 이익을 위해 혹은 상호 간의 이익을 위해 사람들을 움직여라. 그것이 소통의 전부다. 소통에서의 가장 큰 성공은 행동임을 절대로 잊지 말라. 그것이 바로 '결과의 법칙'이다.

당신의 말은 다른 사람의 인생을 바꿀 수 있는 촉매제다

이제 훌륭한 커뮤니케이션을 위해 꼭 알아야 할 16가지 법칙을 모두 배웠다. 이 책의 법칙을 적용하면 당신의 말이나 소통의 목적이 뭐가 됐든, 청중의 규모가 어떻든, 발언하는 환경이 어떻든, 당신의 메시지를 최대한 효율적으로 전달할 수 있을 것이다.

나는 내 친구 크리스 호지스Chris Hodges가 주최하는 강연에 종종 연사로 나선다. 그의 강당 백스테이지 벽에는 모든 연사가 무대로 걸어 나가며 볼 수 있는 표지판이 하나 붙어 있다. "이 무대에 서는 것은 특권이다. 나를 택해주신 하나님께 감사드리자." 나는 강연을 하러 나설 때마다 감사한 마음이 든다. 여러분도 그렇게 느끼길 바란다. 여러분이 나만큼 청중과 소통하는 일을 사랑하게 되길 바란다. 나는 사람들 앞에서 강연할 때 내 자신이 살아 있음을 느끼고, '난 이걸 위해 태어난 사람'이라는 생각이 든다. 당신도 그러길 바란다. 당신의 커뮤니케이션 능력이 어느 단계에 와 있든, 이 점을 알았으면 좋겠다. 당신의 인생과 말은, 다른 사람들의 인생에 긍정적인 변화를 가져다줄 중요한 촉매제라는 것.

이 책을 집필하는 동안 내 삶에는 기쁨이 가득했다. 이 책이 여러분에게도 기쁨을 가져다주기를 ─아울러 수많은 직관과 다양한 지식, 많은 실용적 기술을 가져다주기를─ 소망한다. 또한 여러분이 더 높은 단계의 연사가 되고 영향력 있는 사람이 되는 데 도움이 되길 바란다. 사람들에게 메시지를 전할 때마다 이 책의 16가지 법칙들을 활용하라. 당신은 물론 다른 사람의 삶에 변화를 일으키는 데 있어 큰 도움이 될 것이다.

옮긴이 양진성

중앙대학교 불어불문학과를 졸업한 후 한국외국어대학교 통번역대학원 한불과에서 공부했다. 미국에 거주하며 영어, 불어 번역가로 활동 중이다. 옮긴 책으로는 《풀 스펙트럼》, 《감각의 거짓말》, 《세계 최고의 CEO는 어떻게 일하는가》, 《허브 코헨의 협상의 기술 1》, 《조 바이든, 지켜야 할 약속》, 《카멀라 해리스, 차이를 넘어 가능성으로》, 《괜찮지 않아도 괜찮아요》, 《낮잠형 인간》, 《누가 제노비스를 죽였는가?》 등 90여 권이 있다.

존 맥스웰

사람을 움직이는 말의 힘

1판 1쇄 발행 2024년 4월 15일

지은이 존 맥스웰
옮긴이 양진성
발행인 오영진 김진갑
발행처 토네이도미디어그룹(주)

책임편집 유인경
기획편집 박수진 박민희 박은화
디자인팀 안윤민 김현주 강재준
마케팅 박시현 박준서 조성은 김수연
경영지원 이혜선

출판등록 2006년 1월 11일 제313-2006-15호
주소 서울시 마포구 월드컵북로5가길 12 서교빌딩 2층
원고 투고 및 독자 문의 midnightbookstore@naver.com
전화 02-332-3310 팩스 02-332-7741
블로그 blog.naver.com/midnightbookstore
페이스북 www.facebook.com/tornadobook
인스타그램 @tornadobooks

ISBN 979-11-5851-290-3 (03190)